NERUDA DE 1904 A 1936

General Editor: Greg Dawes

Neruda

de 1904 a 1936

Jaime Concha

Copyright © 1972 Editorial Universitaria, S. A.

All rights reserved for this edition copyright © 2022 Editorial A Contracorriente

Complete Library of Congress Cataloging-in-Publication Data is available at
https://lccn.loc.gov/2022011201

ISBN: 978-1-4696-7090-4 (paperback)
ISBN: 978-1-4696-7091-7 (ebook)

Originally published by Editorial Universitaria, S. A. (Santiago de Chile, 1972).
This reissue published by permission of Jaime Concha.

This is a publication of the Department of Foreign Languages
and Literatures at North Carolina State University. For more information visit
http://go.ncsu.edu/editorialacc.

Distributed by the University of North Carolina Press
www.uncpress.org

ÍNDICE

PRÓLOGO 1

ASÍ SON LAS COSAS POR
ALLÁ EN LA FRONTERA 9

NADA SABRÍA DECIR
DE MÍ NI DE NADIE 67

AÚN VESTIDO DE GRIS
Y SONIDOS AMARGOS 185

PERO NO ES ESTO,
SINO EL VIEJO GALOPE 217

ERRATA 283

A ti, Anamaría

Prólogo

EL PRESENTE LIBRO TIENE ya sus añares; medio siglo, para ser exacto. En su tiempo tuvo pocos lectores, en gran medida porque, cuando salió a la luz, el país comenzaba a oscurecerse. Hoy, a petición del editor actual, doy algunos antecedentes sobre su origen.

Neruda, de 1904 a 1936 (era su verdadero título) respondía a un momento histórico determinado, a un lapso bien preciso que se puede fijar alrededor de 1970. Se gestó y fue escrito entre 1968 y 1971, publicándose al año siguiente en la Editorial Universitaria gracias al apoyo de Pedro Lastra. Las primeras páginas se leyeron y comentaron en petit comite, con la presencia de Luis Bocaz, de Agustín Cueva y, según creo recordar, también de Françoise Perus. En varias ocasiones asistió el recordado compañero Guillermo Quiñones, profesor del Colegio Regional de Temuco, quien solía desplazarse periódicamente a Concepción. Más tarde habría de asilarse en la República Demócratica de Alemania.

Al volver de Francia a mediados del 68, hallé en Concepción el mismo revoltijo que acababa de ver en París. *Mutatis mutandis*, por supuesto. Allá, ante las protestas de mayo, el viejo general De Gaulle había proclamado rotundamente: "Je ne me retirerais pas". Tuvo que hacerlo muy pronto, retirándose a descansar y a morir en Colombey-les-Deux-Eglises. Acá, o sea en Chile, el viejo Frei y la Democracia Cristiana hacían agua por todos lados. La reforma agraria, proyecto principal del gobierno, estaba prácticamente estancada. Le había salido un enemigo feroz: la feroz oligarquía criolla que, a lo largo de siglo y medio, sembrará servidumbre en la tierra, analfabetismo en el campo y que ahora pretendía quitarles el suelo a sus propios hijos ideológicos (o hijos a secas). Para celebrar el fin del sexenio, intentó un golpe de estado, "el tacnazo" o sublevación del regimiento Tacna, encabezado por un oscuro general Viaux—el mismo que poco después haría de mano negra para secuestrar y asesinar al Comandante en Jefe de las Fuerzas Armadas, general René Schneider Chereau.

Así, en apenas un par de años, me había tocado observar la fragilidad política de una gran civilización y la fragilidad social aún mayor de un pueblo que buscaba salir de las sombras. Lo que estaba por venir sería aún más sombrío. Por el momento, me era fácil comprobar que los llamados edificios sociales—las repúblicas de allá y de acá—se parecían a ingentes fabricas de hojarasca.

Con esta música de fondo, elaboré un ensayo cuyo anclaje de época condiciona sin duda sus posibles o evidentes limitaciones, dándole a lo mejor un eventual interés. Entre aquellas me pesan sobre todo la descripción que doy del anarquismo y la historización excesiva de *Residencia en la tierra*. Es cierto que el anarquismo no tuvo en Chile el peso y la fuerza que adquirió en otros lugares de la región, como en México o Argentina; y es cierto también que por esos años no había buenos estudios sobre la historia del movimiento (hoy los hay; ver los aportes de Sergio Grez Toro). Tuve que recurrir a la perspectiva fluctuante y ambigüa de Pezoa Veliz para inicios de siglo, al testimonio de Carlos Vicuña Fuentes, político y cronista contrario a la dictadura de Ibáñez y, más que nada, a la polémica que por decadas sostuvo Recabarren con sus adversarios ideológicos. El cuadro que resultó fue necesariamente unilateral y sesgado. Hoy sabemos que el anarquismo fue parte integrante esencial del mundo obrero en el país, un factor decisivo de la conciencia gremial y en la ideología de las capas artesanales. Dirigentes que luego se harían socialistas tuvieron su primera formación en contacto con los círculos anarquistas y su rica literatura. Personalmente, tuve la suerte de alcanzar a conocer a Braulio León Peña, miembro fundador del Partido Comunista de Chile, quien en 1962 o 1963, ya entrado en años, llevaba a cabo en la zona de Valdivia un activismo cuyo brío, vigor y fervor sólo podían provenir de un ethos forjado en los tiempos ácratas de su juventud. En lo que toca a la influencia cultural del movimiento, ella fue enorme, inspirando a generaciones universitarias enteras (las de Gómez Rojas y de Juan Gandulfo) e inspirando igualmente a escritores de la talla de Acevedo Hernández, Baldomero Lillo y Manuel Rojas, entre otros. El Neruda juvenil de los años veinte es del todo inconcebible sin el aura de los ideales anarquistas. Y si pruebas faltaran, no habría mejor símbolo que ese misterioso zapatero anarquista que dio las primeras lecciones de justicia social al estudiante Salvador Allende.

Más cerca de lo literario y de la poesía propiamente tal, es claro que exageré el coeficiente histórico de *Residencia en la tierra*. Hegel y Marx pusieron en el centro del orbe filosófico el concepto y la realidad de la historia, entendiéndola el primero como proceso universal del Espíritu, el segundo como desarrollo material, técnico y social de la especie. A partir de estas premisas, Lukács construyó una imponente *Estética*, extensa y compleja, al par que en múltiples trabajos analizaba sistemáticamente las regiones de la ideología, de la cultura filosófica, del arte y de la producción literaria. Guiado por esa línea de pensamiento, traté de indagar los vestigios que pudieran explicar la indudable resonancia colectiva del gran libro nerudiano. El intento no fue feliz, por decir lo menos. Tal como hoy lo veo, el error de base consistió en desconocer la peculiaridad constitutiva del género lírico, a saber, su nexo orgánico con la experiencia de la naturaleza. Sin ser transhistórica, ésta se resiste y resulta a menudo irreductible a contextualizaciones directas o inmediatas, justamente por estar ligada a formas más elementales de lo temporal. Me explico. Más aún que la ópera, cuyo origen depende del mito y de una conexión umbilical con la tragedia (Romain Rolland lo expuso magistralmente), la lírica mantiene una relación viva y permanente con ecos inmemoriales, con voces y emociones que vienen de muy lejos. Incluso la vanguardia, que se propuso romper con el orden tradicional en el hacer poético, evoca y represtina sin cesar aires y canciones antiguos, modalidades tempranas y antiquísimas. Apollinaire y Aragon son buenos exponentes de ello en ámbito francés. En el caso de Neruda, se me escapaban dimensiones ligadas al orden natural que cumplían un papel relevante en la estructura y composición de la obra. ¿Es casual, por ejemplo, que el primer poema del libro, "Galope muerto", termine evocando el reposo del verano mientras el último, "Josie Bliss", anuncie y celebre el renacer primaveral? "Adentro del anillo del verano" dice uno; "Que vestido, que primavera cruza", exclama el otro, con un símil recurrente para expresar la metamorfosis de la tierra. (Basta recordar el bellísimo *rondeau* de Charles d'Orleans "Le temps a laissé son manteau" o la preciosa balada mistraliana que empieza "Doña Primavera / viste que es primor..."). Misterio, tal vez, de la germinación terrestre en el poema inicial, milagro y eclosión de la fertilidad vegetal en el final. Entre ambos extremos se despliega una amplia secuencia estacional que incluye el oleaje intenso del invierno y, hacia el fin de las *Residencias,* un par de poemas otoñales con más defoliación que fecundidad. La sustancia, el tono y el color invernales invaden y traspasan gran parte del libro, haciendo de éste, en cierto grado, algo así como la temporada en el invierno del poeta. En relación estrecha, gravitan fuerzas físicas que configuran la subjetividad poética, haciendo del hombre residenciario un sujeto ecológico en sentido estricto. Abierto a los poderes de la atmosfera y del entorno ambiental, el habitante terrestre experimenta en todo su ser—en su cuerpo y en su ánimo—el tatuaje opresivo de lluvias, de nieblas, de vientos y del sudor solar cual marca de su existencia en el planeta. Se ve, entonces, que el ciclo anual de las estaciones y este imperio meteorológico son dos caras y aspectos de lo mismo: los efectos de una tierra que en su órbita errante por el vacío determina el tiempo en su sentido más corriente, forma primaria y elemental de una temporalidad renuente en principio a todo esfuerzo de historización.

Por otra parte, el tratar de ver todo *sub specie temporis*—del tiempo histórico—obligaba a aprender del pasado nacional y, en menor grado, a informarse de otras zonas geográficas. Recorrer el camino del poeta desde las raíces sureñas hasta su singular aventura en el sur y en el este asiático, implicaba por lo pronto descartar la historia oficial con su mitología de glorias guerreras y de un "futuro esplendor" que todavía estamos esperando; y significaba en seguida encarar la situación colonial de países para mí desconocidos, extraños y muy distantes.

La biografía de José del Carmen Reyes, padre del poeta, me ayudó a adentrarme en procesos de emigración en el centro sur del territorio, entonces estudiados por el historiador François Rossignol, que junto con señalar la inestabilidad laboral existente hacia 1900, permitía entrever la grandeza subterránea de nuestro pueblo: un pueblo que con su trabajo creaba la magra pero indispensable prosperidad de la nación y que, a través de duras luchas sociales, había conquistado el exiguo progreso democrático que disfrutaba la sociedad—exiguo, si se quiere, pero relativamente importante en el marco neocolonial del país. Mientras los trabajadores labraban y laboraban en el valle, en la costa y en el nuevo Chile que se implantaba en la vieja Araucanía (es el probable itinerario de don José del Carmen), allá en la capital los oligarcas de palacio, gobernando entre el balmacedismo derrotado y un alessandrismo todavía no inminente, se entretenían en asegurar el resto del salitre a los ingleses, en entregar el cobre a los norteamericanos y en otorgar a los alemanes gran parte de la marina mercante con su vital comercio interoceánico. Eran cosas que uno iba descubriendo al compás de lecturas necesarias para el libro. Y es que, como suele ocurrir, la obra da más a su autor de lo que el autor es capaz de ofrecer en su obra.

En cuanto a la "residencia" asiática del poeta, fue necesario prescindir del testimonio posterior, la visión retrospectiva que nos da en su autobiografía, pues corresponde a un estadio más evolucionado de conciencia intelectual. El distanciamiento crítico respecto a costumbres y ritos religiosos no está presente en los poemas y en las prosas del 1933, fecha en que el poeta recoge su experiencia oriental. Desde luego, no hay fusión y empatía con las ceremonias contempladas, pero hay eso sí una actitud de asombro, una mirada de maravilla frente al espectáculo miserable y majestuoso de los fieles, un estremecimiento lo recorre ante el caos y el hervor de inmensas multitudes. Todo lo cual plantea al crítico y al intérprete un desafío difícil: ¿Cómo es posible que se den y coexistan en una misma poesía experiencias de escala y magnitud inconmemsurables? ¿Cómo es posible que lo proprio y lo otro, lo familiar y lo extraño, lo local y lo remoto se mezclen y entremezclen en un mismo crisol emocional? La soledades pueblerinas de acá—las de Temuco, de Chiloé y del mismo Santiago—se funden y confunden allá en la vorágine de una gran soledad que el poeta vivió en los años más plenos de su juventud, de los 22 a los 27 de su edad. Lo idéntico y lo opuesto, lo similar y lo diferencial dan a luz un arcoiris ardiente e invernal con cuyas franjas de humanidad el poeta se cruzó en un lapso crucial de su destino. Tal vez a ello se deba, por lo menos en parte, la vibración única e intransferible que nos comunica esta poesía—una de las mayores en el español contemporáneo.

Habent sua fata libelli. La frase, de uso frecuente en el pasado, servía a los autores para introducir sus libros, hablar de las circunstacias en que se gestaron y, si se trataba de reediciones, describir su recepción entre las manos del público. Se creía, al parecer, que los libros nacían regidos por los hados o (la suposición es mía) más bien por las hadas, protectoras o malignas según el caso. En el mío, la cosa no pudo ser peor. Apenas salido del horno, mi pobre *Neruda* fue objeto de una crónica demoledora por parte de Alone, el crítico oficial de *El Mercurio*. La crónica era sincera y flagrantemente ideológica. Me enorgulleció tanto que hasta pensé lucirla en el ojal. Más pedestre y con menos gracia fue el artículo que me endilgó en la *Revista Iberoamericana* el profesor de Yale, Emir Rodríguez Monegal. ¡No me dejaba hueso bueno! Curiosamente, pocos años antes, el mismo crítico se había hecho lenguas de la crítica universitaria chilena y a mí, en particular, me lavaba la cabeza. El parrafillo laudatorio fue autoexpurgado en las ediciones siguientes de su libro, *El viajero Inmóvil*. Claro, entremedio había ocurrido el *affaire* de *Mundo Nuevo*, la revista que el uruguayo dirigía en París y que lo había dejado muy a mal traer. El escándalo, que remeció las aguas ya de por sí procelosas de las letras hispanoamericanas, revelaba una vez más la creatividad cultural de la CIA, repartiendo generosos fondos más a diestra que siniestra. Yo quise responder y defenderme de la diatriba, pero Alfredo Roggiano, director de la *Revista iberoamericana* me escribió amablemente que era norma de ésta no aceptar contrarreplicas. ¡Quedé mascando lauchas! Pero, vileza obliga: en vez de hacerme daño, el artículo de marras me fue favorable, pues me dio a conocer en el país del Norte, confiriéndome una gotita de celebridad. Me acordé entonces de una tía que, cuando hallaba en el diario algo raro, una noticia grave o un crimen atroz, solía musitar: "Esto pasa no más en los Estados Unidos". Mi tía tenía razón. Ahí, aunque se trate de un ataque negativo y brutal, le suben a uno los bonos. Por fortuna, para equilibrar un poco las cosas, el *Times Literary Supplement* publicó una reseña, positiva y elogiosa, firmada por Robert Pring-Mill, hispanista de Oxford. En fin, todo esto es *petite histoire* aunque con un corolario realmente agradable. Por la razón que mencioné al comienzo, los pocos lectores que tuvieron acceso al libro fuera de Chile llegaron a ser, con el pasar de los años, amigos muy cercanos y excelentes colegas. Es un aspecto más del legado infinito de Neruda, el de unir en círculos de amistad a la gente que admira y se interesa por su poesía. Y termino ya agradeciendo a Greg Dawes por su idea de sacar nuevamente a luz este libro que yacía por ahí, "cubierto de polvo", en una quieta, callada y silenciosa oscuridad.

Jaime Concha, marzo 2022

Así son las cosas
por allá
en la Frontera

PARRAL ES EL CENTRO ABSOLUTO EN LA memoria del poeta. La muerte de su madre, ocurrida un mes después de su nacimiento, y su tempranísimo traslado a Temuco echan sobre Parral un velo doloroso, destinado a situarlo fuera del devenir. Muerte y tránsito lo constituyen en un lugar de perduración, en un espacio esencial sin localización geográfica y sin tiempo. Eterno: la muerte lo consagra. Pero la eternidad de esta infancia invisible de Neruda no ha de ser una eternidad vacía, como esa que surge de concepciones que hacen de la niñez una exigua prolongación temporal de la trascendencia. No habrá nunca en Neruda ni en su poesía un platonismo de la primera edad que lo lleve a mitificar ese lapso inconocible de la vida. Aquella eternidad será siempre vital, dinamismo efectivo en su desarrollo biográfico y poético, como lo muestra el hecho de que sobre ella se superpongan imágenes claramente evolutivas.

La primera imagen retrata a la infancia como un reino de universal blancura. Lo blanco, en cuanto estado previo a todas las determinaciones cromáticas, es la representación más perfecta del puro *en sí* de la infancia, de su ser quieto e indiferenciado. Este carácter predomina sobre todo:

Hace dieciséis años que nací en un polvoso
pueblo blanco y lejano que no conozco aún[1].

La blancura del pueblo se impone a todo otro fenómeno en la reminiscencia del poeta. El polvo de sus calles y del aire no la opaca ni la destruye. Tenemos que concebirla, entonces, no como un dato más que coexista con otros en el rostro evocado de la aldea (aunque detalles realistas tal vez estén presentes), sino como una

---

[1]*Sensación autobiográfica* (julio de 1920). Pertenece al "Cuaderno Neftalí Reyes". En: H. Loyola: *Ser y morir en Pablo Neruda.* Santiago, Edit. Santiago, 1967, p. 17.

esencia transfenoménica. Mejor, es la esencia como tal. Por eso la relación de lejanía que guarda el poeta con su lugar de origen. No se trata de que este soneto, escrito en Temuco, aumente y extreme el espacio que de Parral separa a su autor. Ni tampoco únicamente, como es obvio, de una dilatación sentimental de la distancia que existe entre la infancia y la adolescencia. Se trata más bien de un trayecto que no se puede recorrer, de una lejanía insuperable, que coloca al adolescente al margen de la zona blanca de su pueblo y de su infancia. Con todo, este brillo primigenio estará lastrado por la ambigüedad fundamental de que sufre la visión de toda eternidad y que no desaparece con la localización inmanente de ésta en la infancia. En efecto, lo blanco, en cuanto ausencia de todo matiz, es *negación* a partir de la experiencia del color y, a la vez, *substancia* que expresa la plenitud unitaria anterior a todas las diferenciaciones cromáticas. Es no-color y pre-color simultáneamente. Por eso, y a raíz de tal tensión, este dominio de blancura conformará una eternidad inestable, en suspensión, pronta a perder su identidad y a generar sus íntimos contrarios.

Entretanto, observemos dos cosas. Primeramente, la natural habilidad fonética para equilibrar dos predicados contrapuestos en el cuerpo sonoro de una palabra. En el sustantivo *pueblo*, ubicado en el vértice de la configuración métrica, se recogen sonidos del atributo *polvoso* y se prepara ya, vívidamente, el nacimiento de su nueva cualidad: *blanco*. Y no son estos pormenores desdeñables. Anuncian que lo que, en retórica tradicional, se llamaría un simple procedimiento de aliteración, representa en Neruda mucho más que eso, una apropiación muy especial que establece su poesía en el campo de las sonoridades.

En segundo lugar, podría pensarse que la atribución de blancura al pueblo natal y a la infancia reproduce, sin enriquecerlo, el uso convencional. Es claro que inicialmente la visión se sitúa en el plano de un saber poético ya cristalizado. No hay experiencia ni descubrimiento, sino préstamo. Sin embargo, existe, como doble factor de vitalización, la tradición dariana y modernista de la blancura del alma, por una parte y, por otra, la inquietud interior contenida en la misma cualidad. Sólo el futuro tratamiento poético de esta nota distintiva de la primera niñez podrá mostrar su potencialidad específica. Veremos efectivamente cómo, a través de las vicisitudes de lo blanco y mediante las transfiguraciones del color, el poeta despliega ante nuestros ojos una experiencia coherente de su propia infancia.

En *Pantheos* —el poema más antiguo de entre los incluidos en *Crepusculario*— el sujeto adolescente se autodescribe:

*Oh, pedazo, pedazo de miseria, ¿en qué vida
tienes tus manos albas y tu cabeza triste?*

La figura del poeta resulta aquí un híbrido temporal que aúna dos fases contrapuestas de la vida, la infancia blanca y la experiencia otoñal. No nos interesa por el momento la significación que eso tiene para la construcción de la imagen adolescente, esa elasticidad inmortal frente al tiempo que el joven parece poseer. En relación con la infancia, estas *manos albas* aparecen como una encarnación suya, un apéndice corporal que tiene casi el valor de un vestigio. De ahí que sea adecuada la correlación que se establece en el segundo cuarteto de *Pantheos*:

*Sin saber qué pan blanco te nutrió, ni qué duna
te envolvió con su arena, te fundió en su calor*

La blancura es una substancia imperiosa que se manifiesta tanto en la corporalidad del poeta como en la materia nutricia de la niñez. Por otra parte, y en estrecha conexión con esto, asoma de nuevo en este poema la dualidad del soneto anterior, que era allí decisivamente sobrepasada. Pues esta *duna* que envuelve *con su arena* es sin duda una metamorfosis de ese polvo que habitaba en su aldea natal. La escisión ya se ha producido. Y aunque para la estructura poética de la adolescencia los contrarios se mantienen todavía yuxtapuestos, desde el punto de vista de la infancia la duna expresa el principio de temporalización. Más precisamente, es ella misma tiempo acumulado —acumulado sobre la cabeza cansada del poeta— que contradice la quieta pureza de lo blanco.

Pero también desde otro respecto son estos versos significativos. En la medida en que se establece entre las manos y el pan una relación de nutrición, pasa la infancia a ser dependiente de una materia exterior. Con este lazo genético pierde desde la partida la infancia su milagrosa autonomía. No es hija del cielo, sino producto del trigo y, más tarde, de la naturaleza en su plenitud. En cuanto blancura asimilada, blancura que sólo se ha obtenido desde afuera, la de la infancia pasa a recibir en su interior el contrario determinante. Es exterioridad interiorizada. De este modo, la escisión se ha profundizado. Ya no es sólo la contradicción mantenida como exterior (blancura-polvo), sino algo que irrumpe en el seno de la blancura, verdadera autoescisión (pan blanco).

Las consecuencias no se hacen esperar. En el poema que encabeza definitivamente el libro, leemos estos versos que ya poseen un singular movimiento dialéctico:

Oloroso pan prieto
que allá en mi infancia blanca entregó su secreto
a toda alma fragante que la quiso escuchar.

El contrario material exterioriza ahora su carácter en su cromatismo: pan *prieto*, y ya no blanco. Es éste el germen soterrado tras la apariencia de la niñez siempre inmaculada. El resultado de esta alianza contradictoria entre la materia y la eternidad se hace entonces presente: es el *alma fragante*, cuya condición traspone y espiritualiza la cualidad bruta del pan: *oloroso...* Es decir, observamos aquí, por primera vez abierta y desplegada, la capacidad de Neruda para conducir los contenidos quietos de un conjunto hacia un desarrollo cualitativo. El objeto inicial, con sus atributos, vuela como sobre dos alas, una de las cuales se abate pronto para dar paso a su negación, mientras la otra es recogida y sobrepasada en el resultado. En consecuencia, la mentalidad dialéctica opera desde ya como trasposición en la sintaxis poética de un movimiento objetivo de transformación. Así, la historia del alma que se eleva desde el pan y desde la blancura infantil se articula exactamente con la sucesión de los versos y la interpenetración sintética de las cualidades.

La primera imagen de Parral y de la infancia se agrieta, como vemos, en el comienzo mismo de *Crepusculario*, en sus dos primeros poemas: *Esta iglesia no tiene* y *Pantheos*. Tendremos que volver necesariamente a ella, pues estimula en forma conflictiva la experiencia del primer libro, que es, en gran medida, desde la perspectiva de la biografía poética de su autor, la tematización adolescente de su propia infancia.

Meses después de la aparición de *Crepusculario*, publica Neruda dos textos prácticamente desconocidos por la crítica y de extrema importancia para nuestro objeto: *Las anclas* y *Figuras de la noche silenciosa*[2]. Transcribimos íntegro el primero:

"Desde la eternidad navegantes invisibles vienen llevándome a través de atmósferas extrañas, surcando mares desconocidos. El espacio profundo ha cobijado mis

[2]*Zig-Zag:* 4 de agosto y 20 de octubre de 1923.

viajes que nunca acaban. Mi quilla ha roto la masa movible de icebergs relumbrantes que intentaban cubrir las rutas con sus cuerpos polvorosos. Después navegué por mares de bruma que extendían sus nieblas entre otros astros más claros que la tierra. Después por mares blancos, por mares rojos que tiñeron mi casco con sus colores y sus brumas. A veces cruzamos la atmósfera pura, una atmósfera densa y luminosa que empapó mi velamen y lo hizo fulgente como el sol. Largo tiempo nos deteníamos en países domeñados por el agua o el viento. Y un día —siempre inesperado— mis navegantes invisibles levantaban mis anclas y el viento hinchaba mis velas fulgurantes. Y era otra vez el infinito sin caminos, las atmósferas astrales abiertas sobre llanuras inmensamente solitarias.

"Llegué a la tierra, me anclaron en un mar, el más verde, bajo un cielo azul que yo no conocía. Acostumbrado al beso verde de las olas, mis anclas descansan sobre la arena de oro del fondo del mar, jugando con la flora torcida de su hondura, sosteniendo las blancas sirenas que en días largos vienen a cabalgar en ellas.

"Mis altos y derechos mástiles son amigos del sol y de la luna y del aire aromoso que los penetra. Pájaros que nunca han visto se detienen en ellos y después en un vuelo de flechas rayan el cielo alejándose para siempre. Yo he empezado a amar este cielo, este mar... He empezado a amar estos hombres...

"Pero un día, el más inesperado, llegarán mis navegantes invisibles. Levarán mis anclas arborecidas en las algas del agua profunda, llenarán de viento mis velas fulgurantes... Y serán otra vez el infinito sin caminos, los mares rojos y blancos que se extienden entre otros astros eternamente solitarios...".

Pueden subrayarse las que son las articulaciones más nítidas de esta prosa. Los tres movimientos en que sucede van introducidos por fórmulas que indican los diversos planos y fases recorridos: *desde la eternidad, llegué a la tierra, pero un día...* Y veremos que, en su desenlace, estas tres etapas resultan perfectamente sintetizadas.

Por supuesto, el sentido de esta irisada manifestación adolescente no se agota cuando se la considera como testimonio de la infancia, como su conciencia retrospectiva. Aunque hay mucho de confesión poética en este documento, él toca regiones que se sitúan más allá de nuestro actual objeto. Precisamente uno de sus rasgos más ostensibles es ése su carácter de vaguedad, de indeterminación, esa evanescencia tan marcada que presenta. Hay en él una vibración que registra contenidos heterogéneos de realidad, una resistencia a cualquier delineamiento de fronteras temáticas. Por eso su textura se afina hasta hacerse velo de una subjetividad que busca su propia comprensión. Todo esto otorga aún mayor alcance a la firme legalidad imaginaria que preside la construcción de esta prosa nerudiana. De hecho, una vaguedad lírica cierta supone siempre una integrada coherencia imaginativa. Extrapolando al orden de la poesía el conocido aserto kantiano, podría decirse que la vaguedad sin coherencia es necesariamente ciega, mientras, por el contrario, una coherencia totalmente determinada es algo vacío de substancia lírica.

En el primer movimiento del texto —eternidad en curso— vislumbramos un viaje entre zonas irreales: El poeta lo anuncia: se trata de atmósferas *extrañas*, de mares *desconocidos*. Todo participa entonces de una esencial extrañeza. Los ámbitos distintos que se atraviesan en el viaje: témpanos, bruma, mares, atmósfera luminosa, configuran un paisaje vagaroso, flotante, en que se va pasando con suaves transiciones a través de un medio homogéneo, constitutivamente inmaterial. No hay, entonces, experiencia en sentido propio, pues todas son figuras de una misma identidad no desplegada, sin decurso temporal. La acentuación de los adverbios *(des-*

pués, a veces...) enfatiza justamente esa seudotemporalidad que vertebra el texto, creando un espejismo de sucesión, en igual sentido en que aparecen intermitentemente las partes de la misma embarcación: quilla, casco, velamen, anclas[3].

De gran proyección es el cierre de este primer movimiento: *Y era otra vez el infinito sin caminos, las atmósferas astrales abiertas sobre llanuras inmensamente solitarias.* En el tránsito de la eternidad a la tierra, nos encontramos con este potente umbral cosmogónico, en que el poeta contempla desde lo alto el paisaje primordial de una tierra desolada. En ella ancla, guiado por una intensa nostalgia de reposo. Y es quizás su antagónica naturaleza subjetiva —su individualidad angélica y el anhelo de renunciar a la ingravidez— lo que señala más claramente que el poeta nos comunica la experiencia de su intimidad infantil (y también adolescente, desde luego).

El asombro, el deslumbramiento todavía extravertido es la primera sensación que invade al poeta ante los colores verosímiles del mar y del cielo. Se trata de un espacio que no le es familiar, que él contempla en calidad de visitante fugaz, de testigo extranjero. Y como se trata al mismo tiempo de una tierra contemplada *sub specie aeternitatis*, se duplica en ella el valor de lo luminoso antes descubierto: *la arena de oro del fondo del mar.* Es decir, la luz es un dato absoluto en este paisaje, pues él sin defecto es totalidad áurea, desde su ápice solar hasta el fondo marino. Con esto advertimos que una contradicción se bosqueja en esta prosa, la contradicción de la unidad y de la no-unidad. Porque si ahora percibimos que el medio luminoso unifica el todo, ya antes, al fin de la primera fase, señalábamos la escisión que se insinuaba entre los dos planos cósmicos, el **superior de las**

---

[3]Reténgase, una vez más, la imagen de aquellos témpanos *relumbrantes* y *polvorosos*. La bella contradicción no hace sino renovar la dialéctica de la infancia que ya esquematizamos.

atmósferas astrales y el inferior de las *llanuras inmensamente solitarias*. En otras palabras, la hendidura abismática que allí se abría resulta ahora transitada por la luz, es ahora la plenitud del fulgor. Y como lo esencial que el texto muestra es la separación y lo inestable, el viaje perpetuo a pesar de que la meta ansiada sean las anclas, en el tercer breve movimiento observamos un nuevo rompimiento de la unidad: "Y serán otra vez el infinito sin caminos, los mares rojos y blancos que se extienden entre otros astros eternamente solitarios...". Como es a primera vista perceptible, no son ahora las llanuras terrestres las solitarias. La soledad y el despoblamiento pertenecen actualmente a la esfera de los astros, se instalan en el círculo de la eternidad. El paso por la tierra, aunque huidizo, no ha sido, sin embargo, completamente inútil. Su fecundidad es destructiva: ha contribuido a deshacer parcialmente el mito subjetivo de la eternidad. Esta, esfera plena hasta el momento, comienza a segregar su íntimo vacío. En cambio, las anclas empiezan a echar raíces. *Levarán mis anclas arborecidas*. Con esto, el ancla se manifiesta como imagen precursora de la raíz; es su figura idealista.

Nota dominante de este poema en prosa es su rica matización, su aspecto de juego iridiscente. Estamos ante una gama móvil, que aspira no a establecer un cromatismo atomizado en entidades irreductibles, sino que introduce armónicos del color, continuidad y grados, hasta llegar a la fuente original del fenómeno, el foco solar y la luz. La prosa está orientada por este tropismo hacia el punto natal del color. Pero, por supuesto, en la medida en que este despliegue está iluminando un paisaje irreal, él mismo resulta la materia de la irrealidad. La herencia de la niñez se convierte, en estas líneas, en una irrealidad materializada. La luz y su espectro aparecen como los vestigios flotantes de la desintegración de la blancura **infantil**, entrevistos por una subjetividad adolescente qué se sitúa más acá del esplendor destituido de la infancia y antes de un arraigo afectivo en la vida.

Si fuera posible filiar esta página en el desarrollo de la lírica chilena, sería fácil pensar en Vicente Huidobro y en Pedro Prado como sus antecedentes de mayor afinidad. El poema en prosa había sido cultivado por Prado desde 1912 con singular fortuna. *La casa abandonada*, libro de ese año, lleva por subtítulo *Parábolas y pequeños ensayos*. Justamente, tanto en esta obra como en *Los pájaros errantes*, el poema en prosa mostraba en Prado una fuerte tendencia alegórica, que lo convertía en meditación acerca de la subjetividad creadora. Esto, unido al motivo del viaje y del vuelo —que en el texto de Neruda se transforma en el navegar de la embarcación poética— crean en la poesía chilena de la segunda década del siglo una extensa corriente de reflexión sobre la esencia de lo lírico[4]. *Las anclas* participa todavía de esta orientación, aunque con marcadas y visibles diferencias de elaboración, desde luego. Al perfil y nitidez de los poemas de Prado se oponen aquí una cierta aglutinación de elementos, un dinamismo imaginativo más absorbente y substancioso.

En cuanto a la relación con Huidobro, creemos que es, si no inexistente, muy epidérmica. Hay apenas un uso de materiales comunes, que más bien prueba la distancia que separa esta prosa nerudiana de los poemas franceses de Huidobro. Que Neruda conocía muy bien estos poemas, no cabe duda por un fragmento crítico publicado en la revista *Claridad*. Aunque aparecida en junio de 1924, esta *Defensa de Vicente Huidobro* supone un conocimiento de esta poesía que debía datar de algunos años atrás: "Su poesía extrañamente transparente, ingeniosamente ingenua. Con esa fuerza de viejo lied del Norte, motivo desnudo, de realización sumaria.

[4] Cf. mi ensayo sobre Angel Cruchaga, al que remito más adelante.

Creación, creacionismo, estética nueva, todo eso es fórmula, garabato, ropa usada. Lo único es el poeta y el camino desde él a su poema. Huidobro, qué fresca sensación infantil, de juego atrevido, mezcla del extático hay-kay con el crepitante traqueteo de Occidente"[5]. Como se ve, en lo fundamental esta *Defensa* quiere librar la poesía de Huidobro de las amenazas que vienen del propio poeta, de su afán teorizador y de su fárrago de manifiestos, que oscurecía y borraba tantas veces la gracia evidente de su obra. Al mismo tiempo, es necesario valorar el seguro sentido que muestra el joven poeta para aquilatar una peculiaridad artística, en este caso lo específicamente huidobriano. Hay un ojo certero en este poeta incipiente que sabe ya discernir con desenfado. Si bien rechaza paradojalmente esa presunta *estética nueva* como *ropa usada*, también capta la esencia contradictoria de la poesía de Huidobro mediante una fórmula admirable: *mezcla del extático hay-kay con el crepitante traqueteo de Occidente.* Con rigor intuitivo coge aquí Neruda la impresión más verídica que suscita toda la gran poesía de Huidobro anterior a *Altazor* (1931): esa especie de inmóvil materia de sus poemas, su apariencia *ártica*, en fecunda tensión con su aspecto cosmopolita, poblado de figuras veloces y futuristas.

En el mismo número de *Claridad* en que Neruda escribe estas líneas definitorias, se publican algunos poemas de *Automne Régulier*, libro que sólo aparecerá en 1925. Este hecho nos indica el cuadro de la poesía huidobriana que Neruda debía conocer en ese entonces. Comprende probablemente, además de las obras precreacionistas, todos los renovadores libros que van desde *El espejo de agua* (1916) hasta los poemas más recientes de Huidobro, los últimos conocidos en Chile. Ahora bien, el sentido de la cosmicidad que presenta, por ejemplo, esta fase

[5]*Claridad*, núm. 122, junio de 1924.

poética huidobriana es de signo totalmente contrapuesto al que Neruda exhibe en *Las anclas*. El constante juego entre lo cósmico y lo doméstico, ya advertido por Eduardo Anguita, está en los antípodas de la actitud nerudiana que, aunque ahora se mueve en zonas de irrealidad, contiene ya una vivacidad orgánica, algo así como una anticipación de su asombrosa conciencia posterior de la fertilidad vegetal.

Por encima de estos contactos con la obra de algunos chilenos, la prosa poética de Neruda se vincula de un modo mucho más substancial con las grandes figuras del simbolismo francés. La influencia de su profesor Eduardo Torrealba, la lectura sostenida de la antología de Enrique Díez-Canedo (editada por primera vez en 1913), iniciaron tempranamente al poeta en los secretos de la lírica moderna. Y en ella se ve a Baudelaire, tal vez, como al artífice supremo. En su artículo *Figuras de la noche silenciosa,* al que pronto nos referiremos, manifiesta conocer con hondura su obra poética y sus escritos autobiográficos. En los *Cuadernos Neftalí Reyes* se incluyen, traducidos, tres poemas de *Las flores del mal*, con lo cual se favorece a su autor por sobre todos los demás poetas ahí consignados[6]. De algún modo, entonces, es lícito conectar *Las anclas* con el ideal artístico postulado por el francés en la dedicatoria de sus *Pequeños poemas en prosa* a Arsene Houssaye: "¿Quién de nosotros, en sus días de ambición, no hubo de soñar el milagro de una prosa poética, musical, sin ritmo y sin rima, flexible y sacudida lo bastante para ceñirse a los movimientos líricos del alma, a las ondulaciones del ensueño, a los sobresaltos de la conciencia?"[7].

Pero hay algo más, que se suma a esta fuente estética baudelairiana. La figura en que se corporiza el extraño

[6]H. Loyola, cit., p. 243.
[7]Trad. de Enrique Díez-Canedo. Col. Austral, 1948, p. 11.

viaje que describen *Las anclas* es la figura de una embarcación, de un velero. Resurge en ella un duradero tópico del Modernismo hispanoamericano, que persiste, transformado, en la nueva poesía de vanguardia. El *esquife* dariano, en que el nicaragüense simbolizaba su aventura poética, se hace fragmentario y mágico en el primer poema de *El espejo de agua*[8]. Neruda retoma el tópico en *Las anclas,* pero lo sitúa en una sensibilidad de impronta francesa, quizá concretamente de cuño rimbaudiano. Anna Balakian, en los *Orígenes literarios del surrealismo,* señala la mutación que experimenta el símbolo del viaje en la moderna poesía francesa, desde Baudelaire adelante. "El disgusto inicial por el viaje tradicional había sido evidenciado en el *Voyage* de Baudelaire, que desdeñaba para siempre el relato trivial de los *parcoureurs du monde* y su glorificación de la realidad exterior. En vez del viaje común, él había imaginado uno nuevo: *Nous voulons voyager sans vapeur et sans voile.* Como vemos, Rimbaud y Mallarmé atacaban los atributos finitos del movimiento. El viaje para Rimbaud había significado un barquito infantil flotando casi inmóvil en una laguna estancada"[9]. Aunque las consecuencias que de ésta y de otras constataciones saca la investigadora sean discutibles —la noción de misticismo de la materia es en sí misma problemática e incluso aberrante— el pasaje nos importa porque coincide con el carácter esencial del viaje nerudiano de *Las anclas,* al par que confirma el núcleo infantil del testimonio.

El otro texto mencionado, casi contemporáneo, es *Figuras de la noche silenciosa,* que lleva por subtítulo *La infancia de los poetas.* En él se refiere Neruda al

[8] Sobre Darío, cf. mi trabajo: "Rubén Darío... *huérfano esquife, árbol insigne, oscuro nido*...". En: *Darío*. Departamento de Extensión Universitaria, Universidad de Chile, 1968, pp. 42-66.

[9] Trad. del inglés de Charles y Olga Burlacov. Santiago, Zig-Zag, 1957, p. 152.

sentimiento que algunos poetas y escritores han expresado acerca de su niñez. Las figuras que desfilan son las de Giovanni Papini, Baudelaire, Octavio Mirbeau, Valdelomar y Romeo Murga, en un movimiento centrípeto que comienza en Europa, llega a América del Sur y finaliza muy cerca de la individualidad del mismo poeta. Del primero de ellos dice: "De suerte que al niño lo amamantó la soledad de su campiña toscana y hasta el fin de su vida sella su corazón aquella infancia sola y desesperada, invadida de *oscuros* ensueños, *manchada de tinta* y de dolores"[10]. El sentimiento constante que descubre en la infancia de los poetas es la soledad, quizás, ante todo, la soledad del huérfano. Pero esta conciencia del desamparo está captada aquí de peculiar manera, insistiendo sobre todo en aspectos que adhieren en la oposición a toda blancura. Y es éste precisamente el rasgo que siempre retorna en la descripción de la soledad infantil: "Es el *mosaico negro* que reaparece a cada mirada, la *solitude* exasperante, la raíz húmeda que, enterrada en la infancia, sobrelleva y sostiene el hastío imperial del dandy Charles". Y de su compañero Murga escribe: "Es aún la soledad, la *solitude, mariposa oscura* que se posa en la frente de esos recién nacidos y los hace jugar toda la vida entre sus dos alas". ¿Qué ha producido tan decisivo vuelco en la consideración de la infancia? Porque vemos claramente que las fuerzas de la soledad son las fuerzas de lo antiblanco, aquellas que hacen de la blancura de toda infancia una infancia negra —ennegrecida por la *tinta*, los *oscuros* designios y un *húmedo* desamparo. De hecho, lo que ha cambiado esencialmente es el ángulo temporal de la visión. En los poemas inmediatamente precedentes de *Crepusculario*, la infancia era una reliquia atesorada por el adolescente, una zona pretérita conservada apenas como débil fulgor.

---

[10] *Zig-Zag*, 20 de octubre de 1923.

Incluso cuando se adelantaban algunos resquicios de sombra, surgían más bien para exaltar la blancura predominante:

Penetra tu mirada en los rincones,
y si así lo deseas yo te doy mi alma entera,
con sus blancas avenidas y sus canciones.

Los *rincones* no son aquí repliegues sombríos, sino serviciales realzadores de la siempre aristocrática blancura. Por eso hay algo femenino en esta concepción poética de la infancia: es la mitad materna de toda niñez.

Dadas las circunstancias biográficas de su infancia, es comprensible que en Neruda esta visión no haya tenido larga duración. Desterrado en su mismo nacimiento de ese *país quieto y adormecido de donde brotamos*, el poeta transformará el abandono en oquedad dolorosamente creadora. Por eso los materiales de la negrura son los materiales y los símbolos de la poesía: la tinta de Papini, el mosaico tenebroso de Baudelaire, la mariposa oscura sobre el rostro de su amigo. Se ve el cambio: no estamos ya ante una niñez retrospectiva y complacientemente mirada desde la adolescencia, sino ante una infancia que progresa, marchándose, hacia la poesía.

La variación del enfoque implica también una reducción en la perspectiva. En efecto, no interesa ya la infancia en general, sino únicamente la infancia poética. Que el cambio no es desdeñable, puede comprobarse fácilmente teniendo en cuenta la nueva temporalidad que instaura, pues convierte la esencia póstuma que era la infancia en incubación de futuro.

Este proceso imaginativo, tan tempranamente observable en la obra nerudiana, manifiesta y despliega la contradictoriedad interna de esa blancura infantil, simple sólo en apariencia. Blancura absoluta en el soneto de los *Cuadernos*, blancura condicionada en *Pantheos,* blancura determinada por su contrario en *Esta iglesia no tiene,* ella se niega íntegramente en *Figuras de la noche silenciosa.* De substancia que era se ha convertido en negación pura. Su eternidad se ha vaciado de contenido, revelándose inversamente, y ya en definitiva, como un espejismo póstumo. La infancia se hace, entonces, noche precoz del poeta, silencio envolvente. De este modo, Neruda puede cerrar su meditación hablando en secreto de sí mismo: "A través de los campos; junto a las ventanas donde cantan y sollozan *las lluvias australes;* abandonados en la seca campiña florentina; olvidados en la Bretaña acre; en el Perú soñoliento; *en Chile.* En todas partes el niño entristecido que no habla, el hombre que ha de decirnos más tarde con la mano en la frente, recordando: *non, io vi ripeto, non ho avuto fanciullezza...*".

Cuando Neruda publica esta página, está a casi dos años solamente de la aparición de su primer poema residenciario, *Galope muerto*[11]. El poeta va a cruzar con increíble celeridad la distancia que va desde la sensibilidad de *Crepusculario* hasta su gran testimonio de *Residencia en la tierra.* El texto de 1923 representa, en relación con él, una conciencia de la infancia que será invisible en la obra misma, a causa de la ingente naturaleza y del trasfondo social que constituirán su panorama dominante. Especialmente en el fragmento que se refiere a Baudelaire, hay frases y pasajes altamente proféticos: "Es una palabra en Baudelaire que torna y retorna de continuo: la soledad. Lo acompaña esa viajera alucinada y es la quimera que le picotea la espalda". Y antes ya citábamos esa imagen de la soledad en que ésta aparecía como "la raíz húmeda que, enterrada en la infancia, sobrelleva y sostiene...". No sólo crea aquí Neruda una especie de retrato cuasiprometeico de Baudelaire y de todo poeta —Prometeo de la ciudad moderna y del en-

---

[11] Según M. Aguirre, el poema apareció en julio de 1925 en la revista *Claridad.* No he podido verificarlo.

sueño, encadenado a su propia soledad; no sólo prepara el terreno para la expansión de esa demencial *flor de la soledad* que impregnará con su perfume siniestro el aire de *Residencia en la tierra,* sino también desarrolla la idea latente de *Las anclas,* la infancia como raíz, como humus de arraigo para el crecimiento de la existencia poética.

Un texto posterior muy divulgado es *Infancia y poesía* (1954). Allí el poeta nos informa principalmente de aspectos de su infancia temuquense. Así, en apariencia, esas páginas sólo contienen un conjunto de recuerdos infantiles que, o se relacionan con el nacimiento de la poesía, o conllevan un particular valor poético. El poeta parece haber practicado entonces una selección de sus experiencias infantiles para mostrar únicamente aquellas que poseían una significación poética presente o futura. En seguida, las ha narrado, organizándolas en un decurso anecdótico que despliega ante los oyentes ese tesoro de recuerdos[12].

Es innegable que esa base selectiva y que este ordenamiento narrativo existen. Representan la necesaria armazón del texto. Sin embargo, no deben impedirnos observar otros medios de organización, más significativos, de ese importante testimonio nerudiano. Neruda lo escribe y lo lee a los cincuenta años de edad, en la plenitud de su madurez vital y poética. Hace escasos años ha terminado el *Canto General,* una de las obras más grandiosas de la cultura hispanoamericana, en la que concentra su visión de poeta y de militante. A él se refiere sobre todo Jaime Giordano cuando ve en Neruda la más alta profundización poética de la visión cosmo-

---

[12]Es una conferencia leída en la Universidad de Chile. De este modo, los poderes oficiales de la nación desagraviaban al poeta de la persecución a que lo sometió el régimen de González Videla.

gónica del materialismo dialéctico[13]. Un nuevo sentido de la historia ha aparecido en su poesía, que le permite encarar en forma más extensa y decisiva su primera edad. Es en este momento cuando se interesa en hablar de su infancia. Volcará íntegra, por lo tanto, a la intelección de ella, su experiencia humana y creadora.

Ya el título de la conferencia es sugestivo. *Infancia y poesía* recuerda el gotheano *Dichtung und Warheit* (Poesía y Verdad), que ponía en el centro de la autobiografía del artista la verdad de la fantasía. En la infancia nerudiana vista desde la madurez subyace también esa perspectiva. Pues en su visión de ella están estrechamente unidos la autenticidad evocativa y el moldeamiento creador de lo evocado. De ahí que esta poesía de la infancia sea, en el fondo, la actualización de la infancia de esa misma poesía.

La lectura más superficial del texto deja ver su construcción por correspondencias, un juego de afinidades que crea una textura secreta, más allá del dibujo lineal de las anécdotas. Hay resonancias, ecos, hay transfiguraciones. Todo ello nos permite ver la gracia natural con que el poeta busca *encantar* su propia infancia y darnos una imagen encantada de ella. Un ejemplo es la ilusión volátil que forja con un loro verde nacido y perdido en el espacio fantástico de estas páginas. Primeramente, es una simple imagen coloreada de papel: "No había en mi casa también un baúl con objetos fascinantes. En el fondo relucía un maravilloso loro de calendario. Un día que mi madre revolvía aquella arca sagrada yo me caí de cabeza adentro para alcanzar el loro"[14]. Pero un poco después es un sombrero, un cuerpo palpable, el sombrero de hule verde de su padre que el niño exhibe ante

[13]V. "Introducción al *Canto general*". En: *Mapocho*, 3, 1964, p. 226.

[14]*Obras completas*. Buenos Aires, Edit. Losada, 3ª ed., 1967, t. I, p. 28.

sus compañeros de curso. Finalmente, como cumplimiento de su destino fantástico, el sombrero vuela y se pierde para siempre: "Esta vez llovía implacablemente y nada más formidable que el sombrero de hule verde que parecía un loro. Apenas llegué al galpón en que corrían como locos trescientos forajidos, mi sombrero voló como un loro. Yo lo perseguía y cuando ya lo iba a alcanzar volaba de nuevo entre los aullidos más ensordecedores que escuché jamás... Nunca lo volví a ver".

Si se compara esta prosa con esa de 1923 que hemos transcrito, se aquilatará la distancia recorrida por el poeta. Sólo en aspectos formales de organización se hace ya comprensible ese avance. Han desaparecido las articulaciones nítidas de las fases y la contraposición algo rígida entre esa nitidez y la tendencia aglutinante de los segmentos menores. Hay ahora un desarrollo vívido, plenamente libre, exento de toda arista. Baste mirar los puntos de intersección en que finaliza un párrafo y comienza otro, momentos claves en el trabajo de la prosa poética. En ellos se juntan, como resulta claro para todo aquel que tenga trato artesanal con la construcción prosística, todas las dificultades de realización: los problemas de la entonación y del ritmo, la necesidad de fluidez y de transiciones, el torneamiento general del movimiento del lenguaje, el dominio de los nexos lógicos, etc. El párrafo tercero de *Infancia y poesía* concluye con el recuerdo de los antepasados muertos en tierras de Parral. Y el que sigue inmediatamente comienza: "Mi padre murió en Temuco, porque era hombre de otros climas. Allí está enterrado en uno de los cementerios más lluviosos del mundo". Es decir, el traspaso geográfico se logra haciendo habitar la muerte en esa mínima intersección; muerte, eso sí, de gran vitalidad humana, ya que permite la rememoración de las actividades del padre, de su existencia entera como trabajador.

No es éste un momento aislado ni casual en estas páginas. Un poco más adelante el poeta recordará la figura del palanquero Monge, que buscaba para él, cuando niño, los tesoros naturales de la selva. El párrafo termina precisamente con su muerte: "Tampoco he olvidado a aquel amigo... Mi padre me contó su muerte. Cayó del tren y rodó por un precipicio. Se detuvo el convoy, pero, me decía mi padre, sólo era un saco de huesos. Lloré una semana".

También el episodio del cisne moribundo imita este modo de conclusión. Las formas de la muerte son muchas en estas páginas infantiles. Puede ser —ya lo vimos— ese sombrero verde de su padre que se pierde definitivamente. Es lo irrecuperable: *Nunca lo volví a ver*. O la muerte de las casas en la conmoción violenta del incendio: "Tal vez el recuerdo más remoto de mi propia persona es verme sentado sobre unas mantas frente a nuestra casa que ardía por segunda o tercera vez". Y el párrafo que sigue se inicia con la esperanza segura de una nueva casa: *Pero los aserraderos cantaban*. O, en suma, es también la muerte como lugar absoluto. Un párrafo entero se remata así, maravillosamente: *Los cementerios eran frescos*.

Resulta claro, a la luz de estos pasajes, que la mayoría de los párrafos son anécdotas o episodios que se cierran con valor de desenlace, desenlace que, al encadenar las renovaciones, manifiesta su contenido de perduración. El palanquero Monge, llorado por el niño, reaparecerá en el rostro de Gabriela Mistral.

Desde la partida, Neruda presenta sus recuerdos como reproduciendo el más concreto desarrollo dialéctico, desde los fondos acuáticos de la vida hasta el ápice de la hominización social: "Tengo que empezar así esta historia de aguas, plantas, bosques, pájaros, pueblos, porque así es la poesía, por lo menos mi poesía". Estos momentos dialécticos materiales jalonarán el texto, de modo explícito o secreto, confiriéndole una unidad fundamental. Habrá, entonces, el momento de las aguas, de los bosques, y así sucesivamente.

A Parral se lo sitúa en un tiempo biográfico y en un espacio concreto: es la tierra de los antepasados y el *centro de Chile*. De él nos trae dos determinaciones principales, que serán constantes en su recuerdo: el vino y el polvo —viejas señales familiares en el rostro provinciano y paupérrimo del pueblo. De sus antecesores escribe: "Siempre produjeron vino, un vino intenso y ácido, vino pipeño, sin refinar. Se empobrecieron poco a poco, salieron de la tierra, emigraron, volviendo para morir a las tierras polvorientas del centro de Chile". La presión sabia del lenguaje exprime tres veces el mismo líquido y diseña el ciclo cierto de la vida y de la muerte en el doble sonido de la palabra *tierra*. Surge así una impresión uniforme y homogénea, una continuidad de viñas bajo el polvo, de viñas enterradas, en que ambos elementos intercambian sus valores. Habrá desde ahora en adelante un territorio preciso desde donde brota el vino y, eso hace que, literalmente, la eternidad haya fermentado, se haya convertido en fuente efectiva de vida. En este desarrollo en profundidad de la familia, que hace de los muertos vínculos fecundos con la naturaleza, coadyuva sin duda el efecto prodigioso de la palabra Parral. El poeta recorre en su imaginación el camino que principia en el nombre y se detiene en el crecimiento de la vid, en la presencia abundante de las parras. Su camino es inverso al de los fundadores.

Con esto el poeta, a través de esta imagen tardía y condicionada por nuevas fases de su desarrollo lírico y personal, conquista una visión más plena de su lugar de nacimiento. Parral ha llegado a ser un espacio social y una geografía palpable. La impasible blancura del pueblo adolescente ha dejado paso ahora a su verdad natural y humana, casi inseparables en nuestros países: la humilde tierra del trabajo que es, por eso mismo, la tierra de la muerte y de la vida. La aldea blanca y lejana de antaño, con toda la irrealidad de lo no conocido, desapareció para dar cabida a un Parral cercano y real, fundado ahora y edificado en su presencia polvorienta.

No debe sorprender entonces lo que Neruda resalta como último vestigio de su primera niñez. Como desde el fondo auroral de su infancia, el poeta nos cuenta el conmovedor regalo recibido de la mano anónima de un niño, allá en el patio de su casa: "Era la mano pequeñita de un niño de mi misma edad. Cuando acudí no estaba la mano porque en lugar de ella había una maravillosa oveja blanca. Era una oveja de lana desteñida. Las ruedas se habían escapado. Todo esto lo hacía más verdadera. Nunca había visto yo una oveja tan linda. Miré por el agujero, pero el niño había desaparecido. (...) Nunca más vi la mano ni el niño. Nunca tampoco he vuelto a ver una ovejita como aquélla. La perdí en un incendio. Y aún ahora en este 1954, muy cerca de los cincuenta años, cuando paso por una juguetería, miro muy furtivamente a las ventanas. Pero es inútil. Nunca más se hizo una oveja como aquélla".

He aquí que en este misterioso retroceso en pos de la infancia, el más pleno intentado por el poeta, resurge lo blanco. No es ya, sin embargo, la blancura universal de otro tiempo. Concretado, materializado en un minúsculo juguete, lo blanco se ha hecho singular. Junto a él, las manos de la niñez, de la más temprana niñez, reiteran su albura esencial. Estamos, pues, ante presencias conocidas. Y es que en las extremidades de *Infancia y poesía*, pese a estar estas páginas referidas principalmente a Temuco, se renueva la conciencia de Parral, primigenio e inaccesible. El círculo de sus días temuquenses contiene otro círculo, más secreto y primordial, cuyo centro está constituido, como siempre, por la coexistencia de dos notas, el polvo y la blancura. Pero su sentido ha cambiado. Lo hemos visto: ya no existe la duna irreal de otro tiempo ni el polvo es tampoco una excrecencia totalmente heterogénea al brillo del reino infantil. Es pura substancia terrestre, que atesora en su interior al vino, el producto ejemplar de la sociabilidad chilena. Lo mismo el juguete, aunque blanco, es algo imperfecto: *maravilloso*, sí, pero *desteñido* y hasta deteriorado. Con ello se alcanza la verdad de esa infancia blanca que, luego de pasar por todas las transfiguraciones de color, manifiesta su sencilla y contradictoria esencia: ser simultáneamente plena e incompleta, pura y sucia a la vez.

Más que en ningún otro, en este episodio es posible observar la modulación imaginaria que el poeta ejecuta sobre la experiencia. La situación entera vibra con una increíble franja de sugerencias. Es una escena inaugural, poéticamente preparada. Ha sido ensayada varias veces en el mismo texto, con la misma ambientación de patios y de cercos, con el mismo decorado del fondo de las casas. La blancura de la lana del juguete ha sido precedida, anunciada casi, por la *felpa blanca* de los almendros. Y es todavía más relevante que el instante del despojo consista precisamente en un incendio, en que el poeta ha reconocido uno de sus recuerdos más originarios. La blancura retrocede nuevamente, por lo tanto, pero ahora singularizada y concretísima, a un estado anterior a toda experiencia de la realidad. Porque

el niño había desaparecido.

A Temuco el poeta se traslada *sin habla,* como él mismo escribe[15]. Este segundo mundo en que se divide su infancia será eso propiamente, mundo, pues, el niño dispondrá pronto del órgano de la experiencia y de la

---

[15]*Primer viaje, Memorial de Isla Negra*, I. En: oc, ed. cit., t. II, p. 495.

poesía: la voz[16]. De ahí que las evocaciones correspondan siempre, en el hombre que vuelve hacia sus comienzos, al período temuquense; nunca, por imposible, a Parral. Porque, además, el contraste entre los dos pueblos convierte el corto viaje en una verdadera emigración. A la zona seca y continental del primero sucede la marca fronteriza de la Araucanía, con su rostro de noches lluviosas, bosques vírgenes y ríos anchos que avanzan, tumultuosos o solemnes, hacia el mar. Toda una naturaleza en combustión, donde la historia comienza a hacerse o, mejor, a rehacerse. No hay huella infantil más obsesiva en la imaginación del poeta que el tren lastrero de su padre, internándose en la noche de Temuco, sonando bajo la lluvia, hendiendo la selva desconocida. El inquietante pasaje de *Infancia y poesía* que Neruda dedica a su padre finaliza así: "Picábamos piedras en Boroa, corazón silvestre de la Frontera, escenario de los terribles combates entre españoles y araucanos"[17].

Digámoslo simplemente, porque es algo capital para la comprensión de la poesía de Neruda: el carácter de Temuco y de toda la zona de Araucanía reactualiza, a comienzos de este siglo, el fenómeno inaugural de la Conquista[18]. He aquí que el tren que hiende la selva

---

[16]Fluctúan las indicaciones sobre la fecha del traslado del niño Neftalí Reyes. Suele situársela a sus dos años de edad, aunque algunos autores la fijan más tarde, a los 6 años, aproximadamente.

[17]OC, t. I, p. 26.

[18]El historiador Francisco A. Encina evoca, en un vívido capítulo de su *Historia de Chile* (t. XVIII, Santiago, Edit. Nascimento, 1951), el comienzo de la actividad económica y de la vida colectiva en la Araucanía. Allí se muestran en todo su contraste las virtudes y las limitaciones del método historiográfico de Encina. Mientras su riquísima capacidad descriptiva, casi novelesca, entrega un cuadro irremplazable de esos años (1885-1890), sus premisas explicativas y, por lo tanto, sus conclusiones, necesitan ser corregidas a la luz de las escasas contribuciones parciales que existen sobre el tema. Es de gran utilidad —aunque toca el tema tangencialmente—

es sólo una trasposición tardía, pero eficaz, que reinstala en esta poesía la vieja marcha del hierro extranjero sobre la patria, el alba violenta de la sociedad. Por eso el material más venerado por el poeta entre sus recuerdos de Temuco serán las cosas de hierro, martillos y llaves inmensas colgando de los almacenes o ferreterías, herramientas amorosamente conservadas por el aparato fotográfico[19]. El metal pionero resulta ser, entonces, la transformación industrial y tecnológica del hierro de los conquistadores. La asociación se produce siempre y, a menudo, accidentalmente, lo que prueba aún más su pertinacia: "Cuando remotamente regreso y en el extraordinario azar de los trenes, *como los antepasados sobre las cabalgaduras...*"[20]. Es evidente: este regreso remoto que permite el tren es el más remoto que es posible experimentar, pues nos conecta con nuestros orígenes como nación. Pero incluso a veces, por un prodigioso élan regresivo, el tren vivamente meditado en la poesía de Neruda comienza a navegar, a flotar y a moverse como en un mar nocturno. Reproduce, entonces, con tremendo anacronismo, la travesía oceánica de las carabelas. Es decir, el más *extraordinario azar*[21].

---

la obra de Hernán Ramírez Necochea *Balmaceda y la contrarrevolución de 1891* (Santiago, Edit. Universitaria, 1968).

Interesa subrayar por ahora lo naturalmente que debía surgir, a los ojos de los primeros habitantes de esa región sureña, el parangón con los tiempos iniciales en que se fraguaba nuestra nacionalidad. En el capítulo de Encina el paralelo se presenta varias veces. Sólo una: "Todo parecía aún demasiado vecino a los días de Valdivia, de Villagra, de don García y de Quiroga" (Cit., p. 261. Tb., p. 267).

[19] V. en el libro de Margarita Aguirre cuatro fotos del Temuco viejo tomadas por Neruda.

[20] *La copa de sangre*. oc, cit., t. II, p. 1054.

[21] En *El ciudadano*, poema de *Estravagario*, en que el tema no es otro que el amor del poeta por las ferreterías, se canta: *Y nunca me dejó de envolver / un olor de ferreterías: / me llama*

De hecho, esta configuración se presenta ya en *Infancia y poesía*, en el fragmento cuya conclusión citábamos más arriba. El marco de *vendavales* y de *aguas* que magnifica el trabajo ferroviario del padre, la referencia a sus obreros como *tripulación* (término primitivo y preferentemente marino) y el origen social de la cuadrilla que, al provenir de los campos, de los suburbios y de las cárceles, se asocia a la leyenda difundida en torno a los compañeros de Colón: todo ello sitúa la reminiscencia del poeta en el momento de las aguas, primero de acuerdo a la estructura poética del texto; más aún: el umbral de la evocación enlaza ya con esa fase, pues el lugar donde su padre está enterrado es *uno de los cementerios más lluviosos del mundo.*

Esta constelación imaginaria, tan plena de contenido histórico-social, actuará secreta, pero intensamente en *Residencia en la tierra* y será una de las claves menos sorprendidas de su poderosa resonancia. Sin embargo, el despliegue entero y consciente de esta experiencia sólo se producirá en la obra postresidenciaria. Mientras tanto, y habiéndola descrito en forma somera, nos interesa retener como eje de comprensión de la infancia nerudiana la dualidad centro-sur, que equivale al paso de la eternidad a la historia. En otras palabras, en el seno de su misma niñez el poeta reproduce las etapas de paz y de conflicto sucedidas en su patria, de modo tal que su primera edad será recogida por él como la más cabal expresión de una estructura dialéctica.

De esta verificación es posible desprender una consecuencia de gran alcance para la poesía de Neruda. Nos referimos al particular carácter que tendrá en ella la relación con la naturaleza, relación fundamental en toda la historia del reflejo lírico. En el acercamiento extremo

---

como mi provincia, / me aconseja inútiles cosas, / me cubre como la nostalgia.

o en la plena identificación con las fuerzas de la naturaleza, es considerable el peso de éstas en la lírica nerudiana. Pero precisamente por su poderoso dinamismo, esta naturaleza nunca será igual ni cumplirá el servicio de refugio lírico que cumple la naturaleza románticamente concebida[22]. El vigor que ella manifiesta, su generosa fecundidad no pueden contraponerse en la poesía nerudiana a un desarrollo urbano que no existe. Justamente porque las condiciones objetivas, histórico-sociales, en que se desenvuelve esta poesía son completamente específicas, el tono y el signo que en ella exhibe la naturaleza será también nuevos, originales, inéditos. En efecto, en la medida en que el pasado es algo vivo, una verdadera presencia de su entorno, el paisaje pasará a ser en su obra una cifra de la historia. Es primero geo-

[22] Marx ha mostrado en diversos lugares y sobre todo en pasajes de los *Manuscritos económico-filosóficos de 1844*, la estrecha conexión existente entre el romanticismo y las clases terratenientes que empiezan a ser desposeídas de la tierra por el avance del capitalismo industrial. Tal conexión es visible no sólo en la apología que la novela romántica hace de la Edad Media (W. Scott, V. Hugo) y en la correlativa acentuación del principio feudal y del principio católico (Chateaubriand), sino en la patética identificación del sentimiento de la libertad con las efusiones que el paisaje suscita. El alma romántica se expande y se engrandece en los bosques vírgenes (*Atala*) o en la contemplación del valle desde las colinas (*Meditations poétiques*). El sentimiento de la naturaleza es, entonces, *considerado desde este ángulo*, la forma lírica del sentido de la tierra, cuya expresión corresponde a las castas terratenientes en retroceso. Hay allí la nostalgia impotente de una tierra que desaparecía ante el crecimiento de la ciudad, que se despoblaba de siervos y que caía en la red financiera del capital. Que se nos entienda bien: la pertenencia a la nobleza de la tierra no *explica* las *Meditaciones poéticas*, pero sí hace *comprensible* la génesis social del sentimiento de la tierra natal que expresa allí Lamartine, el mismo Lamartine que historiará más tarde a los Girondinos y el mismo que tendrá una participación tan característica en el alzamiento de febrero (V. Marx: *Las luchas de clases en Francia de 1848-1850*. En: *Obras escogidas*. Moscú, Edics. en Lenguas Extranjeras, t. I, pp. 147 passim).

grafía, con lo cual deja de ser inmediatamente una figuración sensible del alma, al modo romántico. Y en cuanto geografía particular, el núcleo histórico de la naturaleza contrastará con la esterilidad de la ciudad, con su subdesarrollo. Poesía nacida en un país subdesarrollado, la de Neruda identificará en la naturaleza de su región las fuerzas creadoras, el dinamismo para un futuro todavía socialmente invisible. En ella se concentra la posibilidad de la historia. De este modo, lejos de ser claustro de paz, remanso intemporal, la naturaleza poseerá en Neruda un grado notable de eficacia. No es lo idílico lo que predomina en ella: es su energía.

No habrá, por lo tanto, discontinuidad entre la naturaleza y la sociedad en esta poesía. La primera será sólo el en sí no desplegado de la otra. A lo cual contribuye sin duda la experiencia más inmediata del niño, tal como nos la ha revelado mucho más tarde en *Infancia y poesía* y en el primer poema de *Yo soy*. El poeta no sólo contempla en su infancia bosques inmensos. Unicamente en relación con este determinante elemento de la madera, puede seguir la caída de los árboles, la acción de los aserraderos, los castillos de madera que orillaban la vía férrea y los múltiples usos de esas tablas: barricas, bodegas y casas, casas sobre todo. En esa sucesión simple y persistente que podía observar cotidianamente, intuye, grabándoselo, el movimiento de transformación en que consiste el trabajo. La acción y la lógica del trabajo, que se presentan a su vista con toda patencia, penetran profundamente en su poesía, resolviéndose en ella de un modo que no perderá su ligazón genuina con ese saber práctico-material. Por el imprevisto acercamiento que contiene, es significativo este pasaje de *Infancia y poesía:* "Pero los aserraderos *cantaban*. Se acumulaba la madera en las estaciones y de nuevo se olía a madera fresca en los pueblos. Por allá quedan aún *versos míos escritos en las paredes*. Me tentaban porque las tablas eran lisas como el papel, con venas misteriosas".

Se establece aquí una ostensible continuidad entre la actividad práctica que elabora la madera y el acto de escribir poesía. Veremos muy pronto, a través del nacimiento de la poesía en el niño, cómo este hecho contiene una efectiva y precisa verdad. Por ahora, es ya comprensible que el proceso de transformación es perseguido en sus extremos ulteriores, desde el bosque hasta el papel, podríamos decir. Ello explicará, en la fase poética de *Residencia en la tierra*, el desconsuelo que embarga al poeta en su cárcel burocrática al tener que habérselas con un uso degradado del papel. Si no se olvida este noble origen del material de la escritura, origen siempre presente en el espíritu vegetal del poeta, se entenderá mejor la intensidad de su congoja. Por lo demás, no habrá dato más patético en el universo residenciario que una hoja de papel vagando abandonada por las calles. Con ello representa el poeta su visión más desolada del poder corruptor de lo social en el estado presente. Es el bosque humillado en la ciudad pobre y triste: la madera devenida basura.

En el poema *La Frontera (1904)*, el poeta crea básicamente un cuadro dominado por elementos vegetales. Hay allí, desplegado como un abanico, todo un conjunto de posibles especies de madera. Bosques, galpones, barricas, tablas. Y la estrofa final parece resumir y expresar en toda su fuerza esta imagen de construcción humana a partir de la naturaleza:

*Mi infancia recorrió las estaciones: entre
los rieles, los castillos de madera reciente,
la casa sin ciudad, apenas protegida
por reses y manzanos de perfume indecible*

fui yo, delgado niño cuya pálida forma
se impregnaba de bosques vacíos y bodegas[23].

El poema comienza con una visión de árboles salvajes y la imagen de un gran incendio; se cierra, en cambio, con los versos recién transcritos, con las formas concretas de la madera, con su producto tangible. Más aún: tal vez se pueda ver en la última secuencia dual: *bosques vacíos y bodegas*, una fidedigna percatación del poder creador del trabajo, que vacía los bosques para levantar, desde esa necesaria negación, nuevas construcciones donde almacenar alimentos para el hombre y reproducir así permanentemente esa actividad.

Resumiendo: el formidable sentido dialéctico que la poesía de Neruda ofrece en su estadio más maduro se debe a la temprana experiencia de algo históricamente inaugural y a la posibilidad que tuvo el niño de admirar, en su despliegue total y de un modo espontáneo y cotidiano, las formas de manifestación del trabajo humano. Praxis histórica y praxis material, siempre interdependientes, colaboran activamente en potenciar desde la infancia del poeta su conciencia de la creatividad social y de la negación como factor necesario del movimiento creador.

Hay que insistir en este hecho: la infancia de Neruda no transcurre en el campo ni en ninguna ciudad. Esta contradicción, tan fundamental para el desarrollo social especialmente en el período capitalista, no se presenta todavía en el medio que rodea al poeta cuando niño. Lo ha dicho él mismo: es *la casa sin ciudad*. O, con un

---

[23] *Yo soy, Canto general*, XV. oc, cit., t. I, p. 693.
Jaime Giordano se refiere a este poema desde el punto de vista de las relaciones dialécticas entre subjetividad y objetividad. Sus notables análisis han pasado inadvertidos a la mayor parte de la crítica. Pareciera increíble. ¡En realidad, es perfectamente explicable!

lenguaje más familiar en *Infancia y poesía*, nos habla del carácter de campamento que tenía el Temuco de sus primeros años. Campamento: es curioso que un importante historiador chileno emplee la misma expresión para referirse a la más primitiva fase en la formación de nuestra sociedad[24]. Campamento: es decir, la energía fundadora, la avanzada para la ciudad futura, el nacimiento concreto e inestable de ésta. Esto determina que Temuco no sea en esos años ni pueda ser provincia. Casi nunca habrá en Neruda, y sólo por excepción en algunos momentos adolescentes, esa nostalgia complaciente por la paz provinciana, tan cara, por ejemplo, a poetas como Ramón López Velarde o a autores menores, como Daniel de la Vega en Chile. Por el contrario. Estará siempre en las antípodas de esa poesía del subdesarrollo, cultivada en extremo por el postmodernismo más tardía de América Hispana. Y complementariamente, Santiago no representará nunca a la urbe o la capital. Más tarde la llamará con toda nitidez *contraciudad*[25].

Temuco pertenece, a fines del siglo XIX y a comienzos del XX, a una de las zonas más progresistas del país. Entre un norte económicamente desnacionalizado por la entrega del salitre al capital inglés y el extremo austral enajenado a la soberanía chilena durante el gobierno de Santa María, Temuco se yergue en medio de una región donde la energía nacional se concentra con mayor tenacidad. Se trata, en realidad, del proceso general que incorporó a la vida unitaria del país a todo el sur de Chile, desde el Bío-Bío hasta la provincia de Llanquihue. Este proceso comienza a mediados del siglo pasado con la colonización alemana de Valdivia y las provincias vecinas, hecho que podemos conocer vívidamente a través de las páginas clásicas de *Recuerdos del pasado*, de

[24]Francisco A. Encina, cit., t. I, 1949. Cf. "Evolución social, económica y política: los primeros pasos (1541-1557)".
[25]*Contraciudad*, poema de *Estravagario*. oc, cit., t. II, p. 162.

Pérez Rosales. Este primer factor de vitalización demográfica y económica es seguido muy pronto, con métodos completamente opuestos, por la larga y azarosa penetración en la Araucanía[26]. Esta acción comienza oficialmente en 1859 —con el Decreto Supremo del 17 de setiembre de ese año—, sigue en 1868 con las leyes dictadas para inmovilizar a los araucanos en 'reducciones', continúa con las cruentas campañas militares dirigidas por Cornelio Saavedra y Gregorio Urrutia, culmina en 1882 con la fundación de Temuco y en 1887 con la creación de las nuevas provincias de Malleco y Cautín, prosiguiéndose todavía a través de un accidentado proceso de colonización que durará hasta bien entrado el siglo actual. Todo esto da lugar a uno de los episodios menos dilucidados de nuestra historia nacional[27]. El brutal despojo a que se sometió a los indígenas, con la ocupación militar primero y con diversos arbitrios legislativos más tarde; la entrega de tierras a colonos nacionales, provenientes en su mayoría de las tropas que regresaban del Perú, y a inmigrantes extranjeros, que se establecen en la región desde setiembre de 1883; la expropiación de tierras que sufrieron los primeros colonos de parte de los intereses latifundistas: tales parecen ser las fases más salientes de este importante y complejísimo acontecimiento. El imperio de la violencia confiere a

[26] El mismo Pérez Rosales señala el nexo que hay entre la colonización de la cual él fue agente y la política gubernamental para encarar el problema de la Araucanía, al referirse a las instrucciones del Ministro Urmeneta destinadas a "tomar medidas prudenciales para la traslación de los inmigrados (en Valdivia) al territorio de Arauco" (*Recuerdos del pasado*, 4ª ed., 1929, p. 436).

[27] La mejor bibliografía sigue siendo la más antigua: el informe entregado por Cornelio Saavedra al Congreso Nacional (1870), el clásico libro de Horacio Lara (*Crónica de la Araucanía*, Santiago, Imprenta de 'El Progreso', 1889, 2 ts.) y el olvidado ensayo de Nicolás Palacio, *Raza chilena* (1904; 2ª ed., Santiago, Edit. Chilena, 2 ts., 1918).

este período, como muchas veces se ha repetido, una fisonomía de criollo Far West[28]. En efecto, la violencia bélica contra los indios —violencia legalizada— da paso muy luego a la violencia ilegal del cuatrerismo, representado por los colonos expoliados, que sólo compiten, sin imitar jamás, con el encarnizamiento de las fuerzas de la ley. Esa misma expropiación de tierras desencadena éxodos masivos de trabajadores chilenos, que abandonan el país en busca de otros lugares donde poder laborar. Es el caso de los emigrados a Neuquén. Se hace fácil, de este modo, advertir el ingente fenómeno de marginación que resulta del progreso económico nacional en la región de la Frontera. Aunque chileno, ese progreso va contra Chile. Expulsa a los indios a las 'reducciones', reduce a los colonos a la ilegalidad, empuja a sus propios habitantes hacia fuera. La reducción de la Araucanía es una reducción de Chile, de sus fuerzas humanas y sociales. He aquí los necesarios productos de este avance: segregación racial, destierro colectivo, criminalidad. La emigración hacia Argentina realizada por gente del mismo país que contrata inmigrantes en Europa no es sino la paradoja más impresionante de esa creciente y todopoderosa irracionalidad. Es éste el fondo amargo que conlleva inevitablemente toda manifestación capitalista.

Pues, efectivamente, el contexto amplio en que se enmarcan todos estos hechos es la entrada y desarrollo del capitalismo agrícola en el sur de Chile. La conciencia política de este fenómeno estaba ya expresa en el lema de un representante de la administración Santa María: *industrializar el campo*[29]. La guerra del Pacífico había creado las condiciones de mercado interno aptas para justificar los intentos de apropiación de las tierras sureñas y los esfuerzos consecuentes para intensificar la produc-

---

[28]*Infancia y poesía.* oc, t. I, p. 29.

[29]Memoria de 1886 del Ministro Pérez de Arce. En: Francisco A. Encina, cit., t. XVIII, pp. 343 ss.

ción agropecuaria. La introducción de la maquinaria agrícola pone el fundamento tecnológico que faltaba, confiriendo al latifundio austral una fisonomía que contrasta con el panorama de retraso ofrecido por el resto del territorio agrario nacional. La figura de José Bunster encarna cabalmente el 'espíritu' que caracteriza al capitalista de la tierra. Elogiado por Encina como hombre de energía y de gran audacia económica, su aureola sucumbe cuando se conocen las turbias manipulaciones en que cimentó la empresa con que hizo su fortuna[30].

[30] Gracias a mi amigo Juan G. Araya, profesor del Liceo de Angol, he podido consultar la Memoria de Bernardo Arévalo. Estimulada por Hernán Ramírez Necochea, esta tesis, todavía en curso de redacción, suministra antecedentes muy esclarecedores sobre el problema de la propiedad de la tierra en la Nueva Araucanía y, en general, sobre toda esa época en el sur de Chile. Contiene investigaciones hechas en fuentes de primera mano, cuales son las escrituras de venta o cesión de terrenos en archivos notariales de Angol, Traiguén y Los Angeles principalmente; revisa además las páginas de "El Colono", diario publicado en Angol a fines del siglo pasado. Se logra así una reconstitución fidedigna y documental de muchos aspectos de esa tragedia colectiva. Resumo a continuación las ideas más importantes:

1) Se comprueba fehacientemente el divorcio que existe entre las leyes y decretos dictados en la capital y las abusivas prácticas en la Frontera. Cada ley tiene su contravención en las formas de rapiña de la tierra. Los primeros son los militares. A los casos *respetables* de Bulnes y de Cruz —y el tan conocido de Cornelio Saavedra— se añade la figura de Pedro Lagos: "Fue un destacado jefe militar que tuvo, al mismo tiempo, según se desprende de documentos, relaciones de tipo comercial con los indios aún no pacificados. Practicó el préstamo de distintas especies, incluso el licor y la entrega de animales en medias. Es imposible que esto obedeciera a una táctica de pacificación autorizada por el Gobierno" (Cap. I, p. 9, en paginación provisional). La escritura del 24 de julio de 1867, dada en Los Angeles ante el Intendente don Basilio Urrutia, muestra a las claras una prodigiosa alquimia: algunos licores y una vaca, beneficiada por necesidad por el indio Juan Huanquimilla, se trasmutan, con la bendición de la ley, en tierras hipotecadas en favor del hijo de Pedro Lagos.

No menos voraces son los sacerdotes. El presbítero Marcos Rebo-

El puente Malleco, que Neruda menciona ocasionalmente en *Infancia y poesía*, es el símbolo visible de esta explotación del sur, el brazo de hierro que el centro administrativo de la nación tiende, en sacrosanta alianza económica, al latifundio medioaustral. Hay que imaginar lo que debió significar en su tiempo, dentro de un país desprovisto de fisonomía metálica y en regiones to-

lledo recibe en hipoteca, por razón de un préstamo de 1.600 pesos hecho a varios indígenas, un terreno del Departamento de Nacimiento *como de 2.000* cuadras (Escritura del 30 de agosto de 1862, dada en Los Angeles). Y, por supuesto, no van a la zaga civiles como Rafael Anguita y Martín Bunster, que se apoderan de terrenos *que no exceden de 1.000 cuadras* (Escrituras del 5 y 6 de marzo de 1857 y del 8 de febrero de 1867, todas de Los Angeles).

2) La guerra contra el indígena fue una guerra de *exterminación total* (Cap. II, pp. 32-34). La maquinaria agrícola introducida en la zona convertía al indio en una raza sobrante. Escribe el autor: "Los indios no tenían significación económica alguna en la Nueva Araucanía. Su presencia, incluso, entorpecía la buena marcha de esta naciente zona y la oportunidad de exterminarlos aprovechando la existencia del ejército regular era demasiado tentadora para no desperdiciarla".

3) Un gran contraste surge entre la estructura económica de esta zona y el trabajo de la tierra en la parte central de Chile. "Ejemplo de que en la Araucanía se estaba gestando una realidad económico-social distinta a la tradicional, lo da el grado de desarrollo alcanzado en breve tiempo por la zona de Traiguén y sus alrededores. Aquí vemos una clase social que, aunque afirmando sus bienes en la tierra, no quería hacer de ella, tanto por la forma de la propiedad como por los métodos de explotación, una copia de las haciendas de Chile central. La nueva mentalidad domina, y así aparecen centros agrícola-industriales de real importancia y sin vinculación con la aristocracia semifeudal. Desgraciadamente, los años unieron los intereses de estos dos grupos antagónicos y la fuerza renovadora de la burguesía cesó antes de realizarse plenamente, para desdicha de estas comarcas que hoy languidecen en una actividad meramente agrícola y utilizando medios en general más rústicos que los de la época de 1880. En un artículo escrito en 1889 se describe la forma en que se desarrollaban las actividades económicas de la Araucanía: "El pintoresco Angol con sus fábricas de cerveza, su fundición y sus molinos, rodeados de campos de cultivo y de crianza, no es más que el anun-

talmente huérfanas de construcciones industriales, esa admirable obra de ingeniería concebida en los talleres de Le Creusot. El tren corría sobre él —transporte de los nuevos conquistadores. No está de más recordar que el fomento de los ferrocarriles llega a ser en Chile un verdadero *pathos* gubernamental, justamente a causa de

cio del sorprendente Traiguén, esa ciudad de ayer, ese Chicago de Chile, que cuenta ya con 12.000 habitantes y que, en todo su circuito, en no menos de 6 a 7 leguas de faja, luce los campos más bien cultivados de Chile. ¿Qué sorpresa no causará encontrarse en el corazón de la Araucanía con una ciudad improvisada pero de sólido porvenir, y saber al mismo tiempo que en los campos de Traiguén se emplea quizás más maquinaria agrícola, o tanta, como en todo el resto del país, desde los campos de Santiago al sur? Collipulli, por otro lado, con sus 9.000 habitantes y su increíble progreso comercial e industrial, domina una parte de la tierra habitada hasta hace poco por valerosas tribus. La industria de maderas ha alcanzado allí proporciones colosales, a tal punto que la producción de las vecinas montañas se calcula para este año en no menos de tres millones de tablas.

"El torrentoso Malleco, que pronto estará cruzado por un puente gigantesco, mueve con sus afluentes enormes molinos, superiores a los mejores de las provincias del norte y la agricultura provee a su mantenimiento por medio de rápidos progresos y constantes labores" (*Las grandes industrias del sur de Chile*. "El Colono", núm. 591, del 1º de julio de 1889).

Es triste leer los datos anteriores y compararlos con la realidad actual. "A 80 años, ninguna de las ciudades mencionadas puede pretender competir ni en número de habitantes ni en actividad industrial con el desarrollo que poseían en el siglo pasado. Sólo mencionaremos a modo de ejemplo que el pueblo de Collipulli escasamente debe contar con 5.000 habitantes y con apenas una industria, herencia del siglo anterior: un molino de cierta importancia" (pp. 42-43).

4) Se traza, sin descuidar su complejidad, el cuadro contradictorio de la colonización nacional y de la inmigración extranjera. La exigua y dudosa justificación ideológica, el fracaso de la colonia chilena de Nacimiento, las características de la colonia *La nueva Italia,* la irresponsabilidad de las agencias chilenas de inmigración, las dramáticas alternativas del éxodo hacia la Argentina con sus falaces intentos de repatriación, son todos aspectos que la contribución de Arévalo analiza con valiosos resultados.

la pacificación de la Araucanía. Lo mismo que en la India bajo la dominación británica, lo mismo que en el Oeste de Estados Unidos, no es aquí el tren solamente el transporte capitalista por antonomasia, en la fase industrial de este régimen de producción: él mismo transporta al capitalismo. Vale la pena reproducir aquí el anhelo profundo de Santa María, expresado en una carta a Francisco Valdés Vergara: "Mi delirio, al presente, es el ferrocarril de la Araucanía. No más salvajes en nuestro territorio"[31]. De paso, aprendemos que la ideología justificadora de la acción contra los indígenas es la misma que años antes había originado la cruzada sarmientina contra los aborígenes del país vecino: la civilización contra la barbarie[32]. Un poco más tarde, José Manuel Balmaceda, que centró gran parte de su programa de obras públicas en la construcción de caminos, puentes y nuevas instalaciones ferroviarias, hace la apología de la locomotora como elemento de progreso económico para el país: "Así como las aguas fecundan la campiña árida y seca y la vuelven risueña y la cubren de mieses, así la locomotora y sus carros de acero abren en el valle y la montaña el surco donde germina el trabajo, se acrecientan los productos, se derrama el capital y se agita la población que vive con el sudor de su frente"[33].

De todos estos hechos se puede concluir que, mediante el trabajo ferroviario de su padre, el niño Neruda enlaza con uno de los aspectos más dinámicos de la base mate-

[31] Carta del 6 de noviembre de 1883. En: Encina, cit., t. XVIII, p. 260.

[32] A este propósito, v. el libro clásico de Ezequiel Martínez Estrada, *Radiografía de la pampa* (1933). Son particularmente notables los análisis de la función desnacionalizadora del tren (válidos, sobre todo, para la historia económica argentina) y la crítica de la dualidad sarmientina arriba aludida (Edit. Losada, 5ª ed., 1961, pp. 62 ss. y 341 ss.).

[33] En Hernán Ramírez N., cit., p. 160. Discurso pronunciado por Balmaceda en enero de 1889, al iniciarse los trabajos de un nuevo ferrocarril.

rial del país a comienzos de siglo. No permite, por lo tanto, esta persistente imagen del tren en la obra nerudiana una reducción sicoanalítica, como la que ensaya el crítico E. Rodríguez M. Después de transcribir un poema de *Memorial de Isla Negra*, comenta: "Mi 'pobre padre duro' acabará por confundirse con el tren, con su aullido, con el viento y la lluvia, con la voz hostil. El niño se hace un refugio en el seno de la madre, o se inventa un paraíso perdido en el bosque donde descubre a los maravillosos coleópteros, los pájaros, los huevos de perdiz"[34]. La observación aparece trazada demasiado esquemáticamente para ser cierta. Es fácil crear estas escenas adamitas, con trasfondo de vocabulario jungiano y con una polarización antitética, no dialéctica, de los principios paterno y materno. Ya en sus obras anteriores a la *Interpretación de los sueños* (1899), libro en que el Edipo recibe su primera formulación, insiste Freud en el trabajo largo y paciente que el investigador debe desarrollar para la determinación de los traumas de infancia que están en el origen de las neurosis. Se trata, como lo condensa en una metáfora que le es grata y que reitera con frecuencia, de una verdadera *arqueología* de la conciencia[35]. Desde este simple punto de vista, por lo tanto, es completamente frívolo despachar un núcleo decisivo de experiencia en unas cuantas frases. Con ello la crítica se rebaja, en otro plano, al nivel del periodismo dominante en nuestra época.

[34] *El viajero inmóvil. Introducción a Pablo Neruda.* Buenos Aires, Edit. Losada, 1966, p. 29.

[35] *Estudios sobre la histeria* (1895) y *Primeras aportaciones a la teoría de las neurosis* (1892-1899). En: *Obras completas.* Trad. de Luis López-Ballesteros. Madrid, Edit. Biblioteca Nueva, 1948, t. I, pp. 121 ss. y 131 ss. En la primera obra surge la noción en conexión con los supuestos teóricos del método catártico. Uno de ellos consiste en la estratificación del material síquico. En la obra siguiente, el supuesto provoca una detenida comparación con la labor arqueológica.

En otra parte de su libro —documentado en muchos puntos, pero falto de real vuelo para acercarse a la grandeza lírica de Neruda— postula el crítico uruguayo: "De ese terror y ese desafío a la figura paterna, de esa rebeldía y esa convicción en la fatalidad de su destino, nace Pablo Neruda, el poeta. Su padre fue su primer crítico y marcó para siempre la relación del muchacho, del joven, del hombre, con futuros críticos"[36]. Se establece nuevamente una oposición excluyente: poesía y crítica, y se identifica a la segunda con la figura del padre, sobre la base de una anécdota infantil. En realidad, un mínimo acercamiento a la manera efectiva en que el propio poeta ve la génesis de su poesía dentro del marco familiar, hace insostenible tal esquematización. Todo es allí real bivalencia afectiva y no determinación unilateral en el sentido de los pro y los contra familiares. Si hay algo que el sicoanálisis haya enfatizado es, precisamente, la coexistencia de sentimientos antagónicos en la sique, la presencia simultánea del amor y del odio, de la crítica y la admiración. Por ejemplo, un hecho que Rodríguez Monegal trae a cuento para comprobar su idea de la tensa pugna entre el joven poeta y su padre, el que Neruda utilice en Santiago la capa ferroviaria de éste, es algo en sí completamente ambiguo. Ese hecho es de la misma índole que otro contado por Neruda en *Infancia y poesía*, al cual ya aludimos, y que consiste en la transformación imaginativa a que Neruda somete en su recuerdo el sombrero de hule verde de su padre. El uso poético de un objeto paterno no es sola ni preferentemente, en este caso, lucha contra la imagen del padre: es también, y tal vez aún más, instalación de la fantasía a partir del principio viril.

Es cierto que el poeta establece el fondo materno de su poesía en la forma de una presunción inverificable, pero emocionalmente evidente: "Allí había un retrato de

[36] Cit., p. 34.

mi madre, muerta en Parral, poco después de que yo nací. Era una señora vestida de negro, delgada y pensativa. Me han dicho que escribía versos, pero nunca he visto nada de ella, sino aquel hermoso retrato"[37]. Ausencia, lejanía, muerte son aquí el territorio doloroso de donde se sospecha que procede el canto. Con este sentimiento de su poesía como herencia materna, el poeta extiende los orígenes de su voz hasta raíces activas y nutricias, hasta el principio de lo permanente.

Pero en el mismo texto Neruda ha contado el gozo que lo invadía cuando niño al ser transportado por su padre al interior de la selva, en busca de piedras para el tren lastrero. *Picábamos piedras en Boroa* —subraya con una fórmula que intensifica la conjunción del esfuerzo. Ahora bien, en un poema de *Memorial de Isla Negra*, que lleva al significativo título de *Pampoesía*, nos trae esta misma imagen como constitutiva de su hacer poético:

El primer sello es condición oscura,
grave embriaguez con una copa de agua, (...)
ir picando una piedra que nos pesa,
ir disolviendo el mineral del alma
hasta que tú eres el que está leyendo,
hasta que el agua canta por tu boca[38].

Es decir, el gesto trabajador de su padre ha quedado incorporado definitivamente en su praxis lírica. Porque es esto lo que representa en efecto el principio viril instalado en el origen de una poesía así concebida: el momento de la praxis, del trabajo que modifica y transfigura la naturaleza. Ya veremos cómo, desde *Crepusculario* y a partir de la fuerte conciencia de la vaciedad de sus manos, acuciará al poeta la búsqueda de un destino activo que dar a su poesía. Esta productividad se expresa parcialmente en *Pampoesía* como energía que trae la to-

[37] *Infancia y poesía*. oc, cit., p. 28.
[38] oc, t. II, p. 531.

talidad de las fuerzas del alma a su manifestación en canto y lenguaje. Pero en el paso de la gravedad a lo cristalino, del mineral al agua, no hay nada milagroso, ninguna inspiración ni creación instantánea: hay un lento trabajo concebido a imagen y diferencia de la actividad paterna conocida cuando niño. Sobre este punto tendremos que volver extensamente más tarde. Por ahora nos interesaba impedir la formación de una banal leyenda sicoanalítica, exenta de todo fundamento serio.

El descubrimiento de la poesía recordado en la conferencia de 1954 recorre varios momentos, que pueden aunarse así: el momento de la naturaleza, el momento de la escritura y el momento de las lecturas.

El primer momento está condensado en la fugaz contemplación que le cabe al niño de un misterioso insecto, el coleóptero del coigüe y de la luna. Es harto visible como esta aparición viene preparada en el texto mismo. Todos los objetos tienen inicialmente un relumbre negro, los huevos de perdiz y las madres de la culebra: "Era milagroso encontrarlos en las quebradas, empavonados, oscuros y relucientes, con un color parecido al del cañón de una escopeta. Me asombraba la perfección de los insectos. Recogía las madres de la culebra. Con este nombre extravagante se designa al mayor coleóptero, negro, bruñido y fuerte, al titán de los insectos de Chile"[39]. Este espacio en que el negro brillante es el

[39]Obsérvese, de paso, cómo está aquí en cierne tanto la posibilidad del reflejo científico como la del artístico. Este asombro nerudiano puede, en sí mismo, hacer viable una contemplación minuciosa y analítica o una incorporación emocional e íntima de lo contemplado. Evidentemente será el segundo el camino elegido por Neruda. Pero ya se visualiza un interés por la naturaleza que más tarde aparecerá en el modo de su curiosidad botánica, de sus lecturas y conocimientos oceanográficos y a la sostenida observación del vuelo de los pájaros. Por supuesto, serán aspectos de su actividad siempre subordinados a un objetivo poético y que no alcanzarán la plena independencia que tienen en Goethe, por ejemplo.

color que domina deja paso luego a unas chispas blancas, que anuncian ya, en su excluyente contrariedad, la eclosión magnífica del color que instaurará inmediatamente el coleóptero. Se gira y se oscila, entonces, entre lo negro y lo blanco: "Había uno que se llamaba Monge. Según mi padre, el más peligroso cuchillero... Tenía dos grandes líneas en su cara *morena*. Una era la cicatriz vertical de un cuchillazo y la otra su sonrisa *blanca*, horizontal, llena de simpatía y de picardía. Este Monge me traía copihues *blancos*, arañas *peludas*, crías de torcazas, y una vez descubrió para mí lo más deslumbrante, el coleóptero del coigüe y de la luna". El movimiento evocativo posee aquí un aliento esencialmente configurador. El episodio pone de relieve, vincula y separa al mismo tiempo, gracias al personaje legendario del palanquero. La exploración, la búsqueda del tesoro queda mágicamente individualizada en ese genio benéfico y popular. Entonces sobreviene el descubrimiento: "No sé si ustedes lo han visto alguna vez. Yo sólo lo vi en aquella ocasión, porque era un relámpago vestido de arcoiris. El rojo y el violeta y el verde y el amarillo deslumbraban en su caparazón y como un relámpago se me escapó de las manos y se volvió a la selva. Ya no estaba Monge para que me lo cazara. Pero nunca me he recobrado de aquella aparición deslumbrante". El despliegue del color, en el cual se manifiesta para el niño la riqueza poética de lo sensible, adquiere en este momento una concreta encarnación. Frente a la eterna blancura entrevista en Parral, frente a la refrangibilidad interminable de los colores que observamos en *Las anclas,* un objeto concentra ahora los valores cromáticos, ofrecidos como presencia de una infancia poéticamente experimentada.

Vale la pena recalcar la naturaleza de estos colores que deslumbran al niño. El insecto, por su vuelo y su caparazón, tiene algo de arcoiris, pero es, eso sí, un arcoiris singular, concretísimo. Con esto se extrema la tendencia que antes asignábamos al cromatismo nerudiano, en el sentido de no considerar los colores como cualidades irreductibles. Este platonismo del color, tan formidablemente expresado en la obra de Darío, es ajeno a Neruda. Para él los colores son reflejos materiales de la luz, y no participación sensible de un arcoiris arquetípico. Esto contribuirá a no hacer de su mundo cromático un universo polarizado, como en la poesía dariana, sino la exacta representación de las superficies potenciadas por la luz. A eso debe añadirse el peculiar nombre del insecto —¿creación del poeta?— que lo muestra como algo escogido especialmente para el episodio, en cuanto reúne lo arbóreo y lo celeste, la tierra y las alturas. O sea, el papel que en *Las anclas* pertenecía a la luz que se desplazaba a través del Todo, corresponde ahora al objeto que encarna en sí mismo el poder de la poesía y que, por tanto, coincide con la definición inicial de ella dada: *puro producto, alimentos terrestres o celestes, poesía...* Y en *Pampoesía*, poema ya citado, ella es vista a la vez como *estrellado patrimonio* y *terrenal herencia*. Es, dicho sintéticamente, la *luz lunar* y la *secreta espiga*. Cubre, es claro, el círculo de la totalidad. Lo cual justifica, por lo demás, el nombre de ese notable poema, nombre en tantos sentidos sugestivo.

Pero tal vez la lección más esencial que aporta el fragmento transcrito es el fondo misterioso de donde surge la poesía. Fugaz como un relámpago, el insecto vuelve a la selva. Queda sólo su recuerdo deslumbrante en el alma del poeta. Y el misterio se consagra con la muerte de quien lo encontró, el obrero ferroviario. Rodeado de sombras, de las sombras de la muerte y de la selva, nadie sino el poeta conserva el testimonio de la luz. Pero hay algo decisivo: el misterio no es sentido con disposición nostálgica. No es el hecho de la pérdida lo que se acentúa ni el sentimiento de lo irrecuperable; más bien su activa presencia, su honda resonancia en la memoria.

Es correlativo con este episodio el del cisne moribundo, que casi cierra los recuerdos de Neruda. Es un cisne del lago Budi, que el poeta cuidó y salvó, impidiendo por algunos días que muriera. El color de su plumaje y de su cuello, el color de su pico y de sus ojos hacen de él una metamorfosis más de aquella constante cromatización de su infancia temuquense. Nueva individualización de la naturaleza de esa zona, el cisne contiene, sin embargo, algunas notas esenciales que el poeta ha desarrollado en el curso de sus páginas. Es un símbolo de una tradición poética, universal y chilena. Sin dejar de ser ave real y soberana, es también efigie de la actividad lírica. Al mismo tiempo, en cuanto víctima de la persecución de los cazadores ribereños, comparte el destino cruel de los habitantes de la región. Sus dos alas apuntan, por tanto, una a la cultura poética ya cristalizada y otra a la historia violenta de esos lugares.

Pero la distancia que va del primer episodio hasta el presente del cisne es palmaria también en otro sentido, el de la intervención del poeta en ellos. No es ya el niño un mero contemplador de un objeto fugaz. Protege al ave y establece con ella un trato cotidiano, que busca modificar el curso de las cosas. Aunque el cisne muere finalmente, hubo un contacto sostenido, un roce vivo con ese objeto de la poesía, que convierte al poeta en verdadero sujeto. Lo que antes fue huella efímera de los ojos, se convierte ahora, en el caso del cisne, en algo que muere *a la altura de mi pecho*.

Entre estos dos episodios que son como reflejos extremos, se desenvuelven los otros momentos de la escritura y de las lecturas infantiles. Interesa acentuar aquí su continuidad de fondo y el firme enlace que imponen con el momento natural de la poesía.

Ya hemos recordado, más arriba, un curioso pasaje en que Neruda cuenta que los primeros versos los escribió, en la superficie, para él palpitante, de unas tablas de pared. La selva reaparece ahora en las voraces lecturas del niño: "Para mí los libros fueron como la misma selva en que me perdía, en que continuaba perdiéndome. Eran otras flores deslumbradoras, otros altos follajes sombríos, misterioso silencio, sonidos celestiales, pero también la vida de los hombres más allá de los cerros, más allá de los helechos, más allá de la lluvia".

Todos estos momentos resultan perfectamente condensados en la figura de Gabriela Mistral, que el estudiante Neftalí Reyes tiene oportunidad de conocer cuando cursa los últimos años del liceo. Por su fama ya creciente, representa y encarna la Mistral a la individualidad artística, a la escritora que ha publicado y comienza a recibir el reconocimiento de sus compatriotas. Es también esa altiva profesora la que suele prestarle libros al adolescente, aumentando su horizonte literario especialmente con los nombres de la literatura rusa. Y aún más: al redescubrir en ella el rostro del palanquero muerto, retoma la experiencia de la iniciación en la belleza poética: "Gabriela tenía una sonrisa ancha y blanca en su rostro moreno por la sangre y la intemperie. Reconocí su cara. Era la misma del palanquero Monge, sólo le faltaban las cicatrices. Era la misma sonrisa entre pícara y fraternal y los ojos que se fruncían, picados por la nieve o la luz de la pampa".

El alcance de un texto como *Infancia y poesía* no se agota en estos aspectos que nuestro análisis ha intentado poner de relieve. Hay tal grado de verdad en estas páginas que muy pocas otras evocaciones pueden competir con ella en cantidad y profundidad de aprehensión. La doble ley en que reposa su contenido, y que hemos tratado de mostrar en nuestras consideraciones, es la que otorga a esta prosa su excepcional significación. En efecto, pese a su intensa radicación en la experiencia subjetiva del poeta, se da también en ella una decidida vuelta a la realidad, la cual resulta contemplada con toda serenidad, en la riqueza de su despliegue, a la luz de las fuerzas sociales motrices que encauzan la existencia de los hombres.

De ahí que se imponga en estas líneas nerudianas un afán totalizador, nunca rígido en el plano conceptual, pero sí flexiblemente subordinado al decurso evocador. En el punto que más resalta esta voluntad de percepción global es, sin duda, en las referencias a Chile como proceso histórico y como entidad geográfica.

Con bastante amplitud nos hemos referido ya a la exaltación que determinadas fases de nuestro desarrollo histórico-social cobran en la perspectiva nerudiana. La más significativa es la reactualización que experimenta, gracias al contorno regional del poeta, el primitivo encuentro de dos colectividades en el momento de la Conquista. La continua presencia del paradigma centáurico en sus evocaciones más señaladas —*La copa de sangre, Infancia y poesía*— asegura desde otro ángulo lo persistentemente que actúan sobre su espíritu ese núcleo de nuestra historia. Aquí mismo, en *Infancia y poesía*, hay un pasaje cuya resonancia sobrepasa la simple anécdota. Hay que escuchar estas frases, en la proyección, tan alusiva, del nombre de los potros, en la efervescencia de lucha que visualiza, con el temblor de las pezuñas y de los hocicos espumantes de las bestias; en la dimensión casi titánica que alcanza el recuerdo de esa fiesta; en su soplo épico: "Los centauros tenían su fiesta, la verdadera fiesta de los centauros: las topeaduras. Cuando los potros iban haciéndose notorios por sus fuerzas, se comenzaba a conversar primero y poco a poco iba perfilándose el torneo. Fue famoso el encuentro de "El Trueno" y "El Cóndor", uno negro y otro gris, dos potros colosales. Hasta que llegaron a la vara.

"Pero habían bajado los hombres, los jinetes de todas partes, de Cholchol y Curacautín, de Pitrufquén y Gorbea, de Loncoche y Lautaro, de Quepe, de Quitratúe, de Labranza, de Boroa y de Carahue. Y ahí los centauros, fuerza contra fuerza, se trataban de arrollar y de pasar primero por la vara. Los potros tiritaban de las pezuñas hasta los hocicos llenos de espuma. Eran mortales esos minutos en que no se movían. Después era "El Trueno" o "El Cóndor", el victorioso y veíamos pasar al héroe con sus grandes espuelas relumbrantes sobre el potro mojado".

Presente y pasado, visión actual y momento de la fundación se unen indisolublemente en la conciencia de los primeros años de Neruda. Por eso uno de los vacíos más fecundos en la existencia colectiva de la Frontera será la ausencia completa de peso colonial. Su lentitud larvaria, la densa sedimentación que se propaga en la vida cotidiana de los lugares nacidos en los comienzos de nuestra historia, su aspecto general de comunidad cerrada, lo opaco de su tempo social: todas ellas son determinaciones que no existen para ese Temuco de los albores del siglo. Lo escribe expresamente Neruda: "Estas gentes de las casas de tabla tienen otra manera de pensar y sentir que las del centro de Chile. En cierta forma se parecen a la gente del Norte Grande, de los desamparados arenales. Pero no es lo mismo haber nacido en una casa de adobes que en una casa recién salida del bosque. En estas casas no había nacido nadie antes. Los cementerios eran frescos. Por eso aquí no había poesía escrita ni religión".

Este aspecto fresco, esta apariencia nueva de la vida en esos lugares subraya todavía más su falta de carácter provinciano. Si la provincia no es una pura noción geográfica —lo que está a distancia física del centro administrativo de la nación— y se la concibe, por el contrario, como un hecho sociológico producto de la historia y caracterizado por concretas relaciones económicas de dependencia, tendremos que la rigidez colonial es en ella un fenómeno de base. En un pasaje de sus *Memorias* publicadas en "O Cruzeiro" todavía insiste: "Las casas de adobe, las ciudades con pasado, me parecían llenas de telarañas y de silencio".

Es esencial que Neruda escoja como determinación básica de la herencia colonial a la religión. La ciega inmovilidad, la detención histórica que resaltan en las aldeas provincianas de Chile coexisten con una religión degradada en rutina, en hábito huero y deformado. ¡Y Chile es, sin duda, uno de los países menos católicos de la América Hispana! Por eso, la ausencia de tono religioso en el pueblo de su niñez hace comprensible, en gran medida, la ninguna relación personal que el poeta y su poesía mantendrán más tarde con el dogma y las prácticas del catolicismo. En otra parte hemos llamado a Neruda poeta postcristiano, conscientes de exagerar la formulación de una verdad que es, en sí, plenamente constatable. No hay en Neruda ni la intensa profundización en la memoria de símbolos cristianos, como en el caso de Mistral, ni el conflictivo y desgarrado pathos huidobriano en pos de una imposible liberación espiritual. Tampoco el tono violento y blasfemo que exhibe frecuentemente De Rokha o la apaciguada lirización de un sentimiento primariamente religioso, como ocurre en las primeras obras de Angel Cruchaga. La poesía nerudiana nace más allá del catolicismo, fuera de su órbita cultural El ateísmo no existe ni ha existido nunca en Neruda, si por él entendemos lo que Marx llamaba "el último grado del teísmo, el reconocimiento negativo de Dios"[40]. Por eso, su condenación posterior de las formas idolátricas de enajenación en Oriente, del papel de la Iglesia en la guerra civil española o de la subordinación de los ideales evangélicos al interés económico en la Conquista de América, será un enjuiciamiento libremente crítico, apasionado en la medida en que brota de una actitud de indignación moral o de una concepción del

[40]Engels und Marx: *Die heilige Familie*, p. 116. Werke, Band 2, 1959.

mundo para la que esos comportamientos se revelan como deformación de esenciales potencialidades humanas.

Una aclaración se impone, sin embargo, en virtud de lo mismo que decimos: que la poesía de Neruda esté desprovista de un sentimiento colonial de la existencia, tan vigente en nuestra literatura, o de formas de conciencia religiosa, no implica de ningún modo que ella no tematice aspectos del vivir colonial americano y contenidos derivados de ese estilo de cotidianidad. En la medida en que esta poesía quiere ser captación totalizadora de lo americano, soterradamente en *Residencia en la tierra* y con toda extensión en el *Canto general*, se incluye como sector de experiencia colectiva de un continente el tipo de la alienación religiosa.

No se trata, con todo, de una impregnación inmediata ni de una misteriosa introyección del medio social en el individuo. Colegio, profesores, la educación misma sin duda moldean e intensifican la tendencia que la comunidad ya contenía en sí. Pero lo que sobre todo impide la estructuración de una sensibilidad volcada hacia lo trascendente es el trabajo cotidiano, las formas concretas que adopta la praxis. Recuerda Neruda: "Había muchos martillos, serruchos y gente trabajando la madera y segando los primeros trigos. Según parece, a los pioneros no les hace mucha falta Dios". En este dominio superabundante de la actividad práctica se va creando en el niño una suerte de espiritualidad dirigida hacia lo concreto y lo tangible, que favorece aún más el despliegue de su tendencia estética. Su ojo mimético persigue en los años infantiles el juego violento de la herramienta sobre la madera, y ese gesto brioso va a quedar como el ritmo fundamental de su poesía. Su intensa vocación hacia lo material, rasgo de fondo de su obra, no es entonces un inexplicable apetito de su temperamento, sino una dirección temprana que el trabajo forja, un tropismo desde entonces permanente. Y es esto también

lo que hará más pálida su existencia estudiantil y lo que
fundará, en *Crepusculario*, una vehemente búsqueda
de un sentido de la actividad que no será sino recuperación de los primitivos estímulos de su infancia. Leeremos más tarde en *Memorial de Isla Negra*:

el serrucho y la sierra
se amaban noche y día
cantando,
trabajando,
y ese sonido agudo de cigarra
levantando un lamento
en la obstinada soledad, regresa
al propio canto mío:
mi corazón sigue cortando el bosque,
cantando con las sierras en la lluvia,
moliendo frío y aserrín y aroma.

Esta imposibilidad de la alienación religiosa gracias al arraigo de la vida colectiva en el trabajo; la alusión, si no a la inexistencia, por lo menos a la real falta de consolidación de las clases sociales en la vida de la Frontera; las referencias al despojo ulterior de los indígenas y de los colonos; todo esto otorga a la imagen de Temuco que Neruda nos ofrece en *Infancia y poesía* una especie de cercanía al Estado de comunismo primitivo. La fantasía y la hipérbole se muestran allí claramente en el simple hecho de que Temuco y su zona circunvecina están insertos en un desarrollo global del cual son por entero dependientes. La vida social que presenta esos rasgos es un producto, como hemos visto, de un intenso avance capitalista en el sur del territorio. Pero no es menos cierto que los tiempos primitivos de toda colonización crean condiciones objetivas de trabajo que se resisten, en mayor o menor grado, a la amenazante estratificación de las relaciones sociales. Bacon, hombre de uno de los más grandes países colonialistas, escribió: "Plantations are amongst ancient, primitive and heroicall workes"[41]. El pionero, en cualquier época o en cualquier circunstancia, siempre retorna, aunque sólo sea parcialmente y para luego establecer con rigidez el cuadro de las jerarquías sociales, *a la primera edad,* como escribiera en una de sus *Cartas* el fundador Pedro de Valdivia.

Con esto último se ha hecho manifiesto el afán totalizador que caracteriza los recuerdos infantiles de Neruda: huellas fragmentarias, casi utópicas, de un estadio anterior en la escisión social; poderosa reactualización del fenómeno histórico de la Conquista; ausencia absoluta de toda gravitación colonial; vivo enlace con las formas de actividad más progresistas del país: así se configura un panorama de fuerzas colectivas que coincide en plenitud con el ser histórico de la patria.

Esta es también totalizada en su cuerpo físico. La anchura exigua del territorio queda exactamente enmarcada entre la luz amenazante del volcán Llaima y el recuerdo nítido de Puerto Saavedra, *cerca del mar.* En este arco que junta los dos flancos de nuestra geografía no se divisa, sino muy en cierne, una secreta tensión que presidirá la poesía nerudiana en su conjunto y tal vez el mismo destino personal del poeta. Hay como una ciega elección que el poeta hace del mar contra la cordillera, como si cada chileno debiera hacer su vida con una de esas dos entidades formidables y a despecho del celo todopoderoso de la otra: "Ay, del que no sabe qué camino tomar, del mar o de la selva...". La mole nevada ha sido siempre algo temible para el poeta, ya por las

[41] *Of Plantations. Essays.* Aubier, Paris, 1948, p. 176.
También F. Braudel escribe: "La vie des colons, en ces marges lointaines, recommence a zéro; les hommes sont tres peu nombreeux pour que la vie sociale s'impose a eux; chacun y est son maître. Cette anarchie attirante dure un temps, puis l'ordre s'établit" (*Civilisation matérielle et capitalisme,* Paris, a. Colin, 1967, t. I, p. 74). Esto, que vale para la frontera norteamericana según las tesis de F. Turner, puede aplicarse igualmente a nuestro caso.

catástrofes geológicas con ella identificadas, ya por ser la primera y altísima puerta en el paso de Almagro. Hay, además, en su altura una vocación extramundana, que no deja de sobrecoger la inflexible conciencia terrestre del poeta. "Este arrecife andino de colonias glaciales" —escribe en *Macchu Picchu*. En fin, el fecundo olor a mar que suaviza la piel y el costado de la patria se alza quizás, dentro del tenso antagonismo, con un privilegio frente al rito solar cordillerano de todos los días (¿Por qué, si no, su vivienda en Isla Negra?).

En el ritmo longitudinal de Chile la orientación exclusiva es el sur. En qué medida esta orientación ha sido suscitada tempranamente por el viaje de Parral a Temuco es algo difícil de determinar. Lo que es claro es que esa dirección se impone tenazmente, al fundar para siempre una zona de valoraciones óptimas en el espacio planetario.

Esta preferencia nerudiana, constantemente mantenida entre las posibilidades ofrecidas por el diagrama cardinal, es algo que puede ser contrastado provechosamente con otras formas de aclimatación en los puntos terrestres. Recuérdese la *boutade* huidobriana que figura en el Prefacio de *Altazor*: "Los cuatro puntos cardinales son tres: el sur y el norte". Aparte de lo que hay en esta frase de irónica ruptura contra las leyes de la lógica cotidiana, es claro que en ella se manifiesta también una singular posición del poeta frente al esquema cardinal. En la reducción a dos polos, una verdad humana de Huidobro está presente: su constante vaivén entre el norte y el sur, entre Francia y Chile, su actitud de pájaro migratorio entre las estaciones de Europa y América. Toda la paradoja humana de este poeta chileno que escribía igualmente en francés se representa a la luz de esa frase, que nos conecta con el paradigma espiritual de sus *golondrinas* y con uno de sus temas obsesionantes: *las raíces de los pájaros*. El arraigo en medio del vuelo: no era otra su utopía existencial.

En Neruda no hay tal ir y venir; hay una posición definitiva. Se instala en el espacio para siempre en el sur y desde el sur. Este ánimo nerudiano, que experimenta múltiples transformaciones, configura un tropismo antártico que domina su poesía y penetra en su vida. ¿Hay algo más inexplicable en el itinerario humano de Neruda que esa sumersión de 1925 en Chiloé, inmediata anticipación de su extremo alejamiento en India? Es el impulso para el viaje, la necesidad de tocar fondo en el extremo de la tierra en busca de la energía que ha de proteger la aventura. Lo que en las pautas del azar es una simple invitación de su amigo Rubén Azócar, resulta, a la luz de un régimen biográfico esencial, algo sumamente decisivo: la certeza antes de lo incierto, la familiaridad con el sur antes de la vastedad dominada por todos los horizontes.

En *Infancia y poesía,* por lo tanto, lo que se totaliza en forma preponderante es el sur del territorio. El norte es apenas una dirección entrevista y futura: es el tren que el niño no alcanza a tomar y que ha de conducirlo más tarde a Santiago, o el traslado de la Mistral para seguir enseñando más allá de Temuco. Del Bío-Bío al Estrecho de Magallanes se funda el verdadero domicilio del poeta, congruente casi con la primitiva fisonomía de la tierra. La patria antes de toda posibilidad de historia, Chile antes de Chile. En efecto, el Estrecho de Magallanes imanta el espíritu del poeta hacia el sur. Más tarde, cuando regrese del Asia y navegue realmente por esas aguas finales del globo, este sur constituirá los pies físicos del territorio, su raíz extrema[42]. El país se erguirá, entonces, a la mirada ansiosa del poeta que vuelve del exilio y de la separación, justamente desde esa latitud polar. El azar biográfico se esencializa así, una vez más, a causa de esta identidad de sentido con

[42]*Viaje por las costas del mundo.* En: *Viajes.* Santiago, Edit. Nascimento, 1955. p. 54.

el ámbito de vida de la colectividad nacional. Nuevo descubridor, el poeta navega en 1932 las mismas aguas que siglos atrás recorriera el primer marino que divisó nuestras costas. Porque, contra el norte de Almagro y de Valdivia, el sur del Estrecho representa el descubrimiento no invasor, el paso y la mirada que dejan intacto el territorio. Luego de evocar la sombra grandiosa de Magallanes y su odisea en el extremo austral, escribirá Neruda en el *Canto general*:

Esfera que destroza lentamente la noche, el agua, el
[*hielo*,
extensión combatida por el tiempo y el término,
con su marca violeta, con el final azul
del arco-iris salvaje
se sumergen los pies de mi patria en tu sombra
y aúlla y agoniza la rosa triturada[43].

Lo vemos una vez más: los mismos colores que aparecían en la infancia individual del poeta vuelven aquí en esta experiencia inaugural de la patria, experiencia inmediatamente anterior a la historia, de pureza irrescatable, antes y casi en el filo de *la sucia aurora*[44].

Sólo en este ensanche mayúsculo es posible comprender el sentido que Neruda adjudica a su propia infancia. Ella coincide cabalmente con el despliegue total de las fuerzas históricas de Chile, con su corporeidad geográfica. El poeta lo expresa en su compleja dialéctica de creación y desgracia, de unidad y rupturas. Desde el tránsito inicial por el Estrecho hasta sus años transcurridos durante la colonización de la Araucanía; desde esa frontera física hasta la Frontera histórica por antonomasia: tal es la impregnación objetiva de su infancia, lo dilatado de sus límites, que lo llevan a totalizar sintéticamente una armonía anterior a todos los desgarramientos y

[43] oc, p. 373.
[44] oc, p. 376.

los momentos más incisivos en el transcurso histórico de nuestro país.

Pero algo más y no menos importante suministra todavía el sur al poeta: la perspectiva única de su mundo. En un país y en un continente huérfano de toda tradición cultural asimilada que permita adherir a fundadas direcciones espirituales, el poeta se sitúa en la única óptica que le era posible: la posición ante la realidad ofrecida por la tierra de su niñez. Por supuesto no será esta posición algo inmediato, instantáneamente condicionado. Habrá de por medio un grave momento de evasión celeste, de caída hacia arriba en el pozo inverso del cielo. Pero basta con pensar en los puntos de vista poéticos en que se sitúan las obras de Paul Claudel, por ejemplo, y de Saint-John Perse, con su olímpico desarrollo sobre las civilizaciones humanas, o en el núcleo de vivencias religiosas que está en la base de la poesía de Eliot, para comprender la distancia irreductible instaurada por Neruda y el ángulo específico de su visión.

El diagrama del sur nerudiano es extenso. En cuanto perspectiva de mundo, como rincón de donde nacen las totalizaciones posibles en su poesía, se identifica con el origen, con la materia, con el fermento histórico, con la instancia grandiosa de la fecundidad. Es decir, siempre la mirada *desde abajo,* desde el fondo creador y no desde el producto espiritual ideológicamente hipostasiado. En este sentido, el sur se revela, en su más amplia significación, como la determinación concreta que reviste en Neruda la inmanencia.

A pesar de su profunda ambición totalizadora, esta poesía se resistirá siempre a contemplar el mundo con el privilegio de la mirada divina. No habrá nunca en Neruda, salvo en esa momentánea desviación de *Crepusculario,* esa conciencia de *survol,* de sobrevolar la realidad que Sartre ha detectado en Flaubert y que parece ser una de las tendencias históricamente más arraigadas en la vocación estética. Recusando todo salto en el vacío, toda impasibilidad trascendente a las cosas y a los acontecimientos, esta poesía se sitúa de plano y a firme en los confines más radicales de la inmanencia.

Sin embargo, esta posición adoptada por el poeta está tematizada conscientemente en toda su estructura contradictoria, también en la vecindad de los riesgos que implica. En un notable pasaje de *Antártica* Neruda expresa con intensidad el peligro que acecha a la perspectiva fundamental de su universo:

Reino del mediodía más severo,
arpa de hielo susurrada, inmóvil,
cerca de las estrellas enemigas[45].

El sur, este *mediodía más severo* de nuestro continente, es, a la vez y contradictoriamente, *arpa de hielo*, el fondo silencioso de su canto, y vecino a la esfera donde se substancializa la más perfecta alienación: *cerca de las estrellas enemigas*. En otras palabras: la radicación del poeta en el mundo, en la medida en que busca comprender el vasto movimiento de las cosas, limita y se roza con el abismo, con la posición extranjera, con el brillo altivo de un cielo que aún lo solicita, a pesar de haber sido una patria tempranamente renegada por su voluntad.

Ya lo vemos: por encima del desvío astral que describiremos a continuación, más allá de las dudas que promueve en el poeta su contigüidad con los límites internos de la realidad, se impone como perspectiva fidedigna de su poesía ese sur de Temuco, la herencia más valiosa legada por su infancia.

---

[45] *El gran océano*, IX. OC, t. I, p. 666.

Nada sabría decir
de mí
ni de nadie

LA CRITICA NERUDIANA HA REDUCIDO EL paso de Temuco a Santiago de Neftalí Reyes a una simple traslación espacial. Ha insistido en lo obvio, coincidiendo, por lo demás, con la arquitecturación poética que Neruda hace de su propia vida: el contraste del pueblo sureño con la capital, del paisaje natural con el reino desolador de las calles y del cemento. No se ha percatado, sin embargo, de la peculiaridad constitutiva de esa misma visión poética del lugar natal. Este sólo incidentalmente, excepcionalmente, aparece como idílica provincia, pues Temuco —y los puntos cercanos: Boroa, Carahue, Nueva Imperial— se descubren, a la luz de la historia, como señales de una Araucanía antigua y presente.

Los supuestos que condicionan esta actitud son claros. Se trata de una ilusión provocada por no sopesar suficientemente las nuevas relaciones que adoptan en la poesía nerudiana la provincia y la capital o, mejor, la ciudad y la naturaleza. En virtud de una metábasis, se aplican categorías generalmente válidas en el dominio de la novela al fenómeno lírico. Esta trasposición, que mucho ha obstaculizado la comprensión de nuestro proceso poético, impide al mismo tiempo esclarecer un campo tan importante en nuestro desarrollo literario cual es el de las relaciones intergenéricas. Lo que la novelística ha incluido en la lírica y lo que ésta ha significado para ciertas tendencias narrativas y para concretos aspectos técnico-formales suyos, es algo que no se podrá atender sino cuando haya claridad sobre el desenvolvimiento específico de cada uno de esos géneros. De este modo, por ejemplo, se resolverán los problemas de periodización de nuestra historia poética, la que hasta ahora ha sido vista en total subordinación al movimiento de la ficción narrativa. Segundo hecho: para esta crítica —que es hasta la fecha la mayoritaria que se ha ocupado del poeta— éste es apenas un exiguo trasunto lírico. El traslado a Santiago, entonces, no es sino la inauguración pública de una poesía por un sujeto hasta el momento pre-poético. Aparte del complejo centralista que eso revela, implica, si bien se mira, una pura tautología: es el tránsito de un poeta hacia su poesía. De esta manera el culto poético de la subjetividad se transforma, a través de esta crítica, en un culto de la poesía como hecho subjetivo, para el cual permanece en tinieblas la totalidad de las fuerzas sociales que actúan sobre el desarrollo personal de un autor.

En Santiago el muchacho recién llegado se matricula como estudiante de Pedagogía en Francés. Es claro que, con este acto, Neftalí Reyes adopta una decisión enmarcada dentro de las posibilidades que le ofrece su clase social. Pero es también evidente que esta decisión resulta en él, por decirlo así, personalmente traducida. En efecto, la preferencia por ese camino dentro del abanico de carreras universitarias responde a su situación como hijo de la pequeña burguesía. En cuanto tal "ve asignarse por su clase su posición social y en consecuencia su desarrollo personal" (Marx). En una Universidad que reproduce internamente la jerarquía bastarda de la sociedad, su nivel económico arrincona al poeta en el más oscuro sector, la enseñanza. Es, por lo demás, el destino —nunca libre, siempre impuesto— de una parte bien significativa de nuestros poetas nacionales. Cuesta aducir aquí, por lo doloroso de la experiencia, el conflicto constante de la Mistral —esa 'maestra del alma' (?)— con la tiranía de las clases y del horario escolar. Así, por mucho que el joven poeta haya interrumpido muy pronto sus estudios y no haya llegado a enseñar nunca el francés, es indudable el grado de *constricción* social que representó esa *libre* preferencia suya. Enfrentado a esa coacción fundamental, el poeta elige vivirla de acuerdo a su peculiar decisión. Será estudiante de Francés, y no de otra cosa. Y, como recuerda González

Vera, esta elección es más bien elusiva: estudiará Francés, porque será poeta en español[1].

El proceso de instalación de la familia en la pequeña burguesía puede seguirse a través de lo que Neruda ha contado de las actividades de su padre. De él ha dicho: "Fue mal agricultor, mediocre obrero del dique de Talcahuano, pero buen ferroviario. Mi padre fue ferroviario de corazón". Del rincón mediterráneo de Parral pasará José del Carmen Reyes al puerto del Bío-Bío, a orillas del mar. El cambio es enorme, inconmensurable y es, para su organismo de trabajador, una conmoción rayana en la metamorfosis[2]. Campesino aislado bajo el sol y en medio del silencio de la tierra, sometido al gran tiempo de las estaciones, guiando con un gesto mudo a sus compañeros, los animales de labor, esperando la lenta maduración de las uvas o la fermentación del vino en los toneles, este hombre tiene algo de creyente: cree en la química secreta del suelo, porque hay algo de gracia en este milagro renovado del crecimiento, por encima del trabajo social. Después, la construcción del dique, durante los años coincidentes o cercanos al gobierno de Balmaceda[3]. Es el horizonte opaco del mar, la mole de hierro y de cemento que se alza, inerte, por obra de las manos y de la herramienta, un trabajo múltiple y organizado con extraños, con desconocidos, a los cuales lo único que parece unir es la actividad común. Ya no hay bestias que obedezcan: se obedece ahora a la exigencia visible de la materia, mediante las palas, el chuzo, los martillos. El amo solitario ha desaparecido; vemos ahora un esclavo colectivo. Allá, en Parral, el trabajador rural

---

[1] Su profesor Eduardo Torrealba lo aconsejó: "Si quieres escribir, no sigas castellano, porque no te podrás librar de la pedagogía". Cf. *Cuando era muchacho*. Santiago, Nascimento, 1956, p. 226.

[2] Advertimos, de pasada, el éxodo masivo de la población campesina de las provincias de Linares y Ñuble hacia la Frontera o regiones colindantes.

[3] Cf. Hernán Ramírez N., ob. cit., p. 121.

no pertenecía a Chile ni a ninguna parte: sólo a un punto cualquiera de la tierra, a ese país sin nombre arable y laborable. Ahora, entre el mar y el puerto, nace el conocimiento: barcos que crean, con sus banderas, un móvil internacionalismo, diarios que ensanchan el mundo acercando lo lejano, conflictos de grupos en que se encarna el movimiento histórico. La sociedad se ha hecho presente, rompiendo la unidad familiar campesina, más allá del océano como un espejismo extranjero y comercial, más acá, interponiéndose a veces entre el obrero y su trabajo. Una obra se levanta, una fuerza que detiene al mar, firme y permanente, y que no se deshace en el ciclo agrícola de la reproducción. En los años siguientes, otro desplazamiento sucede, todavía más al sur. Un nuevo contorno se ofrece a ese agricultor semitransformado en obrero: la presencia formidable de la máquina. Mixto de varios géneros, la locomotora que conduce el padre de Neruda tiene la misma solidez del dique, pero también una vida propia, semejante y diferente a los pesados animales de labranza. Su vida experimenta un segundo sobresalto. No es ya el campo abierto bajo el sol ni la asociación de esfuerzos frente al mar: es el interior de un tren, potente en sus pitazos, en el humo que despide, corriendo sobre el doble surco del acero. No hay, una vez más, bueyes que obedezcan; pero ya José del Carmen Reyes no obedece, como en Talcahuano. Manda a los peones del tren lastrero. Es cierto que debe acatar ciertas órdenes abstractas: determinadas obligaciones, un horario preciso. Pero eso no se obedece: *se cumple*. Mandando, cumpliendo, conductor de una máquina en cuya construción no ha participado, ex campesino, ex obrero, el padre de Neruda pasa a ser *Don* José del Carmen Reyes, el *señor* Reyes. Aunque de hecho trabajador productivo[4], se ha convertido en

---

[4] El transporte pertenece al proceso productivo, y no a la órbita de la circulación. Marx habla así de la industria del transporte,

empleado. Depende ahora de un sueldo estatal, que llega puntualmente en cada extremo del mes. El diagrama del año ha cambiado, para él, definitivamente. Al ritmo agrario de la zona de Parral, a la jornada de trabajo o al salario semanal de Talcahuano, se substituye en Temuco una existencia regulada y consumida en doce cuotas, que recompensan al servidor desde el centro oficial de la nación.

Sin duda, este proceso no ha sido un proceso lineal. Hubo seguramente vueltas del puerto al campo, un reintegro transitorio hacia el interior del país. La evidencia implacable del desplazamiento es, no obstante, la misma: la tierra, las herramientas, la máquina. En los escasos años de una vida humana se han condensado extensos períodos de historia, siglos de desarrollo humano han venido a conmover un cuerpo, se han inscrito en esas manos, cuerpo y manos que debieron adaptarse, como órganos de una especie inverosímil, a la vida palpitante de la tierra, a la resistencia objetiva de la materia, a la violencia racional de la máquina. Parásito casi de ese magno organismo que cultivaba, sujeto asociado en la objetivación de un producto de trabajo, Don José del Carmen Reyes vive ahora en el límite, no sólo en esa Frontera geográfica del sur adonde se ha trasladado, sino en otra frontera social más amenazante y peligrosa. Hacia abajo, los peones que siguen sus órdenes; junto a él, un conjunto de empleados ferroviarios que cumplen funciones análogas o complementarias a las suyas; por encima, alrededor y en todas partes, esa red complicada, incomprensible, que transforma sus servicios en dinero mensual. Miles de fatigas familiares, años de sudor y de humillaciones, lentas esclavitudes y emigraciones han sido necesarias para producir este ser humano libre, un hijo de la pequeña burguesía, que viaja

---

cuyo producto es el desplazamiento de lugar (*El Capital*, t. II, p. 50. Ed. FCE, 1964).

ahora en un tren de la misma empresa que paga a su padre a fin de atravesar, en los años siguientes, un túnel luminoso, la Universidad, que pondrá un sello superior a su pertenencia de clase.

El hecho de que el joven estudie para profesor de Francés proyecta su alcance en variadas direcciones. En cierta manera, significa un primer tributo biográfico a la cultura francesa, cuya influencia se había manifestado tempranamente en él por las lecciones y el contacto con Eduardo Torrealba, profesor en el Liceo de Temuco. Sin embargo, y de un modo decisivo, estos estudios provocarán la superación real de los efectos de esa cultura, de los influjos de su lengua y de su poesía, de su ascendiente internacional. Esos estudios son, para este muchacho que escribe sonetos postmodernistas, el viaje a Francia de sus antepasados, de todos los modernistas recientes. Es decir, esta admiración por la poesía francesa, nacida también en sus tiempos de liceano gracias a esa biblia que fuera para él *La poesía simbolista francesa*[5], se objetiva ahora en estudio y trabajo, anulando la vaga y neurotizante nostalgia por lo francés que caracterizó al Modernismo. Desde este respecto, la traducción y publicación de algunas páginas de Marcel Schwob y de Anatole France no equivalen a otra cosa: representan la asimilación, mediante el contacto directo con el idioma, de toda una substancia cultural, que ya nunca volverá a ser aspiración abstracta, ansia defectuosa[6]. En

---

[5] Selección y notas de Enrique Díez-Canedo. Madrid, Edit. Renacimiento, 1913.

[6] Las traducciones de Marcel Schwob son una tarea emprendida conjuntamente por Pablo Neruda y Romeo Murga. Esto implica varias cosas. En primer lugar, presenciamos claramente una asociación de trabajo, una praxis común. Es posible, incluso, imaginar cierta división de operaciones (uso del diccionario, elección de los vocablos, organización de la frase, etc.), pues la materia se maniobra casi en sentido productivo, con vistas a la elaboración de un nuevo objeto. En segundo lugar, la amistad entre los dos

este sentido y en forma análoga, Neruda desintegra, con decisiones de su propia existencia, dos mitos del Modernismo: el mito de Francia como espejismo del alma sudamericana y el mito del Oriente. Más tarde, cuando pise las tierras de India, de Ceilán y del sudeste asiático, el Oriente ya no será el nombre de la evasión, sino la oscura conciencia de la prehistoria humana. Lo mismo que otros grandes poetas de este siglo —Claudel y Saint-John Perse— el viaje a Oriente retrotrae a Neruda a su propia realidad. Los dos franceses descubren en él al Occidente. Recuérdense la consigna épica del teatro de Claudel —: *à l'Ouest*— y la dirección implacable en la marcha conquistadora de *Anabase*. En el chileno, como veremos, gracias a la experiencia de este primer y voluntario exilio, se prepara la comprensión de Chile como totalidad histórico-geográfica y se establece una compenetrada equiparación entre las morfologías humanas de tan disímiles regiones.

De este modo, sólo transformando en praxis concreta

---

poetas sobrepasa el nivel de la comunidad espiritual —nombre elegante con que a menudo los holgazanes designan sus reuniones— y se convierte en empresa literaria activa. En tercer lugar, una diferencia resalta: ante lo francés y sus perpetuos sortilegios deja de estar el poeta en posición solitaria. El onanismo del rastacuero modernista comienza a replegarse. Esta cooperación ya lo anuncia. Habría que extenderse más sobre la actividad, tan temprana, del Neruda traductor. González Vera recuerda una anécdota, no exenta de significación: "Neruda tradujo del inglés un poema y lo mostró a su profesor, que se lo devolvió sin decir palabra. Neruda destruyó la hoja. El maestro, que le observaba de soslayo, le pidió los fragmentos. En un santiamén, Neruda volvió a escribir el poema" (Cit., p. 226). La anécdota, que se presenta con todos los ingredientes del pequeño mito liceano, ayuda quizás a comprender la función que las traducciones cumplían en el poeta en cierne. Representan, ante todo, la experiencia de lo extraño. En esas palabras que el colegial no escucha ni en su casa ni en la calle, un prestigio viene a depositarse, dotándolas de absorbente embrujo. Juega con ellas, la musita, se las echa a la boca y las pone ante sus ojos: son joyas y golosinas a la vez. Son música interior, a pesar de

su trato con la lengua extranjera, puede el poeta romper una tradicional y deformada relación pequeño-burguesa con la cultura. Se suele estudiar francés para ser *culto* sin mayor esfuerzo, como apropiación compensatoria del único dominio que permite una igualación con la burguesía detentadora del capital. Cultura significa aquí estar en posesión del secreto, del secreto de una lengua que las mayorías nacionales no hablan ni conocen. Si para nuestros próceres de la Independencia Francia significó sobre todo las ideas ilustradas y el ejemplo de la Revolución, para los terratenientes conservadores del siglo XIX el objeto de su admiración pasaron a ser las vacas del Bois de Boulogne[7]. Sin tierras, sin ideas tampoco, sin la posibilidad siquiera de viajar a París (antes

---

que los vocablos tienen una consistencia diamantina. La traducción es, así, un trasunto de la poesía, en cuanto permite atrapar lo desconocido. Pero es también, y conjuntamente, juego y trabajo, ludismo infantil y tarea escolar. Es un ejercicio, un alarde, él mismo prodigioso (habilidad de la memoria, etc.) al igual que la materia a que se dirige. Por otro lado, una extranjería se anticipa aquí, desde lejos, que después a lo largo de su vida, será experiencia sostenida y cotidiana. Estas mismas palabras que ahora, a los 10 años, son algo mágico y extraño, serán más tarde, a los 30, comunicación con otra gente, una lengua inglesa que no rechaza únicamente al poeta de la sociedad, sino también de esa poesía revelada en la infancia. Eso que en los años del Liceo temuquense encarna plenamente la poesía —sonidos irreales— será allá, en Rangún y en Colombo, atmósfera y respiración, la realidad en bruto. Además, es posible localizar en esos ejercicios a que se entrega el novel poeta, un duradero descubrimiento. *Light-luz*: un sonido se prolonga, la transparencia del aire no se quiebra, un mismo fluido se desplaza a través de estos nombres claros. Pero he aquí otro par: *earth-tierra*. Una mutua disidencia se impone, retrotrayendo la vista hacia la cosa concreta. Y ante ésta, ninguna de las dos palabras tiene la razón. Lo dialéctico de su experiencia como traductor ha consistido, entonces, en sorprender en un mismo acto el esplendor autónomo de las palabras, su brillo extranjero, y el peso autóctono de las cosas.

[7] Cf. *Boletín de la Sociedad Nacional de Agricultura*, vol. I, 1869, p. 261.

de la política oficial de becas), a la pequeña burguesía sólo le resta admirar lo francés, estudiar la lengua. Esto permitirá ser indiferente, incluso ciego, a toda tentativa por inteligir la propia realidad. Así, podrá llevarse una existencia cotidiana animal, pero bastará con pensar que se sabe francés para suprimir el malestar: se pertenece entonces a otra raza, a esa raza de elegidos que difunden el sublime mensaje. Se podrá ser profesor, y compartir de hecho la degradación sistemática a que la sociedad somete a los maestros de sus hijos, pero, en el fondo, se será ajeno a los problemas del gremio y del propio grupo. Esos problemas son incomprensibles: ¡es que se habla otro lenguaje!

Por eso, el efecto de ese mecanismo alienador sólo será contrarrestado por el estudiante gracias a su propio trabajo: actuando y moldeando la materia de la alienación, siendo no objeto de lo que se estudia —la cultura extranjera (como ocurre cada vez que el profesor se convierte en instrumento de la lengua enseñada)— sino sujeto que se apropia de ella, que la traduce a su propia experiencia en el justo medio en que ésta coincide con la experiencia ajena: en el tránsito de las palabras extranjeras a la lengua materna.

Resulta ya claro, en consecuencia, que lo que habrá de más fecundo en este nuevo estudiante será su trabajo como poeta. Híbrido como habrá tantos en nuestras sociedades dependientes y en sus capas pequeño-burguesas, este estudiante-poeta será pasivamente estudiante y voluntariamente poeta. Pero la unidad personal no sufrirá con esto, sino que desarrollará una particular dinámica. A diferencia del poeta en vías de frustración, que menos poeta es y más se siente esclavizado por sus estudios, Neruda se orientará tranquilamente hacia la poesía y tomará de su calidad de estudiante una cantidad de cosas que pondrá a su servicio. Hemos visto algunas. Queda lo fundamental: el sentimiento de la libertad.

Ser estudiante significa ser socialmente libre. El vínculo del estudiante con la sociedad se llama escolar, académico. Las etimologías delatan: es el recuerdo del ocio griego en plena sociedad subdesarrollada, es el jardín platónico antes de la mancha original del trabajo. Los centros universitarios casi siempre cobran conciencia de su unidad específica y forman recintos situados en los antípodas de la miseria obrera, pero también aparte del sector institucional. La Universidad, esa patria suprema de los estudiantes, funda así un particular tipo de colectivos: los claustros, los hogares, los barrios, cuyos nombres traslaticios revelan ya su consistencia exógena. A través de ellos —de esos claustros laicos, de estos seudobarrios, de unos cuasihogares— tratan de experimentarse como grupo y de elaborar la ideología vistosa del desinterés, de la alegría, del idealismo. La sociedad se contempla satisfecha en sus estudiantes, los ve pasar con los ojos empañados de emoción; se les perdonan actos que para otros grupos significan la reprobación o el castigo, y aun la muerte.

Frente a la ética de la alegría de sus compañeros, el poeta promoverá todas sus fuerzas al lado de la tristeza. Esta es sólo la orilla opuesta del mismo cauce estudiantil. Las risas despreocupadas mueven allí las aguas; aquí, estas mismas aguas solicitan la delicuescencia interior y una turbia, vibrátil languidez nace en él, como voluntad de todos los días. Por eso se llega a *Crepusculario* y a los *Veinte poemas* desde *La canción de la fiesta*. Es que la tristeza nerudiana debuta con máscara estudiantil. Tal es uno de los factores que estimulan la forma primitiva de ese avasallador sentimiento nerudiano, que de ningún modo es una cualidad innata en el poeta, sino algo producido por su historia singular, por sus circunstancias vitales y por su roce con las cosas y con la sociedad.

Pero, por sobre todo esto, su condición de estudiante le permite al poeta experimentarse libre. La libertad es la atmósfera vital de su primera poesía. O mejor: esa libertad se hace consciente a través de su ejercicio literario. De este modo, la relación que se establece entre su función de poeta y su calidad de estudiante surge en un medio homogéneo, dotado de plena transparencia. No hay todavía tensión ni ruptura. El libro que el joven lleva en la mano es un objeto doble: es su marca de estudiante y la señal de su gusto por la poesía. Cuando se inclina sobre una hoja en blanco con la pluma entre los dedos, no imita la actitud de Narciso ante la fuente: es el gesto cotidiano de *un estudiante que escribe*. Si se compara esta situación con la que se producirá más tarde cuando la servidumbre burocrática avasalle al mismo poeta, se tendrá un panorama definido por un íntimo antagonismo. "Espíritu intocado" en *Crepusculario*, el sujeto poético pasará a denunciarse en *Residencia en la tierra* como un "sirviente mortal".

Evidentemente, no se trata de una relación inmóvil. Habrá en ella cambios paulatinos, que irán desplazando la posición del individuo entre los dos polos de oscilación. Antes que con sus condiscípulos propiamente tales, preferirá reunirse con sus compañeros de aventura poética. El movimiento es insensible, porque entre sus amigos los hay, como Romeo Murga, que son al mismo tiempo poetas y estudiantes de francés. Al día universitario irán sucediendo las noches de la ciudad, con sus incentivos de alcohol o de café y el intercambio nervioso de lecturas y experiencias. La sala de clases será substituida, de un modo cada vez más excluyente, por los lugares de redacción de periódicos o revistas. Con esto, la Universidad empezará a desaparecer progresivamente de su horizonte.

Ya el alumno de Francés no cumple obligaciones académicas ni sigue ningún curso; ya no asiste al Instituto Pedagógico. Ha dejado de estudiar, pero sigue siendo estudiante. Esta condición suya es un derecho adquirido, que le permite pasear por la ciudad glosándola con la mirada, contemplar los crepúsculos desde su cuarto de pensión, poseer una imaginación y una sensorialidad siempre disponibles. Todo para él es espectáculo. Es decir, las cosas sólo existen para su consumo contemplativo. Y por esta vía de la libre contemplación, el poeta puede palpar su adolescencia. Porque ser estudiante, para las clases que tienen la posibilidad de serlo, corresponde al modo objetivo de experimentar esa fase privilegiada de la vida. Los jóvenes trabajadores, por sus condiciones sociales de existencia, están impedidos de llevar a efecto ese proceso de interiorización, de expansión hacia adentro en que consiste, en su sentido profundo, el despertar adolescente. La sicologización del individuo, el descubrimiento del prójimo a través de la sexualidad y todas las consecuencias que para la vida personal comportan esos fenómenos —enriquecimiento espiritual, humanización general de la experiencia— son un lujo siempre vedado para ellos. A los 15 años un muchacho que trabaja no es nada: no es niño ni adolescente ni hombre. Es una cosa, una mercancía precoz. La base de este hecho es la usurpación del tiempo libre que Marx ha descrito en un notable texto de los *Grundrisse*: "El hecho de que el obrero tenga que trabajar un exceso de tiempo es idéntico al otro hecho de que el capitalista no tiene que trabajar, y de que su tiempo se concibe, entonces, como negación del tiempo de trabajo; que ni siquiera debe proporcionar el tiempo de trabajo necesario. El obrero debe trabajar durante el tiempo de sobretrabajo, para tener permiso de objetivar, de valorar el tiempo de trabajo necesario para su reproducción. Por otra parte, inclusive el tiempo de trabajo necesario del capitalista es tiempo libre, es decir, no es tiempo que deba ser consagrado a la subsistencia inmediata. Como todo tiempo libre es tiempo para el desarrollo libre, el capitalista usurpa el tiempo libre que los trabajadores han producido para la sociedad, para la civilización"[8]. Usurpación

[8] En: Ernest Mandel: *La formación del pensamiento económico de Marx de 1843 a la redacción de El Capital: estudio genético.* México, Edit. Siglo XXI, 1968, p. 119.

en provecho de sí mismo, de sus hijos o de los hijos de las clases que viven, directa o indirectamente, a expensas de la común explotación del productor.

Pero nada de esto puede perturbar al estudiante y al adolescente —una y la misma persona con dos nombres diferentes. Lo mismo que el adolescente no ve la realidad exterior, porque sólo cree en la íntima, el estudiante camina por la ciudad seguro de que este mundo no es el verdadero: la verdad está en los libros. Platónico sin saberlo, el estudiante sabe sí que la realidad miente. Lo ideal es lo único no-falso: y lo ideal sólo se halla dentro de sí mismo o en ese adentro objetivado de la humanidad que son los libros. La Universidad cumple entonces sin problemas su misión universalizadora: certifica al adolescente como el ser *humano* por excelencia, hace de los universitarios la clase universal.

Sin embargo, toda esta transparencia del alma estudiantil, toda la inmortalidad adolescente vendrán a ser perturbadas cuando el acto poético desenvuelva su propia dinámica. La poesía, en cuanto emanación subjetiva del estudiante o como objetivación lírica de la adolescencia, instaura una forma de conciencia que será el germen de todas las rupturas posteriores y de la pérdida definitiva de aquella supervivencia amniótica en medio de la sociedad. Esa conciencia que trae el poetizar se presenta esencialmente como un acto de conocimiento. Cuando el poeta se inclina sobre la hoja en blanco para escribir, el ritmo adolescente se detiene, se suspende la libertad estudiantil. Algo queda allí apresado, entre las líneas del poema: precisamente ese ritmo, precisamente esa libertad. Descubre, por lo tanto, la imagen de sí mismo que le devuelve esa hoja en blanco ennegrecida por la tinta. Ahora sí puede ésta convertirse en la fuente de Narciso. Pero puede ser también el espejo que ayude al poeta a medir su puesto en la realidad, a descubrir su exacta dependencia de los poderes corrosivos de la subjetividad: el peso social del mundo y la ley destructiva del tiempo. En virtud de esto, lo que era tránsito natural y sin obstáculos desde la desaprensión estudiantil hasta la fertilidad del canto, desde la experiencia adolescente hasta la cristalización poemática, resulta, al ser tematizado por la misma poesía, aceradamente nocivo para la seguridad estética del sujeto. Esto es así, aun en su más primitiva y rudimentaria expresión, en la que la substancia personal del poeta parece evadirse a todas las leyes de la realidad. En un poema que posteriormente desechó de *Crepusculario,* Neruda escribe:

> *Yo tengo el tiempo en las arterias*
> *que desembocan en mi ser,*
> *yo tengo en mí la noche seria,*
> *el alba y el atardecer*[0].

Como es fácil ver aquí, y como a menudo ocurre en *Crepusculario,* el poeta invierte las relaciones normales que se dan en la realidad, las relaciones subjetivo-objetivas. Con una típica alienación idealista, lejos de ser dominado por el tiempo, se experimenta él como su dueño en plenitud. No pertenece el poeta al ciclo del tiempo: todo el ciclo del tiempo está contenido en su ser. Estamos ante el circuito mágico de la adolescencia, que destemporaliza al tiempo, desfigurándolo en instante puro, en sensación infinita. Sin embargo, bastará con una mínima modificación de las cosas, para que este tiempo aquietado en el lago íntimo del poeta desprenda su corriente ciega, eficaz en la erosión.

Igualmente, aun cuando el yo lírico se exalte a centro estetizador de la realidad, necesita de la existencia de una realidad estetizable. El acto de estetización constata, en su mismo proceder, el dominio de lo extraestético. Vaso

[0]*Egloga absurda.* Edics. Claridad, 1923. El poema fue excluido tal vez por la crítica harto mordaz de Salvador Reyes (*Zig-Zag,* 6 de octubre de 1923).

idealizador, la subjetividad poética que emana su "aroma espiritual" depende de esas mismas objetividades que ella embellece con su perfume.

El poema *Ivresse* es un buen ejemplo de los resultados que determina esta incrustación de la conciencia poética en el mundo estudiantil-adolescente. Justamente nos interesa destacarlo, porque la suavidad de sus efectos espirituales, su escasa capacidad modificadora en el ánimo del poeta, lo hacen más representativo de esta primera forma que adopta la interacción entre los tres términos —estudiantado, adolescencia, poesía.

El tema báquico, presente en el nombre de la composición, revela de pronto sus orígenes en la bohemia estudiantil, al recoger algunos versos que son como ecos tardíos de una canción universitaria: *Bebamos. / Nunca dejemos de beber*. Pero, en verdad, este estribillo orgiástico es casi innecesario. La *ivresse* que canta el poeta no es la directa y tangible de una fiesta, sino la embriaguez de la libertad estudiantil y adolescente, el desasimiento límpido y maravilloso de todo. La primera estrofa expresa plenamente este sentimiento, la efervescencia de la subjetividad:

> *Hoy que danza en mi cuerpo la pasión de Paolo*
> *y ebrio de un sueño alegre mi corazón se agita;*
> *hoy que sé la alegría de ser libre y ser solo*
> *como el pistilo de una margarita infinita.*

No es contradictoria esta alegre y remolineante soledad con el estribillo plural de la canción, que incita a participar a todos en la libación. De hecho, este feliz solitario tiene incorporada dentro de sí la totalidad del grupo a que pertenece. Su alegría, su libertad, esa misma soledad son las formas subjetivas en que se trasunta fielmente su inclusión en el estudiantado: libertad y alegría escolares, soledad que no es sino el reverso de la promiscuidad estudiantil.

Cualquier lector de los *Veinte poemas* se sorprenderá de encontrar aquí una soledad teñida de alegría, él que siempre identificó ese sentimiento nerudiano con la atmósfera oscura de la tristeza. Es algo que cuesta admitir, pero es un hecho. Ya lo adelantábamos, por lo demás: la tristeza del poeta amoroso tiene una prehistoria de alegría estudiantil. Todavía en el poemario de 1924 la soledad poetizada será una mezcla ambigua de esos dos ánimos opuestos, su confuso claroscuro.

Más adelante, siempre en el poema *Ivresse,* dice el poeta a su imaginaria Francesca:

Que en mi barco amarillo tiemblen tus senos locos
y ebrios de juventud, que es el más bello vino.
Es bello porque nosotros lo bebemos
en estos temblorosos vasos de nuestro ser
que nos niegan el goce para que lo gocemos.

La ebriedad, cuyo condicionamiento estudiantil ya vimos, manifiesta ahora su otro estímulo original, el licor subjetivo de la juventud. Como el vino no es aquí ninguna substancia concreta, queda en claro la absoluta identidad entre la *ivresse* del estudiante y esta particular embriaguez que provoca la juventud. Así, el fondo de donde surge el canto inicial de Neruda se hace visible, pues en este poema contemplamos la conversión de un tema báquico estudiantil en pura autoconsciencia de juventud. El *Gaudeamus igitur,* como siempre, es canción universitaria y apología de la juventud, más una debilitada apelación a la muerte: *Vivir será primero, morir será después.*

Más importante que todo es, sin embargo, la determinación que se realiza de la juventud como disfrute negativo: *que nos niegan el goce para que lo gocemos.* Según esto, la adolescencia es sentimiento inmediato y no exteriorizado de fruición. El movimiento del poema ha generado esta extraña y limitadora definición de la conciencia juvenil: en cuanto autogoce, goce de sí mismo, la juventud es goce sin objeto.

Nada aquí ha sido tocado, todo permanece luminoso y risueño. La *ivresse* continúa, pues el poeta sigue acunando, adormeciendo y activando a la vez, ese *sueño alegre* que es propiedad de su corazón. Pero la conciencia poética de esa intimidad, si bien no destruye su alegría, opaca la pureza del sueño. No hay conciencia de sueño: tal es la paradoja insoportable de la adolescencia. Por eso las trizaduras no se hacen esperar. En el poema dirigido a su padre, escribe el poeta:

y en la fontana dulce de mi sueño
se reflejó otra fuente estremecida.

Es la perturbación de las aguas, la herida en el cristal de la interioridad. De ahí hasta el momento en que el poeta hable, en la composición *Final* de *Crepusculario*, de la *oscura ebriedad* de su alma, hay un proceso lento que es necesario describir.

Crepusculario resulta, en consecuencia, el punto de intersección de tres direcciones: una sociológica, en cuanto es él un libro representativo de poesía estudiantil; una biográfico-sicológica, que lo hace emanación de la adolescencia de su autor, y otra que lo sitúa en el camino autocognoscitivo del poeta.

El carácter de poesía escolar que el libro ofrece es visible hasta externamente. Contiene, como se sabe, una modernización del soneto de Ronsard, *A Hélene*, y finaliza con una trasposición en diálogo poético del drama de Maeterlinck, *Pelleas y Melisanda*. Es decir, dos autores de lengua francesa enmarcan casi cronológicamente el campo de estudios literarios que correspondía a Neftalí Reyes como alumno de Francés. Por lo demás, la orientación estudiantil de esta lírica había quedado ya fijada en esa necesaria introducción a *Crepusculario* que es *La canción de la fiesta* (1921). El premio concedido por la Federación de Estudiantes de la Universidad de Chile, la constante colaboración de Neruda en la revista *Claridad* y la posterior dedicatoria a Juan Gandulfo, líder de la juventud universitaria de entonces, se alzan con exactitud como índices sociológicamente relevantes.

Las condiciones concretas y las circunstancias que caracterizan la situación de estudiante de Neftalí Reyes influyen en la construcción interna del libro, en el diseño polarizado de cierta zona de su contenido. Temuquense y santiaguino sucesivamente, el universitario que es este poeta vive en la capital, pero viaja cuando llegan las vacaciones a reunirse con su familia. (Sólo el tren nocturno restablece la unidad). De este modo, la contraposición entre el paisaje urbano y el ambiente agreste y marítimo del sur queda vivamente interiorizada, sometiéndose al diagrama del año estudiantil. De acuerdo a esta rítmica temoralización de su experiencia, el otoño será preferentemente para el poeta la estación escolar, mientras el verano tendrá siempre una exultación esplendente de alegría y de libertad. Pues las vacaciones son para el estudiante, ese ser libre por definición social, la autoconsciencia gozosa de su libertad: la libertad dentro de la libertad.

Esto explica, en primer lugar, la yuxtaposición de poemas como *Barrio sin luz, Puentes* y *Maestranzas de noche,* todos de evidente ambientación urbana, con *Aromos rubios en los campos de Loncoche,* dentro de la misma sección "Farewell y los sollozos"; y explica también la coexistencia de *Los crepúsculos de Maruri,* tejido liviano hilado con percepciones de cielo, y de toda una sección como "Ventana al camino", donde el medio substancial que predomina es otro con más peso, con más sudor, más rico de pulpa, de tierra y de extensión: *Campesina, Sinfonía de la trilla, Playa del sur* y *Manchas en tierras de color.* Y este juego contrastante, extremado y purificado, determinará con plenitud la fisonomía del mundo sensible presente en los *Veinte poemas de amor y una canción desesperada*. Mientras tanto, en 1923, este delineamiento no encuentra aún su equilibrio, pero existe como tendencia[5], como fuerzas contrarias que pugnan desordenadamente.

Más importante que lo anterior es, ya en el momento de *Crepusculario*, el desarrollo tan sugestivo que adquiere el tema de las manos. Estas extremidades serán, para el poeta-estudiante, el centro donde cristalizará obsesivamente la conciencia de pertenecer a un grupo social. Ya hemos mostrado que las *manos albas* de *Pantheos* son, para el adolescente, una reliquia de su niñez y —lo que en el fondo es la misma cosa— una señal que patentiza su alma. Pero el prestigio de este atributo vacila cuando el muchacho en vacaciones puede contemplar una faena campesina:

*Este es el fruto de tu ciencia,
varón de la mano callosa*

canta en *Sinfonía de la trilla,* poema que se caracteriza por un singularísimo frenesí. En efecto, a pesar de su rudimentaria plasmación y de las limitaciones estéticas que presenta en definitiva esta pieza —cuyo nivel corresponde quizás a la producción media de Carlos Pezoa Véliz— permite avizorar intenciones que no se dan en ninguna otra composición de *Crepusculario*. La vibración exaltada del estudiante sin obligaciones escolares se pone al servicio expresivo del trabajo agrario. En el estribillo que reproduce el grito colectivo de la trilla, en el ánimo de participación en la labor, en la apertura fresca y soleada a las fuerzas naturales y al prodigio de la fecundidad, en todo ello y en la particular vehemencia con que son tratados esos elementos, observamos la aspiración fundamental de este poema: ser canción primitiva del trabajo, expresar lo lírico en sus orígenes de celebración agraria. Y, desde luego, no es ajena a este hecho la impresión que la actividad campesina causa en la sensibilidad del poeta-estudiante, quien escribe:

*Sol que cayó a racimos sobre el llano,
ámbar del sol, quiero adorarte en todo;
en el oro del trigo y de las manos
que lo hicieran gavillas y recodos.*

A la sensibilidad panteísta que Neruda exhibe en esta fase de su poesía, se ofrece como una suprema virtud esta continuidad natural existente entre la tierra y el hombre campesino, entre el trigo producido y las manos productoras. Esta plenitud solar, esta totalidad áurea determinan que la actividad agraria tengan rango de ciencia fructífera, frente a la cual el conocimiento del estudiante se define implícitamente como un no-saber. Por eso también, sus manos endurecidas por el trabajo elevan al campesino, a los ojos del poeta, a una real esencia humana, a la de *varón*. Y por eso, finalmente, el poeta puede cantar, casi al concluir esta *Sinfonía de la trilla*:

*La llamarada de las eras
es la cabellera del mundo.*

Tres palabras esenciales ha pronunciado el poeta en esta composición: *ciencia, varón, mundo*. Su misma excepcionalidad en el texto de *Crepusculario* prueba su importancia. Por única y exclusiva vez en este libro, el poeta identifica un paradigma humano y de conocimiento que le permite coronar su mundo. Por primera, y por la única, su imagen del fulgor será la de un fulgor vivo, de intensa fuerza diurna, y no el crepuscular de la extinción, del incendio que consume el cielo y en que el poeta se consume a sí mismo. ¡No el arrebol, sino la llama!

Sin embargo, no hay que exagerar. En el poema coexisten, como tendencias contradictorias, un nivel de elaboración primitiva con un cierto agrarismo bastardo, importado de la lejana y miserable India de Tagore[10]. Tal contradicción no sintetizada, sensible en el título mismo del poema, se despliega interiormente en el contraste entre las partes con estribillo, que constituyen un cierto cuadro descriptivo —muy exiguo, sin duda— de la actividad campesina, y el cuerpo central de la composición, métricamente diverso, que es más bien un himno lírico del poeta a las fuerzas de la naturaleza, el sol y el campo. En esta parte, precisamente, resulta visible cómo el fenómeno colectivo del trabajo es absorbido por la subjetividad poética, cómo la *trilla* se convierte en mero estímulo para la *sinfonía*. Este divorcio producido en el canto entre el principio poético y la substancia objetiva de lo real conduce a un doble retroceso: por un lado, la energía, la fuente de la actividad se desplaza de las manos campesinas a su traducción idolátrica en el sol. Aunque convencionalmente, el poeta intuía bien cuando decía:

¡Sólo por falta de paciencia
las copihueras no dan rosas!

La ciencia y la paciencia del trabajo mostraban allí su real poder de mutación sobre la naturaleza. Tal constatación se convierte, no obstante, en milagro solar dentro de la sección hímnica, en una gestión divina de la naturaleza. Y, por otro lado, la incorporación del poeta a la situación de trabajo se da desde el término pasivo, en la identificación con la tierra, con el surco, con una naturaleza que sufre femeninamente el esfuerzo adverso:

Yo quiero estar desnudo en las gavillas,
pisado por los cascos enemigos.

[10] Más de una deuda hay también, en *Sinfonía de la trilla* especialmente, con algunas descripciones contenidas en *Mireya*, de Federico Mistral. Un epígrafe de este autor, en dialecto provenzal, precedía la primera edición de *Crepusculario*.

Nuevamente aquí percibimos, en escala más reducida, la ambigüedad con que está poetizada la situación. Se refuerza su aspecto dialéctico, de choque y de agresión, la fundamental relación de adversidad; pero, al mismo tiempo, esta cualidad incisiva del término activo determinará un acrecentamiento de la pasividad adoptada, que se consumará fácilmente en hipóstasis de la creatividad natural. Para el sujeto poético esa hipóstasis reviste una forma legendaria: la virginidad que todo lo crea desde su propia profundidad.

El paradigma era demasiado perfecto y, por lo tanto, demasiado lejano. Es muy grande la distancia entre la pasividad estudiantil y la praxis campesina, poéticamente festejada en *Sinfonía de la trilla*. Sin duda: a los 20 años no se puede abdicar del noble patrimonio de la libertad. La ruda y pregnante contraposición ahí surgida, el poeta tratará de sortearla mediante un *tertium in discordia*, que estará de su parte. Es ésta una de las perspectivas que explican la abundancia con que aparece en su primer libro la efigie de los ciegos. En un soneto no recogido en *Crepusculario*, pero que pertenece a la época de su gestación[11], el núcleo de la meditación coincide con lo que exponemos:

Dame tus manos, ciego. Las manos de los ciegos
son como las raíces de estos hombres inertes:
se queman retostadas por el sol de enero
y en el otoño sienten como llega la muerte.

La composición se articula según extremos contradictorios: *raíces-inertes, sol-muerte*. La bella analogía de la mano con la raíz no resulta ser una mera semejanza ocasional, sino que impulsará toda la rueda del año vegetal en torno a la figura del ciego. No es casual, entonces, que del año se resalten el lapso estival de enero y

---

[11]*Elogio de las manos*, de 1921. Cf. Raúl Silva Castro: *Pablo Neruda*. Santiago, Edit. Universitaria, 1964, p. 32.

el período del otoño, coincidentes con la experiencia del estudiante-poeta. De este modo, estas manos imprevisibles son agrestes y estudiantiles a la vez, campesinas y urbanas sucesivamente. Pero ya en el cuarteto siguiente el objeto comienza a ser atraído hacia el principio de lo poético:

> *Tajeadas y sumisas en el silencio viven*
> *descarnando en sus dedos la hilacha del dolor,*
> *y la hilan recogidas como monjes humildes*
> *que estuvieran hilando las palabras de Dios.*

Silencio, dolor configuran aquí un clima que, bajo la forma de relaciones religiosas, expresa sobre todo el re-cogimiento creador. **En el terceto las manos reúnen** simultáneamente sus valores contrarios:

> *Los ciegos tienen toda su alma en estas manos*
> *ásperas de rozarse con los miembros humanos,*
> *traspasadas de duelo, temblorosas de amor...*

Es obvio: la oposición social que acucia conflictivamente al estudiante y que él ha visto corporizada en las manos encuentra desde este momento una increíble síntesis en el caso azaroso de los ciegos. En esta situación *sui generis*, las manos podrán seguir siendo signos del alma sin dejar de ser ásperas de tacto y de contacto. Pero es claro que hasta en el orden de los versos una jerarquía se ha impuesto: el atributo espiritual se sobrepone a la ruda apariencia de estas manos. Todo lo cual **se expresa nítidamente en el flexible terceto final:**

> *Tiemblan como cordajes los largos dedos magros*
> *y parecen dos santas palomas de milagro,*
> *tajeadas y sangrientas de noche y de dolor.*

La imagen definitiva de *santas palomas de milagro* triunfa y hace olvidar la inicial de *raíces*. La conciencia estudiantil se ha salvado y ha logrado convertir el dinamismo fuerte y terrenal de la primera imagen en una cosa volátil, ingrávida, en que ella reconquista su amenazada libertad.

En todo el poema aprendemos algo decisivo: a saber, el paso casi inconsciente de la valoración del trabajo al culto del sufrimiento. El dolor acumula ahora la dignidad y la nobleza que antes, en *Sinfonía de la trilla*, se habían atribuido al trabajo. Con esto, el fenómeno del sufrimiento muestra su génesis espuria en la conciencia del poeta: es sólo el reflejo en el no-trabajador o en el trabajador improductivo de su desvinculación con el mundo del trabajo material, el espejismo complaciente y engañoso que el reino de la necesidad y de las condiciones sociales negativas crean en la intimidad de las clases secundarias. Llamamos a este tipo de sufrimiento sufrimiento cómplice. Situado entre la fatiga bestial de la mayoría de los trabajadores y la forma auténticamente humana del dolor —que, según Marx, es *autodisfrute* del hombre[12]—, este sufrimiento cómplice muestra su función de *Ersatz*, de compensación para el equilibrio emocional y moral de las clases no trabajadoras. El sufrimiento cómplice es sufrimiento indoloro. De este modo, el mundo del trabajo, en cuanto infierno inaccesible para el estudiante, se transforma en un purgatorio personal de sufrimiento, ese estado siempre transitorio para el cual existe una solución paradisíaca a la mano: la seguridad de que con el placer o con el cambio de ánimo se resuelve todo. Es verdad, por lo tanto, que estas manos de los ciegos son 'santas palomas de milagro' también para el poeta. El milagro suyo es que convierten el trabajo sufriente del trabajador en sufrimiento sin trabajo. Su santidad consiste en que, en cuanto órganos de subsistencia para el

---

[12]"denn das Leiden, menschlich gefasst, ist Selbsgenuss des Menschen". (*Mss. económico-filosóficos*). La noción de sufrimiento (*Leiden*) conserva todavía, desde luego, su valor feuerbachiano de pasión.

no vidente, imitan sublimadamente la relación productiva con la tierra. Ya no es la mano, en consecuencia, el instrumento activo que se aplica a la naturaleza, como ocurría parcialmente en *Sinfonía de la trilla*: es apenas el vehículo de la donación y de la ofrenda. *La mano que recibe* —dice Neruda en *El ciego de la pandereta*. Tal desplazamiento del tema de las manos al del don se divisaba ya en la parte hímnica del poema campesino. Con ello, la posibilidad materialista se desdobla en la más extrema fantasmagoría idealista, la del ánimo filantrópico, la de la entrega generosa a los demás. "No moveré mi canción cuando no mueva mis manos" asegura el poeta en *El castillo maldito*. Esta postulación ambigua (ya veremos la otra cara de su ambigüedad) va a ser interpretada casi siempre en el sentido de la donación, de la ofrenda del canto, de una manera muy cercana a la actitud que llena las páginas de *Desolación* (1922).

Es oportuno referirse en este momento al aparato de significaciones religiosas y, en particular cristianas, que puebla tan ostensiblemente toda la obra inicial de Neruda. Este es aquí, en términos amplios, únicamente deudor de una tendencia del Modernismo hispanoamericano, el cual recurre y trabaja abundantemente con los símbolos de esta esfera cultural. Desde los precursores más tempranos hasta la disolución ya sin fuerza del movimiento, puede observarse en la poesía modernista una abarcadora identificación de la experiencia lírica con el contenido de una religión popularizada, que es vivida en la plena adhesión o sólo captada en su pura función decorativa. Los objetos de la liturgia, los símbolos ceremoniales y del arte sacro, los episodios evangélicos y de la historia bíblica en general son todos elementos fluctuantes, que se elevan hasta una marcada potenciación lírica o se despeñan las más de las veces en el lugar común, insignificante y desprovisto de substancia intuitiva. Los polos positivo y negativo de esta incorporación poética de lo cristiano resultan ser, en consecuencia, la interiorizada reactualización de la Pasión de Cristo en la obra de algunos poetas (Darío, Vallejo, Mistral y Huidobro) [13] y el monótono aprovechamiento de una superestructura culturalmente prestigiosa, pero vacía de toda vigencia histórico-social. En esta conexión concreta, el proceso modernista es, primeramente, el descubrimiento de la *verdad lírica* envuelta en el ropaje teológico e institucional del catolicismo y, luego, la aburridora e incontenible descomposición de todo aquel estrato de significaciones. A la postre, lo que resta para el más tardío Modernismo es apenas una élite de palabras, una especie de añeja aristocracia del cielo que la subpoesía sigue adorando (Amado Nervo), que los autores más decorosos utilizan con discreción (Neruda en esta fase de su poesía) y que los poetas más representativos del momento reinterpretan y vitalizan en variadas direcciones (Cruchaga, Huidobro, Valdelomar, etc.).

En *Elogio de las manos* escuchamos algunos ecos en que se disuelve esa melodía religiosa. La figura de los "monjes", el mensaje de las "palabras de Dios", la imagen de las "santas palomas de milagro" son, en el soneto, **notas demasiado conocidas de un teclado largamente ejercitado.** Su carácter externo, su debilidad misma muestran que carecen de toda substancia positiva y que sólo cumplen el papel de nimbo de la idolatría espiritualista del sujeto. De este modo, una extensa jerarquía entre dos sectores sobrestructurales —la religión y la poesía— ha quedado arrumbada en el desván de la historia. Allí mismo, como un ilusionista incrédulo y sin público, el viejo poeta modernista o el nuevo poeta que ya muy pronto dejará de serlo sólo pueden hurgar en el cofre de las prendas vetustas. En el cuarto, entonces: en el soneto,

[13] Cf. mi trabajo ya citado sobre Darío. Para Vallejo, existe el estudio de Jaime Giordano: *Vallejo, el poeta.* (En: *Diez conferencias.* Departamento de Castellano. Univ. de Concepción, 1963, pp. 21-52). La simple lectura de las obras principales de Huidobro y de la Mistral permite constatar nuestra afirmación.

se arrinconan los fantasmas: los monjes, Dios y un par de palomas eucarísticas completan esta escena de **prestidigitación poética**.

Esta leve meditación que aparece en *Crepusculario* puede contrastarse con las formas decisivas que la mano adoptará más tarde en la misma poesía nerudiana. Organo fundamental del conocimiento en *Residencia en la tierra* (*Con mi razón apenas, con mis dedos*), ella se rodeará en esta obra de todo un aparato activo, de carácter guerrero: espadas, armas, el acero punzante y mortal del conquistador. Y luego, de un modo mucho más abarcante, escribirá el poeta en *Alturas de Macchu Picchu:*

Como una espada envuelta en meteoros,
hundí la mano turbulenta y dulce
en lo más genital de lo terrestre.

No existe todavía, en *Crepusculario,* este tacto profundo con la energía material de la vida. Pero el extremo irreal donde el poeta ha conciliado los opuestos sólo agrava su propio conflicto y lo devuelve con mayor fuerza hacia centros reales, hacia conjuntos verdaderos de la sociedad. Los ciegos crean, para emplear una analogía tomada de la óptica, un fenómeno de difracción: la luz de la conciencia poética se flexiona ante ese obstáculo y, en vez de reflejar la imagen del estudiante como ocurría en otros poemas, penetra en la opacidad social situada en el trasfondo. Una franja de claridad comienza a surgir, precisamente gracias a la oscura presencia de los ciegos. Estos, venidos a la poesía de *Crepusculario* por la circunstancial observación citadina, moldeados sin duda de acuerdo a ejemplos poéticos (Baudelaire, Maeterlinck; Gómez Rojas en Chile) se hacen representativos de un Mal metafísicamente concebido y, recusando cualquier posibilidad de unión, se agrupan apenas bajo la mirada exterior del poeta, que los enhebra en el común rosario del sufrimiento. Doblemente irreales, entonces, por ser arquetipos literarios y por su condición extrasocial, los ciegos son más bien un coro, una multiplicidad de sombras que resalta la blancura imperturbable del estudiante. Hay, pues, en esta primera fase de la poesía nerudiana, la misma deformación lírico-subjetiva de la realidad social que en Carlos Pezoa Véliz (1879-1908), para quien sus humillados y ofendidos, el grupo que encarnaba sus simpatías sociales, es una superclase, hecha con vencidos de todos los estratos y formaciones: el aristócrata empobrecido, el roto desamparado, el campesino oprimido, el poeta frustrado, en suma, ese *nadie*, el *pobre diablo*, cuya esencial anonimia forja una especie de pueblo afectivo en la totalidad de su poesía[14].

[14]Hacia 1920 la conciencia social de los nuevos poetas se hace de expresión cada vez más acuciante. Tiene razón Tomás Lago al ver allí uno de sus rasgos diferenciadores. "El movimiento ideológico había proyectado sobre los nuevos poetas un impulso poderoso bien definido, dándole como estructura interna un perfil dramático de ser social. La diferencia entre un poeta anterior a esa fecha y los que vinieron después, consistía en que los últimos dejaron de ser simplemente descriptivos, anecdóticos, elegantes, como actores de una estética refinada que se repartían los despojos versallescos de Rubén Darío y las enfermedades de moda de los decadentes franceses, para reclamar una existencia de relaciones con el mundo en el sentido social". ("Pablo Neruda. Tras el perfil de un rastro". *Antártica*, núms. 10-11, junio-julio de 1945, pp. 29-36). Un hecho curioso corrobora esta idea: cuando algunos poetas abordan temas relacionados con la conciencia de la propia situación social, caen en las más abyectas ilusiones ideológicas. Dos ejemplos al canto. Daniel de la Vega, pequeño-burgués, periodista, canta a La antigua criada (Zig-Zag, 3 de enero de 1920). La llama más o menos así: *santa cocinera, evangélico corazón...* Por supuesto, ella se refiere a él como *Don Danielito*. La estrofa sexta, justo en el medio de la composición, nos entrega más de una clave, por si todavía fuera necesario: *Es verdad que yo no iba casi nunca al colegio, / que me gustaba más el cerro, el viento, el río... / el sol tan fabuloso, el paisaje tan regio, / todo eso era mío, profundamente mío!* Fijémonos en esta propiedad profunda de la clase media, clase, por definición, desprovista de toda propiedad. Y la criada, ese ser proteico, que es a la vez animal, instrumento, esclavo y familiar

Oración, *El estribillo del turco* y *Maestranzas de noche* son poemas que enfrentan al estudiante con tres sectores diferenciados de experiencia. Las prostitutas, el comerciante de pueblo y los obreros son allí tematizados en una serie progresiva: el cántico puramente sentimental y compasivo, el monólogo edificante del 'turco' y una composición que enmarca la situación obrera en el lugar mismo de trabajo, en medio de las máquinas y en el interior de un taller. Es cierto, desde luego, que en ninguno de los tres casos lo que prevalece es el contorno clasista del conjunto. Todo conspira aquí contra el estudiante. En primer lugar, la vía poética de su conocimiento, la menos apropiada para una comprensión objetiva de la estratificación social. Además, las fronteras difusas de los conjuntos, pues mientras la prostitución escapa a una estricta localización de clase, la conducta del mercader aparece sobre todo captada en la elaboración de un falso idealismo, en la ideología pequeño-burguesa vista como actitud y como moral. Finalmente —y no es el menor escollo— la óptica del sufrimiento que todo lo impregna, penetra aun en aquellas formaciones de más acusado perfil de clase, como son los obreros.

Subjetivamente, *Oración* se unifica en torno al centro sentimental de la tarde. Es la *hora quieta,* la paz de la

---

y ninguna de esas cosas a la vez, devuelve, en su misma indeterminación, esa situación indeterminada que su patrón ocupa en la jerarquía social. Por otro lado: Francisco Contreras, diplomático y afrancesado, perteneciente a la más adinerada burguesía nacional, se permite escribir algo que cuesta llamar poema y que mucho más cuesta citar. Se titula *Señor, enséñame a ser pobre...* (?). Algunas perlas: *Señor, enséñame a ser pobre / enséñame a ser pobre a mi que nací rico. / Impúlsame a buscar el Tesoro Profundo, / en la mina infinita, / como un obrero que fuera un santo.* Y tal vez la única nota más sincera, subrayada en negrita por su mismo autor: *Debo huir, cortarme las manos.* Los comentarios sobran, salvo el de que este Tesoro Profundo se presenta ahora con caracteres mayúsculos. Esta aspiración de Francisco Contreras fue formulada a bordo de un transatlántico y pertenece al libro *La varillita de virtud.*

oración, el particular tiempo en que el poeta sitúa su meditativa plegaria. Escribe:

*En esta hora en que las lilas
sacuden sus hojas tranquilas
para botar el polvo impuro,
vuela mi espíritu intocado,
traspasa el huerto y el vallado,
abre la puerta, salta el muro.*

Domina aquí la imagen de ciertas determinaciones convergentes, todavía sobrepasadas por la subjetividad, que pueden ser agrupadas bajo la especie de los límites: huerto, vallado, puerta, muro. El origen real de este elemento parece ser simultáneamente subjetivo y objetivo y viene a coincidir con la experiencia cotidiana de la división de la pequeña propiedad, por un lado, y el sentimiento personal de algunas vagas limitaciones del espíritu[15]. Este doble aspecto de esas entidades se hace aún más explícito al final de la composición: *saltando dolores y muros;* con lo cual el signo negativo de la realidad se identifica con el contenido de lo que se opone al libre desplazamiento del sujeto. Esta cualidad unitaria se manifiesta todavía con más claridad en dos versos de *Barrio sin luz:*

*y las casas que esconden los deseos
detrás de las ventanas luminosas.*

Sin mediación conceptual, en la forma de una aprehensión directa e intuitiva, el poeta ha enmarcado esta poesía de las prostitutas en coordenadas subjetivo-objetivas que se relacionan con el hecho de la propiedad privada. Desde luego, una propiedad concebida a imagen y

[15] "Amojonan los campos: éste es el origen de la organización social". (Anatole France: *Páginas escogidas.* Santiago, Edit. Nascimento, 1924, p. 11). A este pasaje, traducido por Neruda, habría que agregar un texto muy explícito de Pío Baroja. *El labrador y el vagabundo.* (*Claridad,* 11 de diciembre de 1920).

semejanza de las posibilidades de la pequeña burguesía, una propiedad individual de uso, en la que tal vez reparaba Neruda a causa de sus lecturas anarquistas de la época. *Oración* está cruzada por la alusión constante a *tierra ajena*, a *zarzas ajenas* que insisten en la sospecha de una propiedad cuyo sentido se bifurcará luego en otros poemas: en *El estribillo del turco* prevalecerá su aspecto objetivo, mientras *El castillo maldito* será la denuncia del egoísmo del sujeto, de su clausura en el 'castillo maldito' del yo.

A pesar de la marcada presunción espiritualista del sujeto, el peso y el filo de la llaga social doblegan su 'espíritu intocado'. Este ya no es el mismo cuando el poema concluye:

Porque la frente en esta hora
se dobla y la mirada llora
saltando dolores y muros;
en esta hora en que las lilas
sacuden sus hojas tranquilas
para botar el polvo impuro...

No es lo menos digno de observación el instinto poético certero que exhibe ya Neruda en este incipiente poema, tan temprano en su itinerario lírico. Dueño del movimiento lingüístico y sentimental del poema, exalta con toda eficacia sus núcleos más potenciables. La imagen de las lilas hace de vivencia condensadora y, por lo tanto, funciona como eje de unidad de la composición. Así, exactamente invertidos, esa imagen y sus elementos adyacentes se disponen en dos polos de tensión, que coinciden con la organización externa de la pieza: cuarta y octava sextinas, de las ocho que ella tiene. Allí, en esas lilas que son una evocación de la infancia y en la actitud meditabunda del poeta, se concentra la irradiación de la hora.

En apariencia, la serenidad espiritual del poeta resulta inquebrantada. Sólo lo más alto de su figura física ha surgido: su frente, su mirada. Todo, por lo demás, parece disolverse en el aroma puro de las lilas: es el poder sedante de la hora, gracias al cual la realidad se desprende del espíritu como polvo impuro. Sin embargo, no sólo algo ha resultado conmovido en el sujeto, como indican claramente los primeros versos. Mucho más decisivamente, toda la actitud compasiva, la misma disposición íntima que posibilita la canción ha de ser enjuiciada inmediatamente, y condenada, como producto de un falso idealismo. De este modo, la poesía genera irremediablemente la autoconsciencia del poeta. Pues el poeta de *Oración* no es otro que el generoso predicador de la bondad universal que habla en *El estribillo del turco* y al cual una voz imperativa interrumpe con un veredicto inapelable: —*¡Mentira, mentira, mentira!*

"No es sólo seda lo que escribo" —anuncia el poeta en *Oración*, buscando una relación más estrecha de su poesía con el dolor humano, algo tan viviente como la sangre. Pues bien, el moralista se refiere en su estribillo a su "verso de sangre y de seda", enlazando claramente su buena voluntad con las aspiraciones de su gemelo, el poeta. Lo que el 'turco' predica es el don, la donación de todo y a todos, motivo que se formula con los mismos elementos que destacamos en *Oración:*

> *Por eso deja que todas tus puertas*
> *se cimbren, a todos los vientos abiertas.*
>
> *Y de tu huerta al viajero convida,*
> *¡dale al viajero la flor de tu vida!*
>
> *Y no seas duro, ni parco, ni terco,*
> *¡sé una frutaleda sin garfios ni cercos!*

El ánimo de donación queda aquí al descubierto y condenado como una ilusión complaciente. La generosidad de que hacía gala el poeta se quiebra en este momento, y su fe risueña en la bondad extraída de sí mismo se deshace sin más. Vulnerados gracias a la conciencia que el poema aporta, los bellos mitos del alma estudiantil comienzan a replegarse. Es significativo que también esta situación se exprese en la forma de una falsa exaltación idealista de las manos:

Que se te vaya la vida, hermano,
no en lo divino sino en lo humano,
no en las estrellas sino en tus manos.

Pero esto, ya lo sabemos, es puramente impostación. De ahí que a estos dísticos suceda inmediatamente *El castillo maldito*, donde el poeta lleva a plena conciencia este cohibimiento de su alma. No es casual que en este poema, tan revelador de la crisis y de las formas conflictivas que vivía el adolescente en esos años, el ambiente preparatorio sea ambiguo, vacilante entre los elementos urbano, celeste y rural. Se superponen las aceras, las estrellas y los recuerdos campesinos, todo como en una recomposición de materiales heterogéneos de la experiencia del poeta, quien, en el desenlace de su queja, permanecerá marginado en medio de la *explanada desierta* del castillo. A este sitio estéril de la subjetividad ingresa el poeta luego de reconocer explícitamente una determinada especie de manualidad:

Como se muere la música si se deshace el violín,
no moveré mi canción cuando no mueva mis manos.

De este modo, el único uso posible de sus manos es, para el poeta, ese que equivale al de la ejecución instrumental. Tal es el ejemplo máximo a que verazmente puede alcanzar el poeta en la concreta situación social de que brota su actividad: la del instrumento musical, la manualidad artística[16]. Fuera de este círculo privile-

[16]En Neruda, el violín será siempre un concepto poético del trabajo. En *El tren nocturno* ve al viaducto del Malleco "fino como un violín de hierro claro". Se sueldan aquí dos realidades: la masa férrea del puente, que suscita una impresión de ligereza casi ciffe-

giado, las manos exacerban su contenido de clase. Organos nerviosos y no musculares (manos *crispadas,* manos *desesperadas*) en ellas siempre habita la muerte: *a morir en mis manos, tendrían que matar las manos mías.* Dotadas en la práctica de un coeficiente letal, sólo en idea, a través del don, pueden imaginarse fructíferas.

Maestranzas de noche figura en la sección "Farewell y los sollozos", luego de *Barrio sin luz* y de *Puentes.* Estamos, ahora, ante manifestaciones de un paisaje urbano siniestro, dominado por la fisonomía del acero y por la hosca invasión de las condiciones miserables de existencia. El rostro subdesarrollado de la ciudad empieza a aparecer débilmente, en la fealdad de sus construcciones, en el espectáculo inhumano de los arrabales y en las formaciones rudimentarias de la pequeña industria. Hay que entender, desde luego, que estos simples paseos por los suburbios de la ciudad son, para la individualidad poética, verdaderas travesías, viajes de exploración en busca de esa alteridad, única que podrá entregarle la imagen de su identidad social. El poema es éste:

Fierro negro que duerme, fierro negro que gime
por cada poro un grito de desconsolación.

Las cenizas ardidas entre la tierra triste,
los caldos en que el bronce derritió su dolor.

¿Aves de qué lejano país desventurado
graznaron en la noche dolorosa y sin fin?

---

liana y que posibilita, por tanto, la visión; y una imagen poética adolescente de duradera aplicación. No es improbable que el Malleco haya sido, para el poeta, la primera revelación del trabajo industrial. De lo que no cabe duda, es que el violín, como figura del trabajo, es una metamorfosis juvenil de las sierras y serruchos de su infancia. Reedición sublimada, el violín enajena su melodía en *Crepusculario,* pero reencuentra su sentido en *Memorial de Isla Negra* (libro al que pertenece *El tren nocturno).* Su alcance y su valor tal vez expliquen versos tan inexplicables como éste de *Canción de gesta:* "cuando el pueblo establece sus violines".

Y el grito se me crispa como un nervio enroscado
o como la cuerda rota de un violín.

Cada máquina tiene una pupila abierta
para mirarme a mí.

En las paredes cuelgan las interrogaciones,
florece en las bigornias el alma de los bronces
y hay un temblor de pasos en los cuartos desiertos.

Y entre la noche negra —desesperadas— corren
y sollozan las almas de los obreros muertos.

El poema debe ser leído, si no en la secuencia propuesta o en la misma disposición en que figura en el libro, por lo menos teniendo en cuenta que pertenece a un movimiento amplio de conciencia social, cuya coronación es —o su jalón extremo. Puede decirse que, en este orden de cosas, el poeta entra a su experiencia más decisiva, a su grado más sombrío de verdad. No hay ya relaciones de conciencia puramente —compasivas o críticas— como en los dos poemas anteriores. La oración, el estribillo han desaparecido. El poeta está en medio de un lugar oscuro donde lo que importan son relaciones reales, materialmente objetivadas, que desdibujan y casi borran la autonomía subjetiva de su ser.

En realidad, el poema es un sobreviviente nocturno de *Crepusculario*. Neruda, vigilando sobremanera la unidad de su primer libro, desechó, como se sabe, la hermosa canción de cuño verleniano, *Un hombre anda bajo la luna*, en razón de su ambientación nocturna. De ahí que tenga carácter excepcional la inclusión de *Maestranzas de noche*, en cuanto rompe esa ley crepuscular a que pretendía el poeta sujetar su colección.

Documento fidedigno de una conciencia adolescente, el poema lo es tanto por sus méritos, por los descubrimientos personales que contiene, como por sus limitaciones, por el tributo necesario que paga a la vena sentimental. Pues esta compasión por los sufrientes, esta identificación con *los de abajo*, ese idealismo lacrimoso que se agota en la vibración complaciente de uno mismo es el gaje imprescindible de una apertura emotiva a lo social. La puerta ancha es aquí la del sentimiento que, sin abrirse un centímetro, nos permite comunicarnos con el mundo de los demás. Pero en esta vía regia de todo estudiante pequeño-burgués el poeta detectará un contradictorio sentido.

Por de pronto, todo el cuadro poético es una expresiva mezcla de ausencia y de presencia. Allí están, sin duda, esas máquinas transidas de dolor (o, más bien, de trabajo-dolor); pero allí no hay nadie: todo lo que hay son *cuartos desiertos*, que recuerda patéticamente esa *explanada desierta* de *El castillo maldito*. Y, sin embargo, se los siente invadidos de una oscura presencia, de una masa anónima que no está en ninguna parte, porque todo lo traspasa, ubicua en su ausencia total. Justamente, como ese *fierro que duerme*, pero también *gime*; sí, como algo inconsciente y ciego, como una *muda materia que grita*.

Hay pocas interrogaciones en *Crepusculario*. Casi todas corresponden a escenas de miseria o de mal urbano. La de *Maestranzas de noche*, semejante en esto a la de *Puentes*, traslada a la conciencia del poeta esta paradoja: el "lejano país desventurado" no es otro que el que está bajo sus pies y que lo rodea enteramente. En la pregunta del poema hay contenida una verdad: lo inmediato es, para el poeta, lo más lejano; la desventura y el sufrimiento son para él la región más distante y extraña del mundo. Reléase el poema, sopesando esta voluntad de contacto de su autor y se verá esa dificultad básica con que tropieza, convirtiendo una tan directa experiencia en algo dolorosamente inaprehensible.

Pero existen, contra esta fuerza del aislamiento y de la impotencia, corrientes que, al resistir, adoptan formas inesperadas. Retengamos estos versos:

*Cada máquina tiene una pupila abierta
para mirarme a mí.*

Sólo un poco más adelante podremos comprender lo decisivos que resultan estos versos en el contexto total de *Crepusculario*. Por ahora, baste indicar esquemáticamente el hecho de una importante inversión. No estamos ya ante los ojos siempre en acción del poeta: éste es visto, es mirado, es reconocido en su ser por la presencia imperiosa de los instrumentos de trabajo. Un joven sujeto absoluto ha desaparecido, por lo menos esta vez, perdiendo todos los derechos de su postura contemplativa. Y es, quizás, esta pérdida de interioridad entre la masa inerte de las máquinas la transformación más profunda de esa alma estudiantil, convertida en un objeto más, insignificante y también culpable, en medio del áspero paisaje de la fábrica. Recordemos que Hegel escribía en su juventud, luego de elogiar el poder universal de la herramienta: "miserable sensibilidad la que se atiene a lo individual"[17].

En el poeta, ahora, percibimos no sé qué temblor de culpa. Esa pupila de hierro y de bronce lo observa, lo detecta, lo horada. En esta noche de las máquinas encuentra el poeta su propia noche, donde ya no es posible el ejercicio de los ojos, de su propia luz. Claudicado su poder de visión, se entrega a esas miradas avasallantes del metal. El sentimiento se arremolina, pierde su extraversión desbordante y aprisiona en su reflujo al poeta. Emoción vuelta contra sí misma, la culpa socava, de este modo, los optimismos del sentimiento. Este abandona su apariencia de energía interior y se muestra en lo que es: el charco estéril en que se impregna la magia cotidiana de la vida interior.

Abolidos los ojos en este tiempo extraestudiantil, ha de ser el oído la vía por donde llegarán los ecos ambi-

[17] V. Georg Lukacs: *El joven Hegel*. México, Edit. Grijalbo, 1963, p. 342.

guos de la realidad social que se oculta al poeta. Un *temblor de pasos, el sollozo de las almas* son los datos evanescentes que capta el oído, alucinado en el centro del silencio:

y hay un temblor de pasos en los cuartos desiertos...
Y entre la noche negra —desesperadas— corren
y sollozan las almas de los obreros muertos...

Es absurdo hablar de poesía de protesta para referirse a *Maestranzas de noche*. No existe el ánimo de acusación, de denuncia, el tono indignado que parecen corresponder a ese género. Si hay aquí protesta contra alguien es contra sí mismo, contra el propio poeta. Se trata, pues, de una poesía de conciencia social, en que la palabra conciencia conserva todavía un fuerte carácter subjetivo. En esos *obreros muertos* que surgen al final llega a su término definitivo el viaje del poeta. El desenlace es literal y hay que grabárselo en su pleno sentido. Las formas del trabajo, las fuerzas sociales con que el poeta pretendía habitar su mundo humanamente desierto, se concretan aquí en un grupo cuya única realidad es su muerte. He aquí consumada esa mezcla de presencia y de ausencia que es la ley más visible del poema. La evidencia no puede ser mayor: el tipo y el grado de realidad que la humanidad trabajadora tiene para un estudiante de la clase media son esos, muertos presentidos en medio de la noche. Pero es también importante que el sentimiento descubra, en el extremo de su cauce, la humillante certeza de su propio vacío. Porque, en realidad, el poeta no compadece a estos muertos: es su culpa la que lo sobrecoge intensamente, la que lo conecta con esta muerte colectiva que hace de las *Maestranzas* un cementerio plural, un vasto cementerio en medio del cual el poeta es el único sobreviviente.

Entre *Azul...*, de Rubén Darío, y *Crepusculario*, de Neruda, hay una ostensible continuidad espiritual. Se manifiestan una vez más y desde un costado más afín a los principios de la imaginación lírica, el anclaje modernista de esta obra y su pertenencia a la mejor tradición del movimiento poético hispanoamericano. Entre 1888 y 1923 se ha realizado la creación de Darío, de Eguren y de Herrera y Reissig; ha crecido la obra de Lugones; ha comenzado la de Mistral, Cruchaga, De Rokha, Huidobro y Vallejo. Comienza ahora la de Neruda. Valen también para éste las palabras que escribimos, en otra ocasión, con referencia a Darío y al Modernismo: "Por eso el Modernismo, en perfecto acuerdo con esta concepción, consistirá en esencia en un platonismo esteticista, en que el mundo de las sombras estará representado por la vida cotidiana y el reino celeste por el poder divino de cantar. En el alma del poeta reside la virtualidad de liberación del primero y de acceso al segundo, fenómeno ya poetizado en la mayoría de los cuentos de *Azul...*, en los que precisamente se opone la tristeza de la existencia burguesa a la Esperanza simbolizada en el Arte"[18]. Ambos poetas —tanto el iniciador como su epígono adolescente— dependen del cielo: de la tersa bóveda celeste uno, de las transfiguraciones de la tarde el otro. El azul platónico, en que cuentos y poemas darianos habitan como en una atmósfera eterna, se temporaliza acá, en la fiesta multicolor del ocaso. Recordando la historia de *Crepusculario,* describe Neruda los espectáculos vespertinos a que asistía desde su habitación de la calle Maruri: "En la calle Maruri núm. 513 terminé de escribir mi primer libro. Escribía dos, tres, cuatro y cinco poemas al día. En las tardes, al ponerse el sol, frente al balcón se desarrollaba un espectáculo diario, que yo no me perdía por nada del mundo. Era la puesta de sol con grandiosos hacinamientos de colores, con repartos de luz, abanicos inmensos de anaranjado y de escarlata. El

[18]"El tema del alma en Rubén Darío". Edics. Revista *Atenea,* s. f., p. 60.

capítulo central de mi libro se llama *Los crepúsculos de Maruri*. Nadie me ha preguntado nunca qué es eso de Maruri. Tal vez algunos sepan que es esa humilde calle visitada por los más extraordinarios crepúsculos".

He ido bajo Helios —comenzaba el poema *Inicial* de *Crepusculario*, conservando aún la huella del nombre primitivo pensado para el libro. *Mi vida bajo el sol; parado cielo y lejanía; cielos - arriba - cielos:* siempre están, como horizonte permanente en esta obra, las alturas del firmamento. Su experiencia es una experiencia regional. Esto significa que la percepción totalizadora de la realidad, en Neruda, hace del cielo un plano absoluto que absorbe en sí todas las diferencias que se presentan en el contorno cotidiano. Estos versos son reveladores:

Para que tejas tu seda celeste
la ciudad parece tranquila y agreste.

Ante la pura materia celeste, ante su intacta substancia, parece inverosímil la escisión del campo y la ciudad, de lo natural y de lo urbano: la ciudad es agreste. Es la égloga del cielo en plena ciudad. Para evitar el panorama rudo de los puentes pobres, de los barrios oscuros, no es necesario fugarse ni alejarse. Un simple levantamiento de la mirada basta. En las alturas todo se suaviza: allí comienza la paz.

De allí la relevancia que adquiere el sentido de la visión frente al mundo celeste, fenómeno al cual ya hemos hecho referencias parciales. Los ojos del poeta persiguen con avidez la ceremonia espléndida del sol en el poniente. Entre el cielo y los ojos se produce un metabolismo constante, que llega a representarse a veces, con rotundidad substancial, como altísima nutrición:

bebo el azul del cielo por mis ojos sin vicio
como un ternero mama la leche de las ubres.

La contemplación cumple así su operación máxima.

El estudiante para quien sus manos eran órganos cesantes, seres monacales, encauza toda su energía en el uso de sus ojos. Frente a este segundo elemento cobra un segundo y complementario sentido la insistencia del poeta en la figura de los ciegos. El ciego es el ser *sin día y sin crepúsculo*, el ser sin cielo. Es esto lo que hace tan compleja su intervención en la arquitectura imaginativa de *Crepusculario*. Poseedor de una manualidad irreal *(Elogio de las manos)*, el ciego funda tal vez su mayor virtualidad en su mismo destino. Justamente porque su figura se condensa en esa relación elemental, la de la mano y los ojos *(la mano que recibe, los ojos que no ven)* es que contiene no sé qué conato de mayor realidad que todos los demás personajes líricos del libro, incluido desde luego el poeta. Su situación abunda en indicios de potencialidad, llenos de un sentido fetal y primigenio: *En tu rincón semejas un niño que naciera..., bestia entre la noche ciega...* Pese a la hojarasca de lugares comunes en la poesía de la época, puede reconocerse en estos ciegos a los que Neruda admitió en un rincón de su primer libro a oscuros hermanos de esos obreros muertos de las *Maestranzas*. Los dos contienen, en su misma condición nocturna, es decir, postcrepuscular, una latencia de futuro que no se divisa en ningún otro grupo ni en ningún otro sujeto: el vigor que la oscuridad y la muerte siempre poseerán en la imaginación de Neruda. De una cosa no hay duda, en todo caso: los ciegos dejan de ser, ya en *Crepusculario*, lo que eran para toda la poesía chilena precedente: símbolos del hombre interior. Su ceguera no les da profundidad, sino remite más bien al sugestivo relieve que adquieren sus manos.

Experiencia regional —lo hemos dicho— por su vasta expansión, en cuanto recorre toda una esfera material y espiritual, la del cielo lo es también en Neruda por su intensidad. El poeta crea un espacio propio, una presión sobre un campo temporal que tendrá una decisiva proyección en su poesía posterior. La experiencia de lo vespertino en *Residencia en la tierra,* tan madura de intuición histórico-social, supone indudablemente esta costumbre adolescente, el rito estudiantil descrito en *Crepusculario.* Esa comunión en que los ojos del poeta, la tarde y sus colores son los oficiantes principales será una de las zonas de experiencia constitutiva de la poesía nerudiana. Hay aquí una relación circular, a la cual habremos de atender más tarde, en que la poesía genera y transforma la vivencia primitiva gracias a una particular dialéctica. Los crepúsculos juveniles, en virtud de ese definitivo poder de impresión que les ha conferido la poesía, quedarán como sedimentos interiores en el espíritu que los contemplara. En ellos —o mejor, en ese depósito de recuerdos— cavará el poeta incansablemente hasta descubrir nuevas verdades, vetas ocultas en esa geología íntima del cielo. Atrincherado en la maravilla luminosa de esas tardes, el poeta ha aprendido a discernir el más pequeño signo, toda cualidad fabulosa. Un aire, un olor de antaño, una quietud cualquiera, colores tan premonitorios como si representaran la epifanía solemne de la noche, moldearán después más densas temperaturas poéticas. De aquí nacerá una de las profundas poesías de las tardes americanas, donde ese tiempo fronterizo entre el día y la noche se hará medio de comprensión para aspectos fundamentales de nuestra historia continental.

El tema se presenta en *Crepusculario* en dos situaciones distintas. Hay lo que ya Angel Cruchaga había denominado la "tarde sin crepúsculo", esas tardes grises y nebulosas bien representadas en el poema que comienza:

Tengo miedo. La tarde es gris y la tristeza
del cielo se abre como una boca de muerto.

La congoja universal que invade al poeta, los acentos de pesadumbre y de angustia nacen precisamente de la ausencia de todo brillo crepuscular:

Se muere el universo de una calma agonía
sin la fiesta del Sol o el crepúsculo verde[19].

La tarde carece aquí de paisaje celeste, o sea, de objeto contemplativo que vivifique al sujeto. Este queda náufrago en medio de la avasalladora corriente del tiempo. Es de esta primera situación, por lo tanto, que emergerán con fuerza los cantos residenciarios a lo vespertino. El patetismo más vehemente, la más intensa desconsolación rodearán esas tardes que, expresando el letargo del mundo, se cargarán de una poderosa sensibilidad colonial.

Evidentemente, la situación más reiterada en *Crepusculario* será la otra, aquélla en que la eclosión cromática de la tarde teñirá de arreboles las nubes y la atmósfera. Dos poemas especialmente: *Dios — ¿de dónde sacaste para encender el cielo?* y *Aquí estoy con mi pobre cuerpo frente al crepúsculo,* configuran en toda su belleza aquel espectáculo. El despliegue pródigo de los colores coexiste en ellos con el frenesí del alma, que se impregna hasta identificarse íntegramente con los alimentos celestiales.

Hay detalles que merecen atención. Ya hemos visto cómo el poeta añoraba, en la primera composición de lo que podemos llamar tríptico crepuscular, la "fiesta del sol". Es lo que en el segundo poema se denomina la "maga fiesta". Estamos aquí ante una señal que comprueba que ningún elemento importante de poetización es ajeno o externo, en esta poesía, a los núcleos esenciales de experiencia que tratamos de poner de relieve. Esta fiesta solar es sólo traducción en lo alto de esa otra fiesta estudiantil, más terrena, que el poeta celebró en su canción primaveral de 1921. Su grupo aparece, de este modo, inscrito en la superficie de arriba, pues la efusión

---

[19]El poema, sin título en la primera edición de *Crepusculario*, se publicó en *Zig-Zag* (19 de mayo de 1923) con el nombre de *Hora de otoño.* Hay algunas variantes poco significativas.

de los colores reproduce sin más la forma armoniosa de participación del poeta en esa comunidad fugaz e inasible que es el estudiantado:

> *Aquí estoy con mi pobre cuerpo frente al crepúsculo*
> *que entinta de oros rojos el cielo de la tarde,*
> *mientras entre la niebla los árboles oscuros*
> *se libertan y salen a danzar por las calles.*

La misma vibración de libertad, idéntico ambiente de alegría y de danza surge con el advenimiento de la fiesta crepuscular. Todo el rostro social del poeta resulta aquí aprehendido en esta imagen, al parecer tan lejana, según la cual el paisaje urbano se liberta gracias a la bella influencia que se desprende de la tarde. Instante privilegiado de comunión, el del crepúsculo refleja las adherencias sociales incorporadas en la individualidad del poeta. Nada queda excluido de ese espejo omnisciente que es la propia poesía: aun los vestigios más leves, los menos comprometedores en las relaciones humanas se verifican en los lugares más insólitos de la imaginación.

Este mismo poema, cuya secuencia organizativa es bastante nítida, interesa también en otro respecto. Reconstituye justamente esa asimilación subjetiva del crepúsculo, ese metabolismo de que hemos hablado. Sus versos extremos son suficientemente claros y bastan para mostrar lo que proponemos:

> *Aquí estoy con* mi pobre cuerpo *frente al crepúsculo...*
> *La* inmensidad de mi alma *bajo la tarde inmensa.*

Se ve: el eje de todo el poema es la confrontación del sujeto y del cielo. Pero en el decurso del poema algo transcurre: nada menos que la conversión de ese pobre cuerpo en un alma inmensa, con lo cual se magnifica en grado máximo el poder sublimador del ocaso. Reactualiza el autor de *Crepusculario* una noción del Modernismo que ya poseía dimensión significativa en la obra de Darío. Hemos puesto de relieve en otro artículo el sentido del breve poema *Dice mía...*, de *Prosas profanas*. En él se expresa con toda patencia la metamorfosis del alma por obra y gracia de la música, de la "melodía en un rayo de luna". La eclosión del alma, vista en los términos poéticos de la crisálida-mariposa o del botón de la flor, siempre es, sin embargo, como en el poema de Neruda, un acontecimiento conectado con el cielo y con su poder luminoso. Luz lunar en Darío o tintes arrebolados en el libro de Neruda, siempre el alma, es decir, la interioridad plena y armoniosa, nace en nupcias platónicas con una Trascendencia de la cual el canto lírico parece custodiar el secreto. La intimidad propia, ese pozo sin fondo donde todo individuo se complace en caerse, es la idolatría más empecinada de la lírica, su resabio milenario.

La mutua porosidad entre el cielo y el alma alcanza en este poema una eficacia cumplida. El poeta ha logrado sentirse, experimentarse: totalizarse, en suma. Contra el flujo de los instantes indiscernibles, contra la inquietud de un presente que ignora a qué futuro lo conducirá, no hay mejor antídoto que esta autoaprehensión del alma, en que el individuo parece cristalizar en una plenitud casi inmortal.

El siquiatra suizo Ludwig Binswanger ha elaborado la categoría de *exaltación fijada*, que es, en este contexto, de gran utilidad para nosotros. En *Tres formas de existencia fallida* estudia Binswanger la exaltación fijada, la excentricidad y el manierismo como "amenazas de orden general atingentes al hombre, amenazas inmanentes". Insistiendo en esta precisión capital, señala más adelante: "Por lo cual, repitámoslo una vez más, la exaltación fijada, la excentricidad y el manierismo no son juzgados en el sentido médico-siquiátrico, como disminuciones patológicas, desviaciones morbosas o síntomas. Son, en cambio, considerados como formas de frustración, de logro fallido de la existencia humana"[20]

Esta observación autoriza para que, eliminándose toda concomitancia clínica en el uso de esta categoría, pueda emplearse con naturalidad en la iluminación de la aventura adolescente emprendida por Neruda. Damos aquí, en general, por supuestos los análisis parciales contenidos en nuestro anterior ensayo *Proyección de Crepusculario*, a los cuales la noción de exaltación fijada vendría a dar un fundamento más riguroso. Lo importante, desde luego, es comprender el uso lírico de esta categoría metodológica, es decir, la forma que adopta en la poesía nerudiana, en esa concreta experiencia del cielo que hemos venido describiendo.

De acuerdo a su clara etimología, la exaltación fijada

---

[20] En traducción italiana: *Tre forme di esistenza mancata*. Milano, Casa Editrice Il Saggiatore, 1964. La publicación original data de 1956.

Sobre Binswanger se impone aquí una breve advertencia metodológica. De hecho, pareciera ser que el empleo de nociones extraídas del análisis y del estudio siquiátricos fuese opuesto a la dirección crítica seguida por nosotros. A esto hay que agregar la circunstancia de que la base filosófica, muy consciente en el sistema de ideas de este autor, pertenece al más acusado idealismo. En efecto, la inspiración teórica de su pensamiento es, al comienzo, la fenomenología de Husserl, que orienta su primer gran libro, *Introducción a los problemas de la sicología general*, contemporáneo al intento análogo de Eugene Minkowski (1922); más tarde recibirá la influencia decisiva de *Ser y Tiempo* (V. *Sigmund Freud: reminiscences of a friendship,* en trad. al inglés: New York, Grune and Straton, 1957, en que, al hilo de sus relaciones con Freud, describe Binswanger el nacimiento de su propia obra).

Sin embargo, deben señalarse dos cosas: primero, la preocupación permanente del doctor suizo por los problemas del comportamiento artístico. Su libro sobre Ibsen es sólo una cima en este campo de reflexiones (*Henrik Ibsen und das Problem der Selbsrealisation in der Kunst*. Heidelberg, Verlag Lambert Schneider, 1949). Segundo: si bien es cierto que Binswanger deja de lado el condicionamiento social en los 'casos' por él estudiados, la más somera lectura de su gran tetralogía sobre la esquizofrenia basta para darse

se define como una polarización unilateral hacia lo alto. "La existencia humana, que no sólo se proyecta en una dimensión horizontal, en el sentido de la amplitud, sino que procede, sube hacia lo alto, está siempre amenazada por la posibilidad de perderse en este ascenso, de perderse en formas de exaltación fijada". En realidad, lo que está en la base de esta actitud infeliz es la pérdida de una "proporción antropológica", definida, según coordenadas espaciales, como la justa relación entre la amplitud y la elevación de la experiencia humana. "De hecho —prosigue Binswanger— la exaltación fijada implica que la existencia suba más alto, más de lo que consiente su amplitud, más de cuanto consienta su horizonte de experiencia y de comprensión; en otras palabras, que la relación entre la amplitud y la altura no sea ya propor-

---

cuenta de lo fecunda que resultaría una inflexión en este aspecto. *El caso Susan Urban* es sólo uno de los más espectaculares dado el origen judío de la enferma y el contexto histórico en que se produce su enfermedad; todo lo cual hace de este documento clínico una de las más estremecedoras tragedias contemporáneas. Pero también los casos del universitario Jürg Zünd y de la sudamericana Lola Voss son susceptibles de una explicación a partir de determinadas tensiones de clase o culturales. Ya Joseph Gabel (en su libro en definitiva poco profundo: *La fausse conscience* Paris, Editions de Minuit, 1962), intentó vincular los estudios de Binswanger con el análisis de las ideologías, partiendo de las páginas de Lukács sobre la reificación y la falsa conciencia. Tal alianza es mucho más que una superficial costura metodológica y era ya previsible en el interés de Binswanger por el primer Lukács. (No el de *Historia y conciencia de clase*, 1923, pero sí el autor de ese genial esbozo que es *La relación sujeto-objeto en la Estética,* cuya duradera proyección sobre el pensamiento lukacsiano puede comprobarse comparándolo con algunos desarrollos de su magna *Estética* de 1963. [*Die Subjekt-Objekt Beziehung in der Aesthetik,* Logos, 1917-1918, VII, pp. 1-30]). Anclan, pues, la obra escrita y la acción ejercida en el sanatorio de Kruzlingen, en ese gran tema de la locura contemporánea, a la que sucumben indistintamente egregias personalidades artísticas y masas conducidas por criminales mixtificaciones ideológica, como el nazismo.

cionada". Un ejemplo literario de esta situación es el protagonista del drama de Ibsen *El arquitecto Solness*, quien sucumbe a su decisión de construir un altísimo templo en honor de Dios. A este ejemplo, aducido por Binswanger, y estudiado con mayor detención en su libro ya mencionado sobre Ibsen, puede agregarse otro, harto típico, en la figura del intelectual Steiner, personaje importante de la difundida película de Fellini, *La dolce vita*. Este personaje —interpretado por Alain Cuny— que estudia sánscrito, que interpreta igualmente Bach o jazz en el viejo órgano de una iglesia, que puede discutir inteligentemente sobre la pintura de Morandi, se suicida y da muerte a sus hijos. Antes, en una velada en su casa, una excéntrica inglesa lo ha reconocido en su imposible voluntad extrahumana: "Sei primitivo come una aguglia gottica e non puoi sentire mai nessuna voce". Solness o Steiner son, así, víctimas de un pathos de perfección moral o espiritual regido por un impulso de elevación que no tiene en cuenta la necesaria base en que radica la terrenalidad humana. La llama, sin tierra y sin aire que la alimenten, sólo se consume en su propio ardor.

Apropiación de sí mismo y absolutización son los dos aspectos más resaltantes de este fenómeno antropológico. "La expansión en el sentido de la altura, la ascensión en el sentido vertical corresponde más bien a la exigencia de superar la fuerza de gravedad, de levantarse por encima de la opresión y del miedo a lo que es terreno, pero también a la exigencia de conquistar un punto de vista superior, como dice Ibsen, "una visión más alta de las cosas", una plataforma sobre cuya base el hombre esté en grado de plasmar, de dominar lo que ha experimentado, en una palabra: de apropiárselo".

Ingravidez y absolutización, como esquemas generales de la exaltación fijada, corresponden claramente a la experiencia de las alturas sensibilizada en *Crepusculario*. Es exactamente la operación que sobre **el poeta** ejerce la magia de los crepúsculos, según hemos visto en un poema especialmente. Esta prodigiosa espiritualización de su ser es algo que parece vincularse estrechamente con la etapa de la adolescencia y con una tendencia común al temperamento estético. Aludiendo explícitamente a su interioridad, escribe Neruda:

Todo, amigo, lo he hecho para ti. Todo esto
que sin mirar verás en la estancia desnuda:
todo esto que se eleva por los muros derechos
—como mi corazón— siempre buscando altura.

Esta tensión constante de elevación se refuerza mediante dioses tutelares. Tomás Lago ha descrito el retrato de Chatterton que colgaba en el cuarto de Neruda, tal vez el mismo cuarto desde el cual contemplaba los panoramas del cielo. Es la otra cara del mismo proceso. Ese precoz suicida adolescente, arquetipo romántico del poeta, no es otra cosa que la decisión poética absolutizada y consumada. Alma inmensa ante los crepúsculos, el poeta se sacrifica en efigie en esa escena de muerte de su antepasado literario. En el fondo, esa reproducción que pende como una divinidad desde el muro es idea del suicidio, una especie de suicidio ideal. Sartre, en su *Baudelaire,* ha mostrado cómo la obsesión del suicidio, a menudo cultivada por los poetas, protege y defiende la muerte. En cuanto muerte ficticia, sirve ella para la preservación de la existencia. También acá, sin duda. En ese Chatterton inmóvil el joven Neruda contempla su voluntad poética definitivamente cristalizada, fuera del tiempo: es éste el atalaya interior que en él ha construido la observación meditabunda de los crepúsculos. Lo vemos: muerte e inmortalidad aquí coinciden, como si tras el abigarramiento delirante de los colores en el firmamento, una lúgubre fotografía se impusiera. Es éste el filo peligroso en que se mueve el poeta en los días en que prepara *Crepusculario,* a la misma edad en que moría el otro adolescente legendario[21].

Es oportuno recordar en este momento un texto que siempre ha revestido para nosotros gran importancia. Se trata de esas líneas de *Claridad* que llevan por título *¡Miserables!* Aludiendo indirectamente a sus compañeros de generación y, en general, a las acechanzas de la existencia poética, escribía Neruda el mismo año de la aparición de su primer libro: "Todos, todos, los más altos, los mejores, habéis consentido en aniquilaros mutuamente, como quien cumple su tarea, como quien libra su destino... ¿Y yo? ¿Quién es éste que os reta, qué pureza y qué totalidad son las suyas? Pero, oídme, yo he de liberarme. ¿Lo comprendéis? El salto hacia la altura, el vuelo contra el cielo infinito, seré yo quien lo haga, y

---

[21] ¿Conocía Neruda el *Chatterton* de Vigny? No es improbable, dado su interés por el héroe de ese drama y su cercanía más que escolar a la literatura de expresión francesa. Si así fuera, restaría por averiguar lo que esa lectura repercutió en la naciente conciencia de clase del poeta chileno. Sartre ha escrito páginas luminosas sobre el efecto de *Chatterton* en el espíritu de Flaubert adolescente (: "La conscience de classe chez Flaubert", *Les Temps Modernes*, Mai, 1966; "Flaubert: du poète à l'artiste", Ibíd., Aôut, 1966). Como allí se señala, el tema de *Chatterton* es justamente el antagonismo del burgués y del poeta. En todo caso, faltan antecedentes para reflexionar sobre Neruda. Sin embargo, un cierto aristocratismo, un imaginario desclasamiento por arriba son fácilmente presumibles en la admiración del poeta chileno por la figura de Chatterton. El elitismo, la convicción en una vaga, confusa diferencia y jerarquía son excrecencias congénitas en el uso de razón poética. Lo constatamos: aunque en su pobre cuarto, aunque en una pensión vulgar, el poeta existe fuera del mundo. Está en el cielo que contemplo en el corazón de ese dios muerto que ha rechazado para siempre la sociedad.

Por lo demás, como es natural, la enfermedad de Chatterton, ese *chattertonismo* que se apoderó como una epidemia de los adolescentes contemporáneos al drama de Vigny (1835), posee todos los componentes de la exaltación fijada. Vigny, en esa especie de prefacio a su obra que es la *Ultima noche de trabajo,* describe así la singularidad de su héroe: "mais l'imagination emporte ses fa-

antes de vosotros". Aparte del trasfondo de enemistades juveniles que se divisa en estas frases, y que explica su tono de desafío, hay, sin duda, un sentido más profundo, que tiene que ver con la conciencia alerta del poeta acerca de su propio destino. Escribimos en *Proyección de Crepusculario:* "No se puede prescindir de este íntimo imperativo de salvación para comprender la primera lírica de nuestro poeta. Dos hechos atestiguan su importancia: desde un comienzo, a los 19 años, con vidente anticipación de lo que será su destino en el mundo, Neruda concibe su liberación como un ataque *contra el cielo*. Por otra parte —y esto ya es claro en este momento— su voluntad de existencia poética nace regida por una necesidad de supervivencia". Recalcamos una vez más la ambigüedad de la expresión usada aquí por Ne-

---

cultés vers le ciel aussi irrésistiblement que le ballon enlève la nacelle. (...). Fuite sublime vers des mondes inconnus, vous devenez l'habitude invincible de son âme! (...). On dirait qu'il assiste en étranger a ce qu'il se passe dans lui-même, tant cela est imprévu et céleste!". Connatural a la adolescencia poética, este *chattertonismo* es ya en sí un determinado modo de interiorizar la sociedad. Desde luego, la situación de los dos autores es diferente. El héroe de Vigny está en los comienzos de la sociedad capitalista; su ética, al mirar hacia atrás, elogia la nobleza y la aristocracia en oposición al materialismo burgués; su postulación social última es, como Sartre indica, un neofeudalismo. Para Neruda, por el contrario, que pertenece a una clase media en ascenso, cuyo ocio creador es un derecho adquirido de estudiante, Chatterton es menos un arquetipo utópico que un símbolo pesimista de sus propias contradicciones sociales. Su fracaso, su inseguridad ante el destino creador, su pobreza sobre todo (la ropa gastada, las monedas inalcanzables) devuelven al poeta hacia su situación inconfortable pero abierta. Noble para siempre desplazado por la burguesía en Vigny, retorna Chatterton en el siglo XX para ayudar, con su aureola, a la clase media. De ahí que en el caso de Neruda tenga su imagen una función completamente contradictoria: subraya la evasión de la adolescencia y de la poesía, fortalece la conciencia de su especificidad social. (Lo cual no es incompatible con ese aristocratismo de que hablamos al inicio de esta nota: el desclasamiento es un elemento constitutivo de la clase media, por paradojal que esto suene).

ruda. Su deseo de liberación consiste en un salto hacia la altura, en el vuelo contra el cielo infinito, de modo tal que fuga y combate, huida y oposición son dos facetas de un mismo acto. "La Poésie. Elle se met partout; elle me donne et m'ôté tout; elle me charme et détruit toute chose pour moi; elle m'a sauvé, elle m'a perdu!"[22]. La aventura celeste del poeta, en pos de una concepción absoluta de la vida, vacila todavía entre la escueta caída hacia arriba, la entrega inmediata e incondicional a la gracia de la ingravidez, o un trabajo más lento y paciente que tenga en cuenta el poder adverso de las cosas. La poesía sentida como Destino y como oficio artístico conviven en estas líneas. Pero, oscuramente, se presiente que las fuerzas de aniquilación están del lado del primero y que la posibilidad de liberación vendrá del segundo.

En consecuencia, es difícil exagerar la fecundidad dialéctica contenida en la exaltación adolescente que marca su poesía inicial. Extremando su alienación real: la de su edad, la de su grupo, la de su creación, esta temprana excursión en el cielo devuelve con bríos al poeta hacia una vívida experiencia de lo terrestre. Podría decirse que, al meditar ese falso cielo, descubre el poeta la verdad de la tierra. Convendría hablar, entonces, en términos más exactos, de una ilusión celeste, en cuanto el engaño seductor de los crepúsculos posee, para el poeta, un dinamismo de verdad. Pues será esta duda, esta desconfianza ante esa alta belleza, ante un panorama sin fisura estética, la que provocará los incentivos más poderosos para la renovación y transformación de su poesía. El doble registro en que se presenta el fenómeno, ontológico y artístico, se revela bien en dos textos sucesivos que Neruda publica en *Claridad* el año 1922. El primero es *Descripción sin importancia*: "En la noche, el humo de las chimeneas cotidianas regresa del cielo y

[22]*Chatterton*, act. I, esc. v.

pasea su pisada densa y grávida por las avenidas de la ciudad. Yo, Vasia, sin fijarme en él, miro la torre y trato de olvidarme. Porque detrás de la ciudad han desplegado una fantástica bambalina color cereza, y la luna —titiritera jubilada— quisiera danzar como antes de la creación. Vasia, la torre es alta y derecha y en su rotundo impulso vertical sólo la pueden acariciar algunas estrellas. Y mis ojos, Vasia, estrellas perdidas que ven —a través de las ventanas de la torre— tres cuadriláteros encantados de crepúsculo"[23]. El orgullo espiritual del poeta ha comenzado a replegarse: el cielo segrega la sucia materia de la ciudad, la torre íntima del poeta tiene algo de prisión. Los mismos motivos se reiteran en el otro texto, sólo algunos meses posteriores. En su primera parte escribe Neruda: "A veces me alcanza el deseo de hablar un poco, sin poema, con las frases mediocres en que existe esta realidad, del rincón de la calle, horizonte y cielo que avizora al atardecer, desde la alta ventana donde siempre estoy pensando. Deseo, sin ningún sentido universal, atadura primaria que es necesario estirar para sentirse vivo, junto a la más alta ventana, en el solitario atardecer. Decir, por ejemplo, que la calle polvorienta me parece un canal de tierras inmóviles, sin poder de reflejo, definitivamente taciturno. Los grandes roces invaden de humo el aire detenido, y la luna asomada de esa orilla gotea gruesas uvas de sangre. La primera luz se enciende en el prostíbulo de la esquina, cada tarde. Siempre sale a la vereda el maricón de la casa, un adolescente flaco y preocupado debajo de su guardapolvo de brin. El maricón ríe a cada rato, suelta agudos gritos, y siempre está haciendo algo, con el plumero o doblando unas ropas o limpiando con una escoba las basuras de la entrada. De tal modo que las putas salen a asomarse perezosamente a la puerta, asoman la cabeza, vuelven a entrar, mientras que el pobre maricón siempre está rien-

---

[23]*Claridad*, 22 de julio de 1922.

do o limpiando con un plumero o preocupado por los vidrios de la ventana. Esos vidrios deben estar negros de tierra"[24]. Se ve cómo el poeta ha anidado largamente, por meses y tal vez años, los mismos pensamientos corrosivos. La ambientación no ha cambiado. Los sublimados poemas crepusculares dan aquí cabida a las más envilecedoras situaciones de la existencia. El prostíbulo, el maricón, las putas: esta serie maldita nace en medio de una transparente atmósfera espiritual. La complacencia palpable puesta por el poeta en esas palabras es complacencia de transgresión, y no de transgresión a un determinado conjunto de valores, sino a la jerarquía de su propio mundo. Un humo ha barrido los hechizos del cielo: todos los objetos está ahora "negros de tierra". "Sin poema, con frases mediocres", despreciando ese "poco de música" que más adelante busca introducirse entre sus letras, el poeta quiere, por un momento, dejar su canto, hablar simplemente. Al lado de su poesía, esta prosa exacerbada de sucias materias —como anticipación práctica de lo que será más tarde la propugnación teórica de su manifiesto *Sobre una poesía sin pureza*— constituye un factor importantísimo en su desarrollo estético.

Así se incuba en el poeta el signo de su poesía futura, superando esa exaltación que fue, sin embargo, su fermento más activo. Por supuesto, lo que describimos en forma tan simple, mediante la confrontación de algunas páginas, ha sido seguramente algo mucho más complejo. En *Claridad* es posible encontrar textos que ya a mediados de 1921 hablan de un ensombrecimiento progresivo del yo debido al peso cada vez mayor de las circunstancias reales: "seguirán viviendo, como hasta ahora, junto a la tierra erizada de casas grises, bajo un cielo que siempre tiene los mismos colores (...). Nada puede el color libre y desnudo sobre nuestros ojos oscurecidos

[24] *Claridad*, diciembre de 1922.

por el humo y el polvo de las chimeneas y las calles (...). Nunca podremos, oh, Walter Pater, fundir en el sonido y el color el terroso dinamismo de una existencia que va pegada al suelo, sumisamente ausente de sus fiestas interiores"[25]. La equivalencia se completa ahora. Habíamos visto ya la fiesta estudiantil y la fiesta del cielo. Esta "fiesta interior" que el poeta menciona es sólo la denominación espiritual de esas otras dimensiones (social y natural) del mismo fenómeno. Esta triple armonía comienza su desgaste precozmente. Por otro lado, en nuestro trabajo anterior hemos señalado pasajes muy posteriores que hablan ya de la longitud de este proceso. De hecho, en *Crepusculario* el conflicto sólo se advierte de manera secundaria, recayendo su expresión en las innumerables prosas que Neruda escribe —y que aún permanecen dispersas— desde 1921 hasta 1924.

Hay una que enlaza directamente con el tema que comentamos y que presenta especial interés para conocer, desde otro ángulo, la formación de la conciencia social en Neruda: "Los brazos caen a los lados, como aspas cansadas. Son muchos, van juntos, las anchas espaldas, las miradas humildes, los trajes deshechos, todo es común, todo es carne de un solo cuerpo, todo es energía rota de un solo cuerpo miserable que parece llevar la tierra entera. ¿Por qué estos hombres que van juntos, tocándose las espaldas robustas, no llevan los vigorosos brazos en alto, no levantan hacia el sol la cabeza? ¿Por qué, si van juntos y tienen hambre, no hacen temblar los pavimentos de piedra de la ciudad, las gradas blancas de las iglesias, con el peso sombrío de sus pisadas hambrientas, hasta que la ciudad se quede inmóvil, escuchando el rumor enorme de las pisadas que treparían hasta cegar el fuego de las fábricas, hasta en-

[25]*Oración de los pobres hombres*, 27 de agosto de 1921.

cender el fuego de los incendios? ¿Por qué estos **hombres** no levantan los brazos siquiera?"[26].

Estas líneas permiten sorprender, en el estudiante de clase media que es el poeta, la primera visión real que tiene del proletariado urbano. Los crepúsculos ciudadanos, una vez rota la sublimidad estética gracias a la acción corrosiva de la infelicidad terrestre, desprenden ahora, sobre las calles y entre las casas, un exacto coeficiente de verdad. Es primeramente la masa, la cantidad concreta que forman los trabajadores. Frente a las aristas limitadas del individuo, esta muchedumbre se **impone**, desde ya, por su certeza física, por su grandeza multitudinaria. Lo segundo es la unidad, una unidad superior al átomo solitario que es el poeta, algo que se presenta oscuramente con los caracteres de una agrupación social. He aquí un grupo evidente, por primera vez perfectamente tangible. Es tan intensa esa impresión de colectividad que genera inmediatamente **lo que** Sartre ha denominado 'ilusión organicista'. El grupo es concebido como un superorganismo: *Todo es carne de un solo cuerpo*. Hay algo zolesco en esta visión y, a la vez, algo profundamente emparentado con esa mancomunidad de energías que en el *Canto General* será poetizada en forma afín al arte de los muralistas mexicanos. La abundancia de materia humana, de carne miserable pertenece a las arquitecturas imaginarias del novelista francés, en las que plasman igualmente materiales de la propaganda anarquista[27]. Pero la ausencia total de intersticios (: *van juntos, tocándose las espaldas*) forja ya una figura plástica preñada, en su misma deformación, de futuras posibilidades.

¿Pero hay diferencia esencial entre esta prosa y el poema *Maestranzas de noche*? Sí y no. Sí, en cuanto ella, como otras prosas que hemos visto, se opone a la

[26] *Ciudad: Claridad*, 13 de agosto de 1921.
[27] Cf. el artículo de Jean Grave sobre *Paris*, de Emile Zola. *Oeuvres completes*, ed. Le Blond, t. II, "Notes et commentaires".

propensión celeste de *Crepusculario* e incluso la destruye; sí también, en cuanto la visión del pueblo que aquí se esboza es la imagen antónima del poeta. El retrato físico y social del poeta se desprende espontáneamente si invertimos los términos de la prosa: "soy uno, voy aparte, estrechos los hombros, con los ojos orgullosos, el traje íntegro: nada es común". No, si se piensa que estos obreros que circulan por las calles son más reales que esas almas muertas de *Maestranzas de noche*. Unos y otros son igualmente lejanos e inasibles en la visión del poeta. ¿Se recuerda ese *temblor de pasos* que escuchaba con su oído acechante? Es el mismo rumor en expansión de las pisadas de los trabajadores. Y es tan externo este llamado a la rebelión, como es visible el temor de clase, primitivo e inconsciente, que aflora en medio de sus palabras. Por lo demás, si en *Maestranzas de noche* el máximo grado de realidad que poseían los obreros era su condición de muertos, acá, en *Ciudad*, se despotencia la negatividad de clase del proletariado mediante lo que podría denominarse una reducción escultórica. Se busca, en la marcha de esos hombres, el gesto plástico, la pose estatuaria, el ideal pequeño-burgués del caudillo o del prócer: "¿Por qué no llevan los vigorosos brazos levantados, no levantan hacia el sol la cabeza?". Es la misma dirección del cielo, ese lugar natural del poeta, que retorna ahora, postulado para la humilde multitud ciudadana. Eso era ya visible en el comienzo de la prosa: "¿Los brazos... como aspas?". ¿No es ésta, acaso, la misma confusión de Don Quijote, que veía en los molinos brazos de gigantes? No puede ser más claro este quijotismo adolescente, que ha pasado a constituirse en ideología de clase, anacrónica y espiritualmente bastarda. La magnificación subjetiva del proletariado ha cumplido siempre, para la pequeña burguesía, un papel de ilusión funcional, que ha tendido a entorpecer la organización consciente de la clase explotada. **Por este camino hallamos en el poeta la penetración de** las ideas anarquistas, que veremos pronto en su proyección sobre la acción estudiantil.

Sin embargo, esta orientación hacia las clases decisivas de la sociedad, por muy imperfecta en sus resultados prácticos (éticos o políticos) y aun poéticos, permite al estudiante una captación global, intuitivamente dialéctica, de las determinantes objetivas de su existencia. En una "Glosa de la ciudad" escribe, a propósito de la condición de empleado: "Y no creas que necesitas leer a Marx para esto. Te basta con que sepas que no eres libre, que quieres serlo, que romperás, por fuerza o amor, ¿qué importa?, los frenos que te sujetan y te envilecen"[28].

Junto a este tipo de postulaciones explícitas, hay una corriente reflexiva en que el poeta trata de aprehender vastos contenidos problemáticos en fórmulas escuetas, casi lapidarias. Esta es una veta de la obra de Neruda poco descubierta por la crítica. Con un pensamiento totalmente fidedigno a los repliegues de la realidad, persigue el movimiento de ésta, con absoluta prescindencia de impostaciones especulativas. Es ejemplar en este sentido un texto que analizaremos muy luego sobre el sexo. Por el momento, el poeta puede comprimir toda la amplia discusión sobre la libertad individual y la necesidad social por medio de simples categorías, que guardan para él un tono de mandamiento: "Contra la tragedia... Quiero... Debo... Querer deber"[29]. La contradicción produce una síntesis abierta, susceptible de realizaciones por parte del sujeto. Teniendo en cuenta esta declaración, llama aún más la atención que ese mismo año —1922—, en plena preparación de *Crepusculario,* el poeta que ha cruzado esa grande y seductora experiencia del cielo, constate desconsoladamente: "se renueva en mi alcoba la tragedia de todos los atardeceres"[30]. Ya no hay la maga

[28]*Empleado. Claridad,* 13 de agosto de 1921.
[29]*Contradicciones y categorías.* Ibíd., 22 de julio de 1922.
[30]*La rotonda de los símbolos.* Ibíd., 28 de octubre de 1922.

fiesta del cielo ni los festivales interiores a que se entregaba el poeta ante las luces esplendentes del firmamento: sólo queda la tragedia que él mismo condena en el plano del entendimiento. Trágico y antitrágico: tal es el desenlace de esta adolescencia, el absurdo en que se desvanece.

Infancia y adolescencia se superponen en esta individualidad que va configurando su imagen a través de la escritura. Aquélla dota a su vida de una perspectiva de pasado, que toma el aspecto de humanización prematura. *Mi infancia lejana* —dice a menudo este poeta de 18 años. Es, bien cierto, una ilusión retrospectiva, que no sólo insiste en el hecho de la desposesión, sino que pretende erigir una intimidad henchida de experiencia[31].

Todo *Crepusculario* se encuentra sembrado de estas huellas infantiles. No son reliquias dispersas, pues forman un tejido secreto que ilumina nostálgicamente el libro en su conjunto. En un poema escueto hasta ser un verso único, inscribe Neruda esta sentencia que puede pasar por una definición de su niñez:

Mi alma es un carroussel vacío en el crepúsculo.

Entre los dos polos de arquitecturación de *Crepusculario* —el alma y la tarde reaparece el juego vertiginoso de los días pasados, ya detenidos en su giro. Este recuerdo muestra el enlace de esos crepúsculos vespertinos con la niñez del poeta. En cuanto ceremonia del color, el ocaso actualiza la efusión de una edad deslumbrante. El cielo, en la tarde, es infancia cifrada. Todo ocurre como si los arreboles fueran el último testimonio de esos años, como si, en el seno de las nubes, flotara el

---

[31] Cf., en *Chatterton* la misma idea, expresada con énfasis romántico: "*Le Quaker:* Quel âge as-tu donc? Ton coeur est pur et jeune comme celui de Rachel, et ton esprit expérimenté et xieux comme le mien. *Chatterton:* J'aurai demain dix-huit ans. *Le Quaker:* Pauvre enfant! *Chatterton:* Pauvre? Oui. Enfant? Non. J'ai vécu mille ans!" (Act. I, esc. IV).

espejismo supremo de su infancia. Se comprueba así una vez más que la Trascendencia que el adolescente se crea no es distinta de la que habita en su interior. Aquí el espacio pierde sus rígidas coordenadas, haciéndose epifenómeno de la subjetividad: hacia arriba en el cielo, hacia adentro en el alma, hacia atrás en el tiempo, todas estas direcciones apuntan a un mismo hecho: la adoración del Yo desprendido de la realidad. Cuenta González Vera que a Neruda le gustaba, cuando niño, beber agua en copas de color. "Decía que así la encontraba más rica"[32]. Es otra forma, anecdótica, de una experiencia que hemos encontrado varias veces. Pan nutricio del alma, metabolismo del cielo y de los ojos, transparencia del agua a través del brillo de los cristales, el niño siempre se gusta, se paladea, alimentándose con su propia luz. El coleóptero fantástico de los bosques reaparece, en medio de esa escena doméstica, **más suave, menos vital**, preparando ya los lánguidos estados crepusculares. Naturaleza, industria, espiritualidad: todas las cosas se cromatizan, para devolver la imagen infinita de la niñez. Parafraseando a Heráclito: el mundo es **un prisma con el que juega un niño**. Tal es el estado que Neruda ha designado con el nombre de *embriaguez*. Recordemos la frase: "La naturaleza ahí me daba una especie de embriaguez". Recordemos también el verso de *Pampoesía:* "grave embriaguez con una copa de agua". Es la relación silenciosa con el Todo que es privilegio del niño. Ni siquiera relación: absoluta instalación en los dominios del ser. Luego, en la adolescencia, edad de la máxima relativización, ese estado será apenas la *ivresse* de un poema ya comentado. *Ebrio de un sueño alegre,* lo hemos visto, el infante se deforma en individuo, nada menos que el desintegrador del Todo en la indiferencia de los centros. Thomas Mann ha escrito. "Pero, ya lo ves, el mundo tiene más de un centro, y uno para cada ser, y

---

[32] J. S. González Vera: *Cuando era muchacho,* ed. cit., p. 226.

particular a cada uno de los seres. No estás sino a medio codo de mí, pero un círculo universal te rodea, cuyo punto central eres tú, no yo. Y el centro de mi universo soy yo"[33]. Separado de esa embriaguez en que, niño, participaba del Todo, el adolescente se degrada en centro. Percibirá, por lo tanto, sus límites. De ahí que en *Final*, esa primera totalización de su existencia poética, el joven confiese la *oscura ebriedad* que ha invadido su alma. Cortado el lazo pánico que lo unía con la naturaleza, el poeta se oscurece hasta la humillación. Es sólo una conciencia, con sus bellos dolores y sus pobres alegrías. Era ya posible sospecharlo: la tristeza y la alegría constituyen sentimientos gemelos, el modo húmedo y el gaseoso de una misma sensación. Así, pues, de esa *ivresse* que en él burbujeaba a esta ebriedad que es la herencia oscura de sus crepúsculos no hay ni siquiera un paso; sólo el lento agrietamiento de su condición estudiantil en aras de un trabajo poético cada vez más absorbente. Todo lo cual lo lleva a intuirse, casi de una manera extrema, como huérfano de substancia profunda, completamente disuelto en la superficie de las imágenes: "En nuestras conversaciones solitarias con nosotros mismos, descubrimos un nuevo lenguaje que nunca traducen nuestras palabras. En un subfondo sólo conocido de nosotros, descansa y se mueve el hecho simple que deformarán los oídos de los otros al recibirlo alterado de nuestra boca. En donde estamos, ¿en lo que decimos o en lo que escondemos? ¿Cuál es la verdadera máscara? ¿La de la conciencia que no puede expresarse o la del juicio ajeno? En esta danza de espejos, se corre el riesgo de embriagarse y de soltar la última amarra de la imagen, para que ésta nos reemplace definitivamente en el escenario"[34]. La embriaguez ha dejado de ser un éxtasis inobjetable. Ahora, más bien, es un riesgo que pende so-

[33]*José y sus hermanos*. Santiago, Edit. Ercilla, 1962, p. 441.
[34]*Danzas de espejos*. *Claridad*, 22 de julio de 1922.

bre el individuo. Esto determina que todos los vínculos intersubjetivos sean vividos en su alcance global, en la dependencia en que se hallan de la totalidad de los seres a que afectan. "La amistad viene a ser un robo que se hace a los mejores en beneficio de los buenos, de los medianos o de los malos. Sólo que el que no roba es aquí el que recibe, y no es la víctima el que da, sino la multitud, los hombres solos, y el horizonte que camina al futuro. Porque en el círculo ideal no existe una confirmación de la conservación de la energía. Más bien existiría una de aminoración, de pérdida o de degradación. Otra vez el individuo como tumba de sus propios retoños, impotentes de abrirse como pudieran. La amistad los hace abrirse dentro de la tumba más próxima como descanso, pero sería un descenso para las llamas que no estuvieran altas. Absurdo del descenso en la amistad. ¿Y para qué hablar de la comedieta de interés? Es miserable, engañadora y ubicua"[35]. Es un penetrante análisis de la amistad, inspirado quizás en ideas nietzscheanas. Lo mismo que el yo deja de embriagarse en su clima hermético. La amistad recusa convertirse en un círculo excluyente. Aunque la totalidad de los otros se presenta todavía atomizada *(la multitud, los hombres solos),* en flagrante contradicción con esa muchedumbre que aparecía en *Ciudad,* se estatuye en todo caso como el único criterio justo de establecer relaciones humanas. Más aún: esa misma atomización de los otros se ve limada y reducida ante esa inquietante flecha de dirección histórica que el poeta clava en su prosa: "Y el horizonte que camina al futuro".

Sensación de olor nos permite apreciar otros aspectos en esta poetización de la infancia. Una fragancia de lilas —que también hemos hallado en *Oración*— concentra un clima de reminiscencias homogéneo, en que los atardeceres con su cielo de seda, el tocar de las campa-

[35] *La amistad.* Ibíd., 22 de julio de 1922.

nas, la impresión de unas dulces pupilas de niña avivan el recuerdo de la infancia. Todo llega a lo lejos, en la distancia, luego de las largas errancias del poeta. Fácilmente puede advertirse la conexión entre este poema y un pasaje perteneciente a *Infancia y poesía:* "Mi madre me llevaba de la mano para que la acompañara a la iglesia. La iglesia del Corazón de María tenía unas lilas plantadas en el patio y para la novena todo estaba impregnado de ese aroma profundo. (...) Pero sí recuerdo que todo aquel confuso amor o cosa parecida fue fulgurante, doloroso, lleno de conmociones y tormentos e impregnado por todos los resquicios de un penetrante aroma de lilas conventuales". De este modo, parece evidente que la impresión duradera de esas tardes está en el origen del poema de *Crepusculario* (y no sólo de él, sino de una amplia constelación expresiva de *Residencia en la tierra*). Los momentos, datables con plausible aproximación, serían entonces: 1916, fecha de la vivencia, que Neruda sitúa a sus "doce años"; 1923, fecha del poema, y 1954, año de la reminiscencia autobiográfica. Pero esta seriación es sobremanera engañosa; corresponde a lo que Sartre llamaría una apariencia reflexiva. En efecto, esa vivencia *original* es una hipótesis retroactiva de 1954, por la sencilla razón de que antes del poema de 1923 y de las elaboraciones que han de seguir, no hay nada, no hay experiencia en sentido estricto: sólo una fuga irreversible de instantes. El poema crea el recuerdo, pues el recuerdo, como siempre, se constituye desde el futuro y la mención ulterior de *Infancia y poesía* no hace sino convertir en acontecimiento vivido lo que primitivamente fue una invención del lenguaje y del sentimiento. La cronología desmixtificada es, en consecuencia: 1923, 1954, 1916. El procedimiento es simple y es una característica de la experiencia lírica. Por la virtud del lenguaje, la nebulosa de un estado emocional cristaliza en el cuerpo móvil del poema. Pero éste, nada más que lenguaje extravertido, se resiste a objetivarse, se adhiere a quien lo forjó, se le incorpora. En una palabra, se interioriza. Antiproducto, el poema pasa a producir a su agente, se convierte en el factor más influyente de subjetivación. En cuanto trabajo sobre sí mismo del poeta, el poema provoca en él una dimensión de profundidad, plenificando su conciencia, llenándolo de íntimos y secretos contenidos para que pueda palpar su existencia y fraguar esas intensas ilusiones cronológicas. Por eso es todavía *penetrante*, en 1954, el aroma de esas flores; por eso es también *profundo*. Es un perfume artificial, embalsamado en los pomos del lenguaje. No data de los doce años: es un elixir tardío de la adolescencia.

Unas líneas de 1922 patentizan singularmente lo dicho: "me detengo, los ojos cerrados, enervado en un aroma de lejanía, que yo mismo he ido conservando, en mi lucha pequeña contra la vida. Sólo he vivido ayer. El ahora tiene esa desnudez en espera de lo que desea, *sello provisorio que se nos va envejeciendo sin amor*. Ayer es un árbol de largas ramazones, y a su sombra estoy tendido, recordando"[36]. Sin ninguna influencia filosófica determinada, el adolescente reconstruye las insolubles aporías del tiempo que han preocupado tanto al pensamiento antiguo como a la meditación fenomenológica contemporánea. Esta consistencia especial del *ayer*, frente a la indiscernible volatilización del *ahora*, es correlativa de la necesidad del *mañana*. El texto concluye así: "Pero el agua que logro recoger queda aprisionada en los ocultos estanques de mi corazón en que mañana habrán de sumergirse mis viejas manos solitarias". *Mis viejas manos solitarias*: son éstas las mismas manos que participaban de la blancura adolescente. Perfectamente desprendidas de toda materia, incomunicadas para siempre, estos órganos envejecen tactando las aguas interiores

---

[36]*La lucha por el recuerdo. Claridad*, diciembre de 1922. En: oc, t. II, pp. 1013-4.

del poeta. Lo que antes se depositaba en sus cabellos, esa substancia del tiempo transcurrido, desciende ahora, extendiéndose a estos objetos fantasmales. Cerrados los ojos, con unas manos así, el poeta ha devenido un ser puramente interior, un nadie social. Ya hemos visto las distintas formas que adopta esta inmersión en sí mismo del poeta. Tántalo del ayer, éste se transforma para el adolescente en un instante infinitamente postergado. En su alma rige la insuperable procrastinación. Y la infancia —gran Ayer— se va disolviendo hasta dejar un vacío que la poesía debe esforzarse en disimular. Para palparla, para atraparla, debe recurrir a un nuevo expediente: reconocerla a través de su familia.

La familia es, para él, infancia social. En la figura de sus mayores, percibe el poeta que algo de su niñez ha quedado retenido. En un gesto del padre, en una mirada de la hermana, puede todavía, imaginariamente, sentirse niño. En vez de inclinarse directamente sobre sus propias aguas, será mejor entonces recorrer este camino suplementario. El poeta dirige, desde el centro de su juventud, una plegaria a su padre, desembocando el poema en el remanso de su niñez:

Escucharé en la noche tus palabras,
...niño, mi niño...
        Y en la noche inmensa
seguiré con mis llagas y tus llagas.

Especie de nocturno, cercano a su famoso congénere de *Desolación*, *El padre* expresa el tránsito angustioso del poeta. Ante el futuro desconocido que se avecina —"esa noche inmensa"— el poeta regresa de la edad metafísica de la adolescencia a la edad teológica de la niñez (Sartre). En ese retorno, por esto, hay un sabor trinitario, pizca de efecto que sazona y trata de hacer más patético su poema. Además, no es raro que *El padre* siga a *Farewell,* justamente esa canción de adiós en que se recusa la paternidad. Entre esos dos poemas habita el ser inasible del poeta, entre el padre que se resiste a ser y el niño que ya no es. No es otra cosa lo que se designa con la expresión abstracta de adolescencia, ese conjunto de carencias y precariedades en la vida. En otro poema, el que se inicia: *Hoy, que es el cumpleaños de mi hermana*, se trata del mismo conflicto. El cumpleaños, la fiesta familiar por excelencia, reconstituye la infancia, la repite en cada año que pasa. Pero precisamente ella pasa, no queda. Cada repetición la borra aún más. Estamos ante la misma dialéctica, en el seno de la familia, que antes observábamos en el ritmo personal del poeta: todo nuevo cumpleaños es también postergación, alejamiento tantálico del ayer.

Ni en *El*, su padre, ni en ese *tú* que es su hermana, reencuentra Neruda la paz infantil de su yo. El movimiento cambia, entonces. En los colores del cielo, en aquella sensación de olor tal vez, en la presencia de sus familiares, el joven sorprende la desaparición de su infancia. Despojamiento, desposesión: tal es el resultado del trance crepuscular. Desde el centro de su juventud, en el cumpleaños de su hermana, en cada tarde, una nueva extinción ocurre: es el otoño, la caducidad puesta en el comienzo de las cosas. No cabe duda: las manos albas y la cabeza triste son ahora ondas de un mismo curso incontenible. Blancura que se entristece, tristeza que va dejando de ser blanca, esos colores son sombras. Son, en el fondo, variedades del gris. "La blancura es un compuesto de todos los colores", escribe Newton en su *Optica;* y Goethe complementa: "El color en sí es algo afín a la sombra". En esto reside la desorientación de la mirada del poeta. Inepto de manos, salvo para sostener su melodía personal, sus ojos comienzan a despoblarse de reflejos, de las maravillosas profundidades que percibía en las cosas. Lo que antes era transparencia se convierte en opacidad implacable. Es el mismo fenómeno que ya hemos encontrado en otros planos. Reconocido en su ser pequeño-burgués por las máquinas de la maestranza, brutalmente separado en su unicidad del ancho cuerpo del proletariado, luego del ennegrecimiento del cielo a que hemos asistido, este poeta ni siquiera puede replegarse hacia atrás, a sus antiguos colores. No parece haber recurso posible para restaurar la Trascendencia. Todos los resquicios parecen cubiertos: queda, a pesar de todo, una magna oquedad.

Es la madre ausente. Emir Rodríguez ha señalado con acierto la presión que esa imagen tiene en *Crepusculario*. Es un tema que se despliega en los rincones de esta poesía, subterráneo y discreto, como temeroso de sus proyecciones. La mujer aparece entrevista en una perspectiva de disolución, con una penumbra de *huesos y de cal (Amor)*, perspectiva que sobrepasa, sin duda, los puros incentivos macabros brindados por la tradición literaria. Esta sensibilidad para lo póstumo permite, en un momento, una poderosa dilatación de la infancia:

Son otras voces las que llevo,
es de otros labios mi cantar,
¡hasta mi gruta de recuerdo
tiene una extraña claridad!

Frutos de tierras extranjeras
olas azules de otro mar,
amores de otros hombres, pena
que no me atrevo a recordar...

¡Y el viento, el viento que me peina
como una mano maternal!

Es la primera vez que encontramos en Neruda una adivinación de las fuentes extrañas de su canto. La infancia se ha abierto hacia abajo, por obra de ese vacío incomparable que está en la raíz de su existencia. La palabra *otro*, tan insistentemente pronunciada aquí, posee una fuerte ambivalencia, Conserva algo todavía de su primitivo sabor platónico, en cuanto remite a una Trascendencia que flota más allá de nuestro mundo. Es análogo, en este caso, al sentido que mantiene en la poesía mistraliana. Pero también se refiere a una distinta alteridad, una alteridad inmanente, la más activa y fecunda de su poesía: el substrato ancho y perdurable que está en las raíces de su voz. La infancia sale, de este modo, de las márgenes familiares, dilatándose hasta un pasado realmente memorable. Es el verdadero tiempo, un verdadero Ayer, cuyo recuerdo ha dejado de ser atmósfera ultramundana para convertirse en un viento suave y grandioso a la vez. Estamos, pues, ante la fundación de un extraordinario cogito poético, que ya sospecha su correlato colectivo. En *El hondero entusiasta* y en los *Veinte poemas* el descubrimiento comenzará a profundizarse, insistiendo en el fundamento ancestral del canto:

Río de viejas vidas, mi voz salta y se pierde.
Rosario de la angustia, yo no soy quien lo reza.

Lentamente, con esfuerzo, el poeta detecta en esa infancia suya abierta hacia la tierra y hacia las sombras toda una prehistoria de violencia y sufrimiento, que gravita en su poesía con una sobrecarga multitudinaria:

Escuchas otras voces en mi voz dolorida.
Llanto de viejas bocas, sangre de viejas súplicas.

Otras voces en mi voz: era necesaria esta atadura biográfica de la infancia, un cordón umbilical establecido en la muerte, para que se produjera esa congruencia entrañada del yo con los otros. Este nuevo plano de conciencia, que aquí asoma, nos sitúa en el umbral de los grandes libros nerudianos: *Tentativa del hombre infinito* y *Residencia en la tierra*.

En mayo de 1923 *Claridad* anunciaba la pronta aparición de *Crepusculario*, ya en prensa, e invitaba a enviar a la administración de la revista la cantidad de 3,50 pesos, costo de cada ejemplar. En julio sale a luz el libro, casi como regalo a sus 19 años de vida. Se publican las primeras críticas. En septiembre *Claridad* informa que el poemario se vende en librería a 4,50 pesos, añadiendo esta propaganda: "Pablo Neruda con este libro se pone a la cabeza de una generación literaria que encierra promesas fecundas para nuestro medio intelectual atrasado y rutinario". Estamos en el extremo de un proceso de objetivación que sólo desenvuelve y substancializa las relaciones objetivas preexistentes a la labor poética. En apariencia, el esquema genético material de una colección de poemas es éste: operaciones interiores (emoción, meditaciones, imágenes), escritura y, finalmente, el libro como tal, como producto de consumo. En realidad, todo lo que hace del libro una mercancía pública: impresión, publicación, la venta misma, es algo ya detectable en los planos más inmediatos de la actividad literaria. Esa edición semirrústica, lujo exquisito para el estudiante pobre que es el poeta, necesita para realizarse la acción de máquinas, un conjunto de movimientos tipográficos, etc. Esos ejemplares impresos son un lujo pobre y un producto de trabajo a la vez; vitales y superfluos, exteriorizan en su cuerpo gráfico esa misma alteridad social que algunos poemas recogen como tema interior. Para editarse, *Crepusculario* tiene que dar vida real a esos obreros muertos de *Maestranzas de noche*. El volumen, publicado y convertido en obra, experimenta una nueva materialización al ingresar a lo que Hegel denomina el reino animal del espíritu. Después de los tipógrafos, otro grupo surge: los funcionarios —críticos o especialistas— a quienes la sociedad ha encargado de atender a ese producto en distribución que es una obra literaria. Todo lo cual confirma y devuelve la consistencia social a esos poemas, al par que crea un renovado proceso de subjetivación. Porque "en la obra la conciencia no alaba solamente la obra misma, sino alaba al mismo tiempo su propia generosidad y discreción, consistentes en no haber dañado la obra como obra, y en no haberla dañado por la propia reprobación. En cuanto muestra interés en la obra, goza en eso de sí misma; igualmente, la obra que es reprobada resulta bienvenida a causa del goce de la propia operación que le es procurada gracias a ella"[37]. Centro de actividades críticas y profesionales, la obra se materializa una vez más, pues ella es el punto de encuentro de conciencias procedentes de los más diversos planos sociales. De ahí que adquiera, aun para el mismo poeta, una cierta resistencia objetiva, que lo obliga a actuar frente a ella como un agente que la impulsa en el mercado. Tengo ante mi vista un ejemplar de *Crepusculario*, firmado por su autor, que lleva la siguiente dedicatoria: "Pablo Neruda saluda al escritor L. D. Cruz Ocampo. Santiago, Casilla 3323". Esta frase es una apelación. Mediante ella se solicita que una opinión de lector se convierta en juicio público. Y, sea el desdén o el reconocimiento el resultado final de esa confrontación, este recurso al otro es confirmación práctica de la insuficiencia individual. Puede un poeta utilizar las técnicas del orgullo, como en el caso de Baudelaire incomprendido: tal soberbia no hace sino reafirmar la primacía del otro, como ha explicado Sartre. *Es soberbia para...*

Dos críticos de profesión se ocuparon de *Crepusculario*, Alone y Ricardo Latcham. Nada en sus artículos merece recordarse. Fernando García Oldini, ensayista, más tarde Ministro del Trabajo durante el segundo período de Alessandri, publica en *Claridad* dos crónicas[38]. En la primera capta con sensibilidad una nota del libro: "Si se pudiera traducir su más recóndita y virtual singularidad debería decirse que todo Pablo Neruda se resume en un panteístico impulso amatorio". En la segunda crónica la actitud cambia radicalmente, como si algo hubie-

[37] Hegel: *Phénoménologie de l'esprit*, trad. de J. Hyppolite, t. I, p. 341.
[38] 6 y 20 de octubre de 1923.

ra sucedido entre ensayista y poeta. Escribe: "Nos inspiran un temor epiléptico los niños prodigios". Y concluye, luego de criticar con acierto *Pelleas y Melisanda:* "Bien que los líricos adolescentes sean abundosos de canciones; pero a condición de que sepan ser —paralelamente— heroicos". Tres poetas, en fin, oficFian ocasionalmente de críticos. En *Zig-Zag*, Salvador Reyes, comenta *Crepusculario* al lado de *Fervor de Buenos Aires*, de Borges. Lo que dice me parece condicionado por la crítica adversa que, antes, en la revista *Claridad*, hiciera Neruda a su libro *Barco ebrio*[39]. La conclusión es tajante, pese a las aceptaciones parciales que la han precedido: "En general, la obra da la impresión de contener más literatura que sentimiento". Sin duda, se justifica el mordaz saetazo contra *Egloga absurda*, desechada de la edición definitiva de 1926; no así esa influencia de Gabriela Mistral que cree observar Reyes y que sólo puede detectarse en muy escasos detalles.

Los dos comentarios más valiosos sobre *Crepusculario* pertenecen a Romeo Murga y a Pedro Prado, poeta coetáneo uno, poeta consagrado el otro. Murga selecciona con entusiasmo lo que le es más afín en el libro del amigo, manifestando su predilección por *Farewell:* "Todo aquí es armonioso, milagrosamente emocionado, melancólico como el amor. (...) Sobre este poema, creo yo, más que sobre ningún otro, temblarán suspiros y caerán, en silencio, lágrimas de corazones". Preferencia que no sólo caracteriza a su propia sensibilidad, sino que refleja igualmente con exactitud las estimaciones poéticas prevalecientes en los autores juveniles que se unían en torno a *Claridad*. Sucesor del *Miserere*, de Gómez Rojas, precursor de los *Poemas de amor*, *Farewell* es, por excelencia, el poema estudiantil, la canción de adiós que se recita como presentación en las fiestas adolescentes. Finaliza Romeo Murga: "Estamos en presencia de un poeta pleno.

[39] *Claridad*, 13 de octubre de 1923.

Sensibilidad afinada y sutil, imaginación abundante, sentido de la armonía verbal, concepción desolada y generosa de la vida, todo eso está en su espíritu"[40]. La página de Pedro Prado es, fundamentalmente, una profecía. "Arbol de crecer alto, lento y firme" lo llama con incomparable penetración, al mismo tiempo que esboza una semblanza perdurable: "Alto, flaco callado, venido de la lejana provincia de Cautín, publica entre nosotros su primera obra *Crepusculario*. Hay quienes piden de Neruda la expresión última, surgiendo de la hondura mayor; quienes, carne siempre en hastío, buscan y no encuentran en su obra formas novedosas; muchos que niegan que exista personalidad allí donde no hay un vuelco en redondo; pese a todos ellos puedo asegurar que no existe poeta alguno en esta tierra que a sus años se haya encimado a altura semejante. Es una gran alegría constatar que una nueva voz se alza en este último rincón del mundo"[41].

Quizás estos testimonios representen un pequeño muestrario de nuestra crítica nacional en ese tiempo: críticos profesionales que no perciben nada, un ensayista que conceptualiza con relativo acierto, un amigo que trata de comprender los materiales del alma con que se forjó esa poesía y un ojo inteligente que descubre al nuevo poeta.

Volumen impreso por obreros, criticada por profesores o periodistas, la obra renueva, en su misma materialización, el conjunto de interacciones sociales de que los poemas dejan constancia. Aun la venta, el azar de las librerías, es un elemento no accidental de esta poesía transformada en libro. En una carta sin fecha Neruda escribe a Alone: "Querido amigo: Aquí le mando un retrato, porque en el *Zig-Zag* me lo pidieron con insistencia; deseo que salga: la venta no anda muy bien"[42]. Desa-

[40]*Claridad*, 13 de octubre de 1923.
[41]*Zig-Zag*, 20 de octubre de 1923.
[42]Alone: *Los cuatro grandes de la literatura chilena*. Zig-Zag,

tender la circulación del propio libro, hacer como si no importara, es sólo otra forma de afectarse —menos leal— por el destino de la obra. Así, refiéranse estas líneas a *Crepusculario* o a los *Veinte poemas,* es evidente que la preocupación comporta una abolición del solipsismo, por lo menos en sus términos clásicos. ¡El propio retrato se ha convertido en medio de venta! Como se ve, todo, incluida la misma individualidad poética, pasa a ser parte de esta objetivación social de esa obra aparentemente solitaria. Lo que antes era conciencia poética, meditación de la situación personal, ahora es verificación práctica que estatuye una soledad de signo contradictorio: se refuerza en la medida que la sociedad pretende anularla, se anula en la medida que el poeta acciona y manipula esa materialidad circundante.

Impreso, publicado, criticado, vendido, *Crepusculario* comienza esa normal odisea en que consiste la lectura. Otras manos lo tomarán, otros ojos lo recorrerán. En mayor o menor grado, la objetivación se deshace, resurge una vez más el círculo activo que encadena intimidad y publicidad. Este producto de consumo social reengendra su ser interior: vuelve la ceremonia de crepúsculos, otra vez la infancia segrega su nostalgia. Una comunidad de desconocidos nace en torno a la substancia inagotable de la obra que todos reabsorben. Cambiante y única, transformada y sin cesar preservada, esa obra no es sólo "autoexpresión de la individualidad" en el sentido de Hegel, sino también, como él mismo explica, universalización de la conciencia particular[43].

Sin embargo, esta universalización es todavía una meta lejana. Muchas veces se ha referido Neruda a los obstáculos que conspiran contra la difusión de las obras

---

1962, p. 226. Existen dificultades de datación para estas cartas. La que lleva fecha 5 de marzo de 1922 es casi seguro que corresponde al año 1923. El error sería de Neruda, por supuesto.

[43]*Phénoménologie de l'esprit,* trad. cit., t. I, pp. 330-331.

poéticas en nuestros países. Estas circunstancias se intensifican cuando se trata de un autor todavía desconocido. En el momento de *Crepusculario*, Neruda no quiebra aún su reducido círculo de lectores y de críticos. Nacido por suscripción, son sus propios gestores quienes ahora lo reciben. Juan Gandulfo, Juan Francisco González (hijo), Barack han colaborado con dibujos e ilustraciones. Amistades artísticas de Neruda en esa época, son también agentes de distribución del libro, sus admiradores y propagandistas. Antes y después de la edición, esta poesía sigue teniendo la misma resonancia: su comunicación no se ha ensanchado, quedando circunscrita al ambiente de los poetas y a los grupos más inquietos del estudiantado. Esto significa que su popularidad comienza siendo elitista. Por eso los *Veinte poemas* tendrán mucho **en su origen de esta popularidad artificial**, aunque su irradiación capte muy pronto nuevos sectores sociales. En todo caso, se está lejos todavía del impacto internacional que significarán las *Residencias* y de la proyección continental de su *canto* americano.

Crepusculario aparece inmediatamente después de *Los gemidos,* de *Desolación,* y de *Job*, tres libros fundamentales en el desarrollo de la poesía chilena (los dos primeros fueron comentados por Neruda en la revista *Claridad*). Frente a ellos, su peso es débil y sería redundante insistir en sus limitaciones. La crítica más justa parece ser la misma autocrítica posterior del poeta. "Libro ingenuo y sin valor literario" lo ha calificado. A pesar de todo, la obra supo condensar un clima poético dominante en toda una generación juvenil, ese grupo de 'decapitados' nuestros que escribe alrededor del año 20. El libro se crea y se publica entre la muerte de José Domingo Gómez Rojas y la de Romeo Murga, entre 1920 y 1924. Junto a ellos, Joaquín Cifuentes Sepúlveda y Alberto Rojas Jiménez, amigos ya en ese tiempo de Neruda, signan toda la época de *Crepusculario* con un fondo de desgracia y de muerte. Además —y ya lo hemos visto— el libro tiene gran importancia para el desenvolvimiento subjetivo-social del poeta. Allí está él, en esos poemas, con sus 19 años cumplidos, entre esa *mano callosa* de *Sinfonía de la trilla* y esas máquinas que lo contemplan en la noche, ebrio de libertad estudiantil, reconociéndose en la exaltación de los crepúsculos, adivinando débil y confusamente las fuerzas más anchas que pugnan en la sociedad. "Mi alma es una raya derecha e infinita, sin comienzo y sin fin" escribe en la hoja de un álbum en 1923: tal es la geometría íntima de su adolescencia, su absoluta abstracción. Y éste es su epitafio: "Nada sabría decir de mí ni de nadie"[44].

Cuatro aspectos convergentes caracterizan la fase histórica que vive Chile alrededor del año 20. El ascenso de la clase media al poder político, la organización en avance del proletariado, el movimiento estudiantil universitario y la extensión de las ideas anarquistas son los hechos complementarios en que se expresa una renovación de fondo de nuestra estructura social. Los dos primeros son los decisivos; los otros son más bien consecuencia o efectos secundarios del proceso central.

El triunfo de la clase media es un proceso cuya primera consolidación ocurre desde la guerra civil de 1891 hasta las elecciones presidenciales de 1920. Desde la muerte de Balmaceda hasta la investidura de Alessandri se da una gradual pero segura instalación en las esferas directivas del país de elementos que no pertenecen a la aristocracia terrateniente ni a la oligarquía financiera o industrial, por un lado, ni tampoco, por otro, a las masas trabajadoras del campo y de la ciudad. El nacimiento de este nuevo conjunto, que forjará una fisonomía definitiva de la nación, es algo complejo, todavía no aclarado por nuestra historiografía. Ricardo Donoso, el autor que más se ha ocupado de este período, sólo

[44]*Album 'Terusa'*, inédito. En: H. Loyola, cit., p. 58.

describe su epidermis, los ecos que de ese surgimiento se perciben en la vida del Congreso. Las elecciones parlamentarias de 1912, de 1915 y de 1918 son síntomas que muestran, desde luego, que la clase media se crea al calor del creciente parlamentarismo, pero que llevan a olvidar las estructuraciones básicas en favor de una limitada superestructura política. El parlamentarismo, al igual que las reformas laicas de fines de siglo, la incorporación de las provincias a la vida económica y el desarrollo de la educación media y superior, son hechos que colaboran, como causas y efectos a la vez, al establecimiento de una formación social que es necesario más bien explicar en su génesis de clase, para volver luego a comprender la subordinación múltiple de esas interacciones. Tal tarea escapa a nuestro propósito y está, por supuesto, fuera de nuestras posibilidades. Nos contentaremos, entonces, con observar el fenómeno desde un ángulo deliberadamente restringido, individualizándolo en la figura de un hombre público.

Sin duda, lo primario y básico son las relaciones sociales de producción. Hacia 1900, Chile es una república con una guerra ganada ante Perú y Bolivia —la de 1879— y otra guerra perdida ante sí mismo —la de 1891. Esta derrota y esa victoria no son extrañas; son, de hecho, estallidos comunes del salitre. El vencedor de nuestros vecinos fue, a la postre, el imperialismo inglés; éste venció a través de nosotros, como venció a Chile, unos años después, a través de los mismos chilenos. En suma: 1879 y 1891 son las batallas de una inmensa derrota económica para el país. Allá, en esas pampas nortinas de que se apropia la City londinense, comienza la más intensa actividad capitalista, lo mismo que —como efecto de rebote, según ya hemos visto— se intentará la tecnologización de la agricultura en el sur del país[45]. En esa

---

[45]No hay que exagerar este punto, sin embargo. Los comentarios positivos que hemos hecho o transcrito en páginas anteriores deben

brusca concentración de las energías de trabajo, dos clases se encuentran que, sin embargo, no deben convivir, no pueden existir juntas, pese a su irremediable interdependencia. Por eso, para la realización de las actividades, una argamasa se requiere, un material de relleno, que conserve y relativice las distancias entre propietarios y trabajadores, que los una y los separe al mismo tiempo. Porque esto es la clase media en realidad: un subproducto de las relaciones capitalistas de trabajo, una atmósfera artificial formada por la respiración de dos clases antagónicas. "Un engendro del odio": he aquí un hecho social de gran magnitud que refuta inapelablemente la frase demagógica de Alessandri, el adalid chileno de esa misma clase. El fenómeno es sobremanera visible no sólo en las faenas del salitre, sino en las grandes empresas del cobre que, en lapsos fulminantes, se van adueñando de la economía del país: El Teniente, 1906; Chuquicamata, 1913; Potrerillos, 1920. El propietario es extranjero y vive separado de los campamentos y del mismo país. La clase media, entonces, se genera como mercancía de circulación, aprendiendo a ser bilingüe en su habla y en su alma. Entre las máquinas y el dinero, entre el sudor y el ocio, entre la mina y el *american camp*, esas larvas comienzan a levantar un mundo oscuro, el de la Oficina General, el de la Oficina de Pagos, el de la Sección de *Wellfare*, un mundo lleno de papeles y de tinta, de proveedores y de pequeños comerciantes, de inspectores, capataces y enganchadores. Esta clase media, servil y oficiosa, tiene un origen real, nace en medio de una temperatura de trabajo, sucia por la actividad minera o por la empresa del pionero: es

---

combinarse con otro hecho: la gran resistencia de los agricultores del Sur para introducir mejoras y adelantos en sus cultivos. Lo ha señalado ya Alejandro Venegas —el Dr. Valdés Cange— en su libro *Sinceridad* (1911). Prácticamente desaprovechan como fertilizantes el salitre y el **huano peruano**.

una excrecencia de las relaciones fundamentales de producción[46].

Un segundo sector de la clase media tiene un nacimiento más ambiguo, menos elemental. La ampliación del territorio activo, el crecimiento demográfico y la implantación de nuevos inventos técnicos obligan a poner en marcha servicios como los de Correos y Telégrafos, de Ferrocarriles del Estado y de las empresas de electricidad. En el centro de la ciudad o en su periferia, algunos seres comienzan a ganarse la vida. Ningún proceso o ninguna transformación los ha convertido en funcionarios públicos. Hijos, casi siempre, de otros funcionarios, con estudios de liceo a menudo inconclusos, estos individuos se establecen en la clase media por decreto instantáneo: la institución de un cargo. Creado desde arriba, por un *fiat* divino, ese sujeto es ya empleado de Telégrafos en el momento que realiza el aprendizaje del Código Morse. El terreno substancial de donde pro-

---

[46]Algunos representantes de esta clase, con nombres y apellidos: "Existe en el mineral un empleado astuto y opaco, cuya vida y obra para muchos es un misterio y para otros una realidad viscosa como la escama de un reptil... Se llama Oscar Hidalgo y gana, según un documento que tenemos a la vista, 240 dólares, o sea, 2.060,70 pesos chilenos. Este sueldo parece imposible de alcanzar para la mayoría del personal chileno y hay centenares que por lograrlo harían toda clase de sacrificios. Está empleado en la Sección Costos de la Oficina General y de ahí ha sido sacado varias veces, con motivos diversos, a otras secciones, como la Construcción, etc. (p. 31).

"Mister Cruzat Lavín, figura cómica, si no tuviera ribetes trágicos, nos parecía un títere manejado mercenariamente por manos extranjeras. Oblicuo, leguleyo, ignorante, a pesar de su obstinado deseo de servir, es la personificación de lo craso. De oscuro empleado de un bufete de abogado de Antofagasta pasó a asesor jurídico de los caballeros de Israel" (p. 48).

"Y estos parásitos son, generalmente, los mejores rentados y los que gozan de mayores franquicias en el campamento. Maturana, por ejemplo, se ha constituido en monopolizador de *todos los pequeños negocios* y también de los grandes, desde un hotel, donde hay mucha clandestinidad y contrabando, hasta la recolección de

cedía esta clase ha desaparecido. Ese funcionario es un ininteligible: gana su vida golpeteando un tablero y descifrando emisiones. Raya, punto, raya, punto: eso es su vida, eso será su vida hasta el día de su jubilación, en que un decreto lo excluirá para siempre consagrando una larga destrucción desde arriba. ¿Pero qué sentido tiene su empleo? ¿Dónde engrana esa ficción? Perdido ya el enlace que vivifica desde dentro y desde mucho antes su actividad, este empleado pasa a ser una correa de transmisión entre perfectos desconocidos. Ni siquiera puede aspirar a la dignidad de una excrecencia, pues ésta, por lo menos, mantiene contacto con el organismo miserable.

Pero aun dentro de la administración pública hay grados en la constitución de la clase. Se crea, por ejemplo, un nuevo Ministerio, concretamente el Ministerio de Industrias y Obras Públicas, servido más tarde por Alessandri. En el extremo de ese organismo, muy lejos

---

botellas vacías y el expendio de las menudencias del matadero..." (p. 50).

Estas semblanzas de aquellos prohombres de la clase media que proliferaba en los minerales de cobre han sido tomadas de *Chuquicamata, estado yankee* (Nascimento, 1926), de Ricardo Latcham, libro riquísimo en materiales sociológicos. Claro es que uno no puede olvidar que este mismo autor que, en 1926, ataca al 'yankófilo presidente Alessandri', aceptará más tarde, en 1958, ser representante diplomático de otro Alessandri, no menos yankófilo sin duda. Es cierto que en 1965 Ricardo Latcham viajó a Cuba: pero allí murió.

Otro retrato social ahora de un miembro de la clase media conectado con la producción salitrera: "Era este Viera Gallo un abogado de origen humilde, hijo de un ebanista serenense. Pero él se había encumbrado socialmente y en este conflicto llevaba la voz cantante por parte de las compañías salitreras, en las conversaciones de arreglo que se celebraban entre éstas, las autoridades y los trabajadores", todo lo cual desembocó en la masacre de 2.000 obreros en la Escuela de Santa María de Iquique, el 21 de diciembre de 1907. (Elías Lafertte: *Vida de un comunista*, p. 50. Santiago, Talleres Gráficos Lautaro, 1957).

de Santiago y en el interior de las provincias, hay puentes, carreteras, dársenas, vías férreas, obras de embalse en que labora una multitud de trabajadores: tal es el sentido del Ministerio, su dirección teleológica. Pero, por efecto retroactivo de esa necesidad oficialmente reconocida, nace, en una calle céntrica de la capital, una colmena de pisos, pasillos, ventanillas, oficinas y escritorios que recibe propuestas, timbra y firma decretos, redacta oficios, cursa expedientes. Decretos crean decretos: así se propaga esta nueva clase, autogenerándose, por un fenómeno social de partenogénesis.

Evidentemente, un diagrama vertical impera que sitúa en distintos planos, en varios niveles de posición social a los miembros de esta clase que es, en sí, un conjunto abstracto, una unidad ideal. Entre la enfermera que recoge las bacinicas en el hospital y ese siervo almidonado del capital financiero que es el empleado bancario, existen diferencias de actitud, de comportamientos y sobre todo de estupidez; pero existe también una semejanza profunda: ambos son larvas, amos gloriosos de las deyecciones y de la patología social. Hay, sin embargo, una fórmula alquímica para la reproducción de la clase y para su virtual jerarquización: la Universidad. Alma mater de todo un conglomerado social, ella es, por excelencia, la institución donde se produce una ingente simbiosis de clases y en que, a la inversa, la lucha de clases se convierte en edad humana, en apéndice prescindible de la biografía. Fabricadora de clase media, la Universidad *mediatiza* las diferencias de clase. Abogados, ingenieros, arquitectos, médicos flotan durante el tiempo de sus carreras en una especie de vacío social, para ser reconocidos más tarde como agentes útiles de la sociedad. Las excrecencias han desaparecido de la piel de este joven abogado, nieto de un viejo tenedor de libros de una compañía carbonífera; no hay tampoco creación *ex nihilo* ni milagrosa partenogénesis: todo es aquí empresa artificial. Artificio, arte, técnica, es decir, cultura. Justamente es esto la Universidad: una organización cultural para incubar clase media, para crear una clase sin fuerza de trabajo, sin tierra, sin capital. En suma, una clase sintética. Una vez más lo comprobamos: aunque nazcan ahora en asépticos laboratorios, en aseadas retortas, estos homúnculos seguirán soportando su destino de larvas. Larvas de la producción, larvas de los servicios, larvas ahora del conocimiento, deben sufrir con paciencia un proceso de iniciación que consiste en pruebas, controles, exámenes, prácticas, memorias, hasta la obtención de un título. Desaparecidos los emblemas nobiliarios, sustituidos por las siglas y logotipos del capital, surgen ahora estos títulos universitarios, inscritos en placas de estudios y bufetes. Caballeros de nuevas órdenes democráticas, estos profesionales hacen juramento, se agrupan en colegios, respetan un código de corrección, se saludan con cortesía. Allí va el médico, en su auto, con la sonrisa en la cara, consciente de que toda la ciudad es un cliente potencial. Se lo busca, se lo llama, se le paga: es una larva amable y voraz.

Además —lo hemos señalado al pasar— es posible que, durante su permanencia en la Universidad, el estudiante tome posiciones políticas. Pero indefectiblemente esa acción universitaria estará teñida con una determinada coloración de clase, precisamente de la clase con la cual la Universidad se identifica en substancia. Toda política estudiantil universitaria, hasta la fecha, ha poseído y posee un irremediable aspecto de clase media. Aun en sus intentos por enlazar con las reivindicaciones del proletariado, esa acción estudiantil, en *cuanto tal*, no representa sino los intereses de la clase a que pertenecen los universitarios. Otras fuerzas podrán darle contenido y vertebración. Pues, en sí mismo, el movimiento estudiantil se afirma sobre un terreno falso, a saber, que el acercamiento o la coincidencia con los fines políticos de los trabajadores representa, en el momento ascendente de la clase media, una necesidad de ésta para acentuar un ser de clase que ella no puede forjar sino derivadamente, a expensas de otra clase. Los gritos vibrantes que lanza el universitario junto al obrero lo apartan de éste. A través de ellos, el estudiante sólo escucha su propio canto. Pertenecientes a formaciones sociales esenciales intermedias, que sólo participan secundaria o lateralmente en el engranaje de la producción, los universitarios dependen de una verdadera clase para su existencia colectiva, para su ideología y para su acción política.

Hemos perdido de vista al autor de *Crepusculario*. Y es natural. En la marea creciente de la clase media, escritores y poetas son puntos exiguos y dispersos que desaparecen en ella, cuando no son instrumentalizados por sus líderes. A comienzos de siglo todavía algunos escritores conservan una extracción de clase relativamente diferenciada, a la manera de las grandes familias conservadoras y liberales que monopolizaron la pluma en el siglo XIX. Magallanes Moure y Pedro Prado, ahora, pertenecen a la burguesía, mientras Pezoa Véliz se desenvuelve en los estratos ínfimos de la pequeña burguesía. Pero ya desde 1900 adelante, se aceleran las tendencias de homogenización. En todas partes contemplamos la misma fisonomía social: Baldomero Lillo es empleado en las minas de Lota, Daniel de la Vega periodista, Eduardo Barrios burócrata, Angel Cruchaga funcionario y, junto a ellos, la milicia fugitiva de los profesores: profesor Mariano Latorre, que huye hacia el campo y hacia las letras; profesora Gabriela Mistral, que huye de Chile y de la enseñanza; profesor Romeo Murga, que se muere, y profesor potencialmente Pablo Neruda, que abandona muy pronto la Universidad de Chile para viajar a Chiloé.

Son éstos los años en que gobierna a Chile Arturo Alessandri[47].

Nacido en Longaví, en el interior de la provincia de Linares, en 1868, este nieto de un titiritero enriquecido transformará la historia de Chile en una grotesca comedia. A las tres grandes tragedias románticas del siglo pasado: las de Carrera, de Portales y de Balmaceda, sucederán, en el presente, un prosaísmo mediocre, la farsa de los discursos, de las componendas y de la corrupción infinita. Todo ello se encarna en este representante de la clase media chilena, que realiza sus estudios secundarios en el Colegio de los Padres Franceses. El bilingüismo comienza, como se ve. Luego actúa la incubadora, que prepara un abogado apto para manipular con sabiduría los resortes de la justicia y la delincuencia. La Tesis de Grado con que se tituló versó sobre el proble-

[47]Para trazar su imagen, nos basamos ante todo en Ricardo Donoso: *Alessandri, agitador y demoledor. Cincuenta años de historia política de Chile*. (2 ts., México, FCE, 1954). Utilizamos, además, los escritos del mismo Alessandri.

Precisar la extracción de clase del político chileno presenta algunos problemas, porque se ubica en un lugar económico-social, donde las determinaciones se hacen oscilantes. "De extracción burguesa" lo ha calificado Hernán Ramírez N. (*Historia del movimiento obrero en Chile*. Santiago, Austral, 1956, p. 200). Y es indudable que tres generaciones —abuelo, padre y hermanos— han acumulado, a través de actividades comerciales especialmente, un capital disponible. Donoso, sin embargo, afirma: "Al morir, Don Pedro Alessandri dejó a su familia en mediana situación económica, situación que la incorporaba de lleno en la clase media. Desde el punto de vista social su posición era insignificante, al margen de la vieja sociedad santiaguina" (cit., p. 31). En todo caso, perteneciente a la burguesía o a la clase media superior, Alessandri representará a esta última clase, tanto en su acción política como en su sicología. Con esta adscripción se muestran también acordes la carrera de Alessandri, sus estudios y los puestos públicos que ocupa, y, sobre todo, la composición de su familia, que cuenta en su seno un ingeniero y un dentista. Además de otras obras, realizó el primero "como contratista unas secciones de la dársena de Talcahuano" (cit., p. 31), con lo cual sus negocios tal vez enla-

má de las habitaciones obreras[48]. El tema es curioso y la práctica está a la vista: esa Memoria es la primera instrumentalización del proletariado que hace el futuro caudillo de Tarapacá. So pretexto de preocuparse de sus condiciones de vida, Alessandri mediatiza a los obreros, los convierte en medio para sellar su pertenencia de grupo, el de los profesionales liberales. Ya en este momento Alessandri *proletariza* para confirmar su ser de clase: se titula por medio de los obreros.

Bilingüe como colegial, preocupado de un tema obrero al egresar de la Universidad, Alessandri fue también empleado de la administración pública. Contemplemos su ubicación: es empleado de la Biblioteca del Congreso. En confidencias hechas a Armando Donoso, recuerda Alessandri que solicitó ese puesto guiado por intereses

---

zan o se acercan a la actividad del padre de Neruda. El dentista —Gilberto—, autor de un atraco a mano armada, fue nombrado más tarde, siendo su hermano Presidente de la República, dentista... del Cuerpo de Carabineros! Como se ve, por todos lados se relaciona Alessandri con las actividades edificantes del país! De lo que no hay duda es, desde luego, que carece de todo asidero imaginar a Alessandri como aristócrata. "Aristócrata por familia y por educación clerical, el liberal coalicionista de los días de Errázuriz Echaurren se había apartado de la masonería y hasta de su lechoso Partido Liberal, en cuyo seno contaba con adhesiones sustantivas (...). Pero la vieja aristocracia lo resistía. Afectaba ignorar que era Palma Guzmán por su línea materna, de la rancia estirpe de los Pérez de Guzmán y los Trastamara de Castilla, y sólo subrayaba el nombre italiano de Alessandri, cuyo abolengo no era paladinamente reconocido ni menos de ilustre raigambre castellana". (Carlos Vicuña: *El año veinte*. Revista *Babel*, 28, julio-agosto de 1945, p. 8). Resulta claro: aunque se trate de un hombre de valer como Carlos Vicuña, siempre que asoma el tema de la aristocracia se deja de hablar de cosas útiles!

[48]V. *Anales de la Universidad de Chile*, 1892. Quien lea sin irritarse esa exigua Memoria, creerá estar soñando una pesadilla. ¡No hay en ella una sola idea que merezca ser retenida! Todo es verborrea, jerga de tinterillo. Cuesta creer que esta Tesis haya podido ser aprobada y, además, recomendada para su publicación en la revista oficial de la Universidad.

culturales. ¿Pero era realmente la Biblioteca lo que le interesaba o más bien el Congreso? El sitio de su empleo es, en todo caso, dudoso, como será segura su estupenda ignorancia. Tal vez mientras redacta su Memoria de abogado ya huele, ya se regusta por anticipado del ambiente del Congreso. Escribe una línea sobre la situación miserable en que viven los obreros y estrecha en seguida la mano de los explotadores hereditarios del pueblo. No lee, no puede haber leído nada, porque en ninguna parte hay constancia de que una lectura importante haya fructificado en él. Observa, atiende, escucha, imita los movimientos de la fauna: su aprendizaje es un diligente mimetismo.

Diputado por Curicó primeramente, es nombrado muy pronto Ministro de Industrias y Obras Públicas. El servilismo desembozado ha rendido sus frutos. Profitando a la sombra del Presidente Errázuriz Echaurren —cuyo período representa el vuelco hacia la derecha de toda la política chilena, el restañamiento grotesco de la fractura colectiva abierta en 1891— por el método de las camarillas, gracias a la inestabilidad de los gabinetes y de las combinaciones parlamentarias, el estudioso de las viviendas obreras ha dado muestras de una gran cultura palaciega. De este desempeño de corta duración, escribe R. Donoso: "Alessandri, que había iniciado sus tareas alejando del servicio público al subsecretario Luis Izquierdo, se consagró con interés a sus tareas y promovió la iniciación de una serie de trabajos públicos, entre ellos el ferrocarril de Pitrufquén a Loncoche y de este punto a Antilhue, que unió a Valdivia con Santiago; el ferrocarril de Temuco a Carahue; el de Pueblo Hundido a Pueblo de Oro y el de La Serena a Vallenar. Entre otros trabajos públicos que encaró merecen mencionarse la terminación de las obras hidráulicas de la laguna de Peñuelas, que dotó de agua potable a Valparaíso, la iniciación de los trabajos de construcción del edificio del Ministerio a su cargo y otros de menor importancia"[49].

A pesar de la breve duración de sus funciones —desde diciembre de 1898 hasta junio de 1899— Alessandri desplegó su disposición a la venalidad. Abogado de la firma constructora Wedeles y Compañía, modifica favorablemente, como Ministro, la propuesta adjudicada a esa firma para realizar el tramo de ferrocarril de Pitrufquén a Loncoche[50]. Imposible mejor ubicación en el Gabinete: con un hermano contratista, siendo él mismo representante legal de compañías constructoras, el Ministerio de Industrias y Obras Públicas parece cortado a su medida. ¡Tal es la profunda relación que existe entre un alto cargo nacional y un miembro enaltecido de la clase media: aquél sólo legaliza las actividades privadas de éste! Fijar límites entre las rentas privadas y el rendimiento del puesto público sería profanar este misterio solemne, el dogma de la transubstanciación; sería actuar como un no iniciado. En cambio, los iniciados repiten día a día la ceremonia secreta que hace privado lo público, económico lo político. A veces, sin embargo, algo sale a luz. Por ejemplo, Alessandri, Ministro de Hacienda en 1913, estafa al Banco de Chile en 1920. La palabra *estafa* por supuesto es bárbara, no iniciada. En fin, cuando el escándalo de la Compañía de Salitres de Chile, que compró lisa y llanamente a representantes del Congreso alessandrista por la cantidad de 50.000 libras esterlinas, uno comprende las diferencias que existen entre una dictadura célebre del Caribe y una democracia como la nuestra. H. M. Erzensberger ha escrito, refiriéndose al monopolio del poder económico por Trujillo: "Trust

[49] R. Donoso, cit., p. 55.
[50] La denuncia la hace en el Congreso el diputado radical Ascanio Bascuñán, en sesión del 22 de enero de 1904. Gran parte del alegato, en ésa y en otra sesión, aparece reproducida en R. Donoso, cit. pp. 68 ss.

y nación pasan a ser idénticos. Su director es el jefe por antonomasia"[51]. Pero esto ocurre en una dictadura, no en una democracia. En una democracia, como la chilena, los parlamentarios sólo reciben en pago, como modesta clase media, el soborno de los capitales extranjeros: 50.000 libras esterlinas. Es el sueldo por sus servicios. ¿Para qué más? Lo demás es dictadura[52].

Bilingüe en los Padres Franceses, con una tesis mixta de leyes burguesas y de cuestión obrera, situado ambiguamente en la Biblioteca del Congreso, híbrido político (por las fuerzas que apoyaron su candidatura presidencial: liberales, radicales, demócratas), este tribuno de la clase media acuña también frases bilingües en su sentido, socialmente mixtas, híbridas y ambiguas como su comportamiento entero. *Chusma querida, canalla dorada,* ¿no son acaso expresiones donde se retrata todo su oscilante ser de clase? En ambos casos, el adjetivo refuta al sustantivo, pero de distinta manera. En el primero, el pueblo es objetivamente *chusma;* su valor es subjetivo, consiste en ser *querido* por un solo sujeto, a saber, Alessandri. En cambio, el Senado, las clases tradicionales tienen una apariencia *canalla,* pero su realidad es áurea: su cualidad preciosa es objetiva. Este es el secreto de Alessandri, la fórmula que condensa toda su persona. Situado objetivamente entre la chusma y la alta canalla, su ser individual se resume en el oro de ésta y su propio querer. Voluntad de oro: tal es el núcleo social que esconden esas consignas bajo su ropaje demagógico. En el momento en que las pronuncia, Alessandri define la tendencia social de su clase: arribismo, sed de plutocracia.

[51]*Política y delito.* Barcelona, Seix-Barral, 1968, pp. 66-67.
[52]R. Donoso, cit., pp. 266 ss. y 339 ss. Lo dicho no suprime, por supuesto, las manos sucias permanentes de la aristocracia nacional, que menudeó sus intrigas contra su hijo espiritual. Pero de la aristocracia, clase social por definición inútil, es inútil también hablar. Ya lo habíamos dicho más arriba.

En 1915 aparece una temprana biografía del caudillo: *Arturo Alessandri. Su actuación en la vida*. Autor: Claudio de Alas, seudónimo de un bohemio colombiano, que se suicidó más tarde en Buenos Aires, en 1918. Costo de la biografía: 5.000 pesos, que el autor recibió después de 7 días que se le mantuvo encerrado para que pudiera escribirla. Durante la campaña de Tarapacá, Alessandri contará con la pluma vibrante de Víctor Domingo Silva, que ponía en él más de una sincera esperanza progresista. En la lucha presidencial de 1920 será su panegirista oficial Rafael Maluenda. En 1925 se publicará en Santiago un libro de nombre repugnante: *El alma de Alessandri*, colección de escritos del mandatario prologada por Armando Donoso. Estas mismas páginas, ampliadas, constituirán más tarde las *Conversaciones con Arturo Alessandri* (1934). En 1943 será recibido como miembro académico de la Facultad de Derecho de la Universidad de Chile, siendo Decano un hijo suyo, impuesto allí por presión gubernamental. El Rector, Juvenal Hernández, encargado en esa ocasión del discurso de recepción, cae, como era de esperar, en la más abyecta adulación. Finalmente, y como consagración de esta vida ejemplar, Luis Durand ofrenda su laurel criollista: *Don Arturo*. Así, sin más. El *don* deja de ser aquí apelativo de clase y se convierte en signo hagiográfico. Don Arturo huele a santo: la canonización ha terminado[53]. Reenumeremos las operaciones culturales de este miembro de la clase media con sus congéneres letrados: de un poeta ha hecho un mercenario, de un escritor un propagandista, de un novelista un cagatinta, de un crítico estimable un hombre huérfano de toda crítica, de un rector un exquisito lamesuelas, del autor de *Frontera* un benedictino se-

[53] La santificación llega a su clímax cuando Alessandri espeta la palabra mierda. Para el criollista, que es Durand, el chilenismo, en boca de Alessandri, no sólo posee un arte consagratorio, sino significa también la consagración de su propio arte, el de sus relatos llenos de huasos pobres y mal hablados.

nil. Ya lo dijimos: la clase media mediatiza todo, también el talento y la cultura. En Balmaceda era posible advertir su finura de espíritu, su comprensión de los valores culturales; en Alessandri, en plena Moneda, asoma el Mecenas estridente y grosero. Venal él mismo, no comprende sino la venalidad.

En los mismos años en que se desarrolla la actividad de Alessandri, Luis Emilio Recabarren realiza la suya. Muy otra, desde luego, e imposible de resumir en estas páginas. Veremos principalmente los puntos en que estas dos trayectorias se rozan, para apreciar sus parábolas vitales divergentes. Nacido en 1876, en Valparaíso, de padres que eran modestos comerciantes, estudia en la Escuela Santo Tomás de Aquino. Nada de resabios católicos, sin embargo: el trabajo concreto, el combate social, la actividad organizativa los borran tranquilamente. Tampoco la odiosa utilización *ad hoc* de Dios. Más tarde, en 1903, Recabarren trabajará en la imprenta de los Padres Salesianos. Allá, de un lado, las misas diarias, los rezos y las bendiciones; acá, en su taller, perfectamente concentrado en su labor, un obrero que gasta sus ojos y se mancha las manos. Las esferas están rigurosamente separadas: no hay mezcla posible. Tipógrafo desde los 14 años, Recabarren compone e imprime libros en la misma fecha en que Alessandri es empleado en la Biblioteca del Congreso. Los ojos de éste recorren el cuerpo dócil de un volumen, ese objeto de consumo, digno y privilegiado que es un libro; las manos del otro lo han levantado letra a letra, penosa y rudamente, en series que hacen al producto un desconocido aun para el mismo trabajador que lo engendró. El acto de uno es completamente individual: el rito de los ojos es consagración de su soledad. La obra del otro es, por el contrario, universal, no sólo por su destinación, en cuanto el libro, el diario, son, *en principio*, para todos, sino también por el lugar que ocupa su trabajo en la estructura social. Las prensas le hablan de otros obreros, las palabras que compone lo remiten a quien las escribió y a quienes las leerán. Su lento aprendizaje es aprendizaje de integridad. Demócrata en 1897, socialista en 1912, comunista afiliado a la Tercera Internacional en 1922, su existencia es un camino recto y progresivo. Se lo despoja en 1906 de su triunfo parlamentario por razones de "alta moralidad social": Alessandri vota favorablemente ese despojo. Recabarren no va al Parlamento, debe ir a la cárcel por agitador. En 1910 Alessandri pronuncia un discurso en conmemoración del Centenario de la Independencia en Buenos Aires; el mismo año Recabarren está preso en la cárcel de Los Andes. En los mismos días en que el representante parlamentario asiste a un banquete con ocasión de esos mismos festejos binacionales, el obrero desprovisto de su investidura escribe y lee en Rengo una de sus conferencias más penetrantes sobre el desarrollo histórico de Chile. Mientras uno se deleita con palabras[54], el otro desenvuelve ideas que son el fruto de su estudio y el resultado de su acción. *Ricos y pobres* es un balance impresionante del subdesarrollo chileno, de la progresiva miseria generada por el enriquecimiento de minorías privilegiadas. Por primera vez se traza un panorama histórico con prescindencia consciente de los individuos señeros; el análisis de clases es ahora el determinante y es el pueblo y su movimiento colectivo los que cobran importancia verdadera. Por primera vez también los héroes de la Independencia quedan reducidos a lo que son, exponentes de las fracciones aristocráticas en pugna durante el proceso de la emancipación: "¿Quiénes dieron el grito de emancipación política en 1810? ¿Dónde estuvieron y quiénes fueron los personajes del pueblo trabajador que cooperaron en aquella jornada? La historia escrita no nos dice nada y los historiadores sólo buscaron

[54]Emilio Rodríguez Mendoza: *El golpe de estado de 1924.* Santiago, Edics. Ercilla, 1938.

los héroes, los personajes, entre las familias de posición, entre la gente bien. En los monumentos que complementan la historia tampoco vemos al pueblo. O'Higgins, los Carrera, San Martín, Manuel Rodríguez, etc., todos esos eran gentes de la llamada alta sociedad de aquella época"[55]. En su concentrada síntesis, este ensayo de Recabarren se une, sin ningún desmedro, a los importantes estudios críticos sobre la realidad chilena que surgen por esos años: *Sinceridad*, de Alejandro Venegas, y *Nuestra inferioridad económica*, de Francisco A. Encina. Mientras Alessandri escribe acerca de las huelgas y, ya lo hemos dicho, acerca de las habitaciones obreras, Recabarren organiza efectivamente huelgas y toda clase de actos de protesta, a la vez que se preocupa de combatir los abusos en materia de vivienda, impulsando la lucha contra los lanzamientos. Cada huelga, cada acción anti-lanzamiento suponen un conjunto multiplicado de medidas, de movimientos, de operaciones. En esto, si no en otra cosa, se comprueba que la forma original de la praxis es el trabajo; pues es justamente este obrero tipógrafo el que necesita para todo combate de masas realizar declaraciones, discursos, mítines, preparar materialmente la asistencia y el transporte mismo a la concentración, etc. Esta habilidad lima esa aspereza, ese golpe soluciona aquel obstáculo, aquella acción de un compañero corrige un desajuste cometido por otro. Se levanta, de este modo, una ingente operación de eficacia que, como suma de instrumentos, logra minar la resistencia social. Así, del plano de la praxis productiva, surge esta otra forma de praxis, la política, como una herramienta precisa, disciplinadamente ejercida.

Igualmente, su preocupación por los conventillos fluye de una clara conciencia de que son el reverso del lujo y de la suntuosidad sociales. No es una lacra accidental,

---

[55]Luis Emilio Recabarren: *Obras escogidas*. Santiago, Edit. Recabarren, 1965, p. 73.

como pretende Alessandri en su Tesis de Grado, sino la ciudad miserable producida por el dispendio urbanístico: "En el progreso de la arquitectura y de la ornamentación y belleza de las ciudades y de sus edificios, el proletariado ha contribuido a él con el sudor y parte de su vida, entregando ese progreso y sus frutos al capitalista, que se reserva para sí la cueva hedionda del pestilente conventillo o el cuarto sobre las calles llenas de miasmas"[56]. Es decir, el problema del conventillo no se enfrenta con enfoque técnico, de perito que informa, sino desde su raíz en la producción, en la base material. En Alessandri el conventillo es tema abstracto, en Recabarren es inhumanidad concreta. De ahí que el paisaje social que nos describe es el del origen mismo de la criminalidad social: "La vida del conventillo y del suburbio no es menos degradada que la vida del presidio. El conventillo y el suburbio son la escuela primaria obligada del vicio y del crimen. Los niños se deleitan en su iniciación viciosa empujados por el delictuoso ejemplo de sus padres cargados de vicios y defectos. El conventillo y el suburbio son la antesala del prostíbulo y de la taberna"[57]. De hecho, tres son los lugares terribles que solicitan la condenación de Recabarren: las casas de empeño, el presidio y los conventillos. En ellos el proletariado comienza a vivir en el umbral de la marginalidad, en esa frontera borrosa adonde la sociedad segrega su propia criminalidad.

La vida del dirigente obrero se reparte entre dos siglos. Veinticuatro años en el otro, veinticuatro años en éste. En cada mitad de su existencia ha podido ir conociendo y participando en la consolidación del movimiento obrero. La suma de núcleos dispersos y flotantes que proliferaban a fines de siglo se ha convertido, en el *momento de su muerte* (1924), en una firme organización sindical

[56] Luis Emilio Recabarren, cit., p. 93.
[57] Ibid., p. 66.

y en un estructurado partido de vanguardia. Recabarren supo forjar la conciencia de las masas en el trabajo y en la población. Sólo de este contacto permanente con la vida cotidiana de los trabajadores pudieron nacer la Federación Obrera y el Partido Comunista de Chile.

Un pequeño burgués no puede aquilatar lo que significan estas construcciones gigantescas. Ha sido necesario un conjunto incalculable de esfuerzos, una paciencia sin límites para poder levantar, por sobre los regionalismos y la particularización de los oficios, una agrupación que represente a la clase obrera en su totalidad, en su lucha diaria por sus derechos y por sus reivindicaciones, siempre teniendo como perspectiva la revolución social. Fue imprescindible superar una serie de formas deficientes de organización, desde las sociedades mutualistas todavía lastradas de proudhonismo (reunidas en Santiago en 1901 bajo la presidencia de Zenón Torrealba), hasta las sociedades de resistencia principalmente controladas por los anarquistas[58]. Fueron sobre todo las Combinaciones Mancomunales el campo de trabajo político más persistente de Recabarren y las formas más plenas de virtualidad organizativa, en cuanto expresaban mejor los intereses generales de la clase obrera. "Recabarren es el propagador de un tipo de organismo sindical-mutualista denominado 'mancomunal', término medio entre la sociedad de resistencia y la sociedad de socorros mutuos"[59]. Es desde este organismo, de su actividad en medio de las Mancomunales de la pampa nortina, de donde surgirán, como en dos líneas paralelas, la formación sindical de la clase obrera y su Partido más consciente. Ya

---

[58]V. Leonardo Castillo y otros: "Notas para un estudio del movimiento obrero en Chile". *Cuadernos de la Realidad Nacional*, junio de 1970, CEREN, pp. 12 passim.

[59]Julio César Jobet: *Recabarren. Los orígenes del movimiento obrero y del socialismo chilenos:* Santiago, Prensa Latinoamericana, 1955, p. 10.

en 1904, una Convención de Mancomunales coincide en rechazar a los elementos anarquistas.

A diferencia de otros partidos obreros de América Latina, como el cubano por ejemplo, que surge más bien de círculos intelectuales y estudiantiles (con Julio Antonio Mella y Rubén Martínez Villena), el chileno tiene un origen y una base proletarios indiscutibles[60]. A veces Recabarren personalizó en él mismo su dura condición de trabajador, sometido al trabajo forzado que le impuso la sociedad: "Yo miro en torno mío... miro en torno de la gente de mi clase... miro el pasado a través de mis 34 años y no encuentro en toda mi vida una circunstancia que me convenza que he tenido patria y que he tenido libertad... ¿Dónde está mi patria y dónde mi libertad? ¿La habré tenido allá en mi infancia cuando en vez de ir a la escuela hube de entrar al taller a vender al capitalista insaciable mis escasas fuerzas de niño? ¿La tendré hoy cuando todo el producto de mi trabajo lo absorbe el capital sin que yo disfrute un átomo de mi producción?"[61].

Para el trabajador no es posible la ilusión de la libertad, tan fortificante para el universitario. Sin infancia, sin adolescencia, sin vida adulta verdaderamente humana, el obrero sólo puede conquistar por sí mismo, en la práctica infatigable a que lo condena su clase, esa libertad que le ha sido negada. Sin escuela, esclavo de la trata cosmopolita del capital, este hombre ha aprendido a deletrear su patria, en todos sus repliegues, desde los pueblos perdidos de la pampa hasta los confines más despoblados de la tierra austral "En Punta Arenas, en el último extremo austral de nuestro país se predicaban

---

[60] Para la propagación de las ideas marxistas en América Latina, cf., "La penetración de las ideas del marxismo-leninismo en América Latina", por Victorio Codovilla. En: *Revista Internacional*, agosto de 1964, pp. 41-50.

[61] Luis Emilio Recabarren: *Obras escogidas*, cit., p. 73.

estas ideas [las del socialismo]. Era porque se habían predicado en Tarapacá y atravesando todo lo largo de nuestra República, llegaban a aquella zona del país. Traducíamos este pensamiento: de que todo lo que resuelve el pueblo; todo lo que hagan las naciones, ha de hacerse por la voluntad de la mayoría genuinamente manifestada. No es que nosotros pretendamos atribuirnos derechos de nadie, sino establecer y constituir, realmente, lo que nosotros llamamos los derechos humanos"[62].

Esta patria no es entonces para él, obrero chileno, una comunidad de antepasados, sino una obra suya, una especie de creación continuada volcada hacia el futuro, una utopía en el sentido propio y enérgico de la palabra. Así nacerá, para este agitador que recorre cada casa de los obreros, cada taller, cada campamento minero, una geografía de verdad, una tierra conquistada en la unidad de sus trabajadores. Así nacerá también una historia patria, como un esfuerzo progresivo que se vincula con las tradiciones más genuinas del movimiento obrero nacional. El énfasis puesto por Recabarren en este aspecto, sobre todo en su folleto "Los albores de la revolución social en Chile" (1921), no sólo se explica como medio de combatir las acusaciones esgrimidas por los parlamentarios de la reacción acerca del origen foráneo de las ideas socialistas, sino por su honda convicción de hacer coincidir su acción política con las profundamente sentidas aspiraciones nacionales y populares. Más se valora esto, si se tiene en cuenta que Recabarren fue uno de los más intransigentes defensores del internacionalismo proletario. Es que en él, en su práctica organizativa y en su posición de objetivos, se concebía el carácter continental y mundial de la lucha revolucionaria con pleno realismo, de acuerdo a las condiciones sociales del país. Es esto lo que diferencia tajantemente el internacionalismo de los anarquistas, rígido y mecánico (y no por

[62]Ibid., p. 46.

casualidad muchas veces practicado por inmigrantes que no podían conocer bien las características del país) del internacionalismo progresivo de Recabarren, que llega a adherir a la Tercera Internacional por una suerte de evolución orgánica, no abrupta ni acelerada. Su acción se presenta, en este plano, como una correcta comprensión y desarrollo de las tendencias democráticas que él veía abrirse en Chile con la fundación de la "Sociedad de la Igualdad", por Francisco Bilbao.

No rechaza a priori ninguna forma ni medio de lucha: los rechaza de acuerdo a la experiencia. En una pequeña "Guía doctrinaria del obrero" que redacta antes de retirarse definitivamente del Partido Demócrata —ya se había separado temporalmente en 1906, con ocasión de las elecciones presidenciales de ese año— plantea de hecho las tres vías de lucha reconocidas por Engels: la lucha económica, a través del mejoramiento de los salarios y de la disminución de la jornada de trabajo (con lo cual se tiende a cercenar la plusvalía absoluta); la lucha ideológica, a través de la elevación permanente del nivel cultural de los trabajadores, y la lucha política, mediante huelgas conscientemente organizadas. La conferencia, los mitines, la actividad teatral, la gestión en las municipalidades, la polémica pública —como la tan célebre sostenida en Iquique con el liberal Julio Santander, a propósito del patriotismo y la guerra, que dará origen a su folleto de 1914 *Patria y patriotismo*—, la integración de organismos de protesta, como el "Comité pro abolición del impuesto al ganado argentino" (del cual fue dirigente y cuya concentración del 22 de octubre de 1905 fue violentamente reprimida por el Gobierno): ninguna de estas formas de lucha omite Recabarren y a todas ellas lleva una firme confianza en su eficacia parcial y en el aporte al movimiento general del proletariado. Aun en el Parlamento encuentra una tribuna adecuada para expresar su pensamiento y proclamar las aspiraciones de la clase obrera, aunque sabe muy claramente que vale mucho menos que un estrado ante el pueblo: "Yo voy a hablar con sinceridad y me habrán de disculpar por cierto mis honorables colegas si digo que siento más respeto cuando hablo en un tabladillo que cuando hablo en la Cámara"[63]. Pero por sobre todo es en el escrito de divulgación y adoctrinamiento, en el artículo periodístico donde Recabarren encuentra su mejor medio de expresión. Ya se ha dicho suficientemente: la prensa era para él una obsesión y quedará como el fundador del periodismo obrero más digno y revolucionario de todo el Continente. Infinito es el número de diarios fundados, organizados, redactados, compuestos y distribuidos por él mismo. En este sentido, Recabarren responde al doble concepto del agitador y del propagandista, de acuerdo a la clásica distinción leniniana: "En una palabra, el propagandista debe ofrecer muchas ideas, tantas, que todas esas ideas, en su conjunto, podrán ser asimiladas en el acto sólo por pocas (relativamente) personas. En cambio, el agitador, al hablar de esta misma cuestión, tomará un ejemplo, el más destacado y conocido de su auditorio, pongamos, por caso, de una familia de parados muertos de inanición, el aumento de la miseria, etc. y, aprovechando este hecho conocido por todos, dirigirá sus esfuerzos a inculcar a las masas una sola idea: la idea de lo absurdo de la contradicción entre el incremento de la riqueza y el aumento de la miseria; tratará de despertar en la masa el descontento y la indignación contra esta flagrante injusticia, dejando al propagandista la explicación completa de esta contradicción. Por eso, el propagandista procede, principalmente, por medio de la palabra impresa, mientras que el agitador actúa de viva voz. Al propagandista se le exigen cualidades distintas que al agitador"[64]. Agitador y

[63]Sesión del 15 de julio de 1921. *Obras escogidas*, cit., p. 47.
[64]Lenin: *¿Qué hacer?* Obras escogidas, I, Moscú, 1960, p. 181.

propagandista, este dirigente usa el estrado y el periódico para ir clarificando las posiciones de la clase obrera. Su trayectoria es rectilínea, lo hemos dicho: pero esta rectitud no es un punto de partida, sino el resultado conseguido en una lucha permamente contra la derecha y contra la izquierda como posibles desviaciones del movimiento obrero. Contra la derecha, dirige una crítica que cada vez lo lleva a separarse más de los elementos demócratas conservadores; contra la izquierda, sostiene una larga e implacable vigilancia ante los excesos anarquistas. Las alternativas de esta confrontación son múltiples, y van desde los episodios prescindibles hasta acerbos puntos de fricción. Recordemos sólo, entre estos últimos, la participación que le cupo a Recabarren en el "Congreso de unificación de las organizaciones obreras", celebrado en Buenos Aires en mayo de 1907, donde defiende la moción socialista de Jacinto Oddone contra el sectarismo de los anarquistas argentinos. Más tarde arreciará su polémica contra Julio Rebosio, uno de los mejores dirigentes anarquistas que lucharon en Chile. "De la misma manera sus luchas y discusiones con los anarquistas alcanzaron grandes proporciones. En la prensa y en la tribuna contendió sin tregua con ellos por considerarlos desorientadores de su obra tenaz de organización de la clase obrera en lo sindical y en lo político, con el propósito de hacerla jugar un rol independiente e importante. Numerosas referencias a estas enconadas pugnas se encuentran en los periódicos de la época. En un número de "El Surco" (Iquique, 1917-1921), el notable dirigente anarquista Julio Rebosio emplaza a Recabarren a que pruebe que está vendido a la burguesía. Este hecho demuestra bien a las claras la violencia de las polémicas empeñadas y los recursos extremos e hirientes de que echaban mano los contendores"[65].

[65] Julio César Jobet, cit., p. 40.

En otro respecto, este esclarecimiento busca expresarse también como explicación filosófico-científica de la naturaleza y de la sociedad. Lo mismo que Lenin se plantea la necesidad, en razón de la lucha ideológica dentro del marxismo ruso de su tiempo, de escribir un libro epistemológico como *Materialismo y empiriocriticismo* (1908,) Recabarren, guardando las diferencias que corresponden entre un líder nacional y otro de alcance mundial, cree conveniente publicar una síntesis de divulgación sobre las doctrinas científicas que sustentan su acción política: *La materia eterna e inteligente* (Buenos Aires, 1917). Hay en este folleto, hoy en general inaccesible, un fragmento que llama la atención y que pudiera parecer profundamente dogmático. "La Biblia no es más que una crónica de mezquindades, de vilezas, de crímenes, de inmoralidades, donde se hace aparecer la voluntad y la presencia de un supuesto Dios que quiere corregir sus errores y crímenes, pero que no lo consigue y aun participa en los crímenes"[66]. El pasaje es digno de reflexión. ¿Demuestra ser aquí Recabarren un torpe anticlerical, uno de esos ejemplares anacrónicos que no comprende la especificidad histórica de la religión y el valor de sus manifestaciones textuales? Compruébese, en primer lugar, lo ajustado que resulta el marco genérico que Recabarren atribuye a la Biblia: nadie dudará, en efecto, que este libro —sagrado o no— es, sobre todo, una *crónica*. Lo discutible se presenta en la cuestión de su contenido, perfectamente negativo y deformante según el líder obrero. Pero veamos bien: la enumeración de Recabarren se adecúa completamente al contenido objetivo del Antiguo Testamento, como recuerda cualquier mediano conocedor de la historia sagrada. De hecho, guardando las proporciones y los planos de comprensión, el fragmento de Recabarren se sitúa en la misma línea de desmixtificación a que Hegel somete el mundo judaico

[66] Cit., p. 44.

veterotestamentario en su escrito juvenil *La esencia del cristianismo y su destino*. Pero Hegel —quien pone el progreso de la Idea primeramente como autoperfeccionamiento de la Divinidad— subraya el avance que introduce la moralidad de Cristo en el sistema legal judío. Esta idea, por supuesto, no se encuentra en el sencillo pero profundo fragmento que analizamos, que está muy lejos de ser una simple diatriba masónica. Por el contrario: con criterio materialista, Recabarren ve el propio deterioro de Dios en su obra misma, al condenarse y rebajarse al nivel de una humanidad envilecida. Es decir, aplicando a la relación Dios-hombre el método de la contradicción, Recabarren establece que Dios no puede permanecer puro ante la vileza de su obra: se hace cómplice del hombre. El delito que se produce en un mundo postulado como creado hace también del Creador un delincuente divino. Para el obrero, trabajador de la tierra y la materia, el cielo y sus efigies son sólo un hampa suprema, la idealización del lumpen.

"¿Dónde está mi patria...?" —se preguntaba Recabarren en su folleto de 1910. El gobierno y las clases dominantes no dejaron de darle una respuesta inmediata desterrándolo u obligándolo por presión a salir del país. Entre 1906 y 1908 y luego entre 1916 y 1918 permanece Recabarren fuera de Chile. A su primer destierro lo podemos llamar en general su destierro europeo; al segundo, el destierro americano. La patria negada por las minorías se hace más cierta e irrevocable al surgir la evidencia de pertenecer a una clase universal. En España, en Francia y en Bélgica ha tenido Recabarren oportunidad de conocer a los grandes dirigentes del proletariado europeo. Cuenta sus experiencias en el pueblito de Huaras a un par de obreros que lo escuchan hablar con sencillez: "Nos contó que venía llegando de Europa, donde había visto cómo funcionaban los partidos políticos de los obreros, los partidos socialistas y nos hizo vívidas descripciones del carácter y el físico de los grandes líderes que había conocido, como Vendervelde, en Bélgica, Jean Jaurès, en Francia, Pablo Inglesias, en España, y otros. Nos habló de la imperiosa necesidad que teníamos los trabajadores de organizarnos, de unirnos, como única defensa contra los abusos del capital"[67]. En su otro bienio fuera de Chile, visita Argentina y Montevideo, participando allá en la fundación de las Secciones argentina y uruguaya de la Tercera Internacional, en 1918 y 1920 respectivamente.

"¿Dónde está mi libertad...?" —se preguntaba también en ese mismo folleto. La respuesta de la sociedad fueron las cárceles. Lo reproduce él mismo, en otros de sus escasos fragmentos autobiográficos: "Yo he vivido cuatro meses en la cárcel de Santiago, cuatro en la de Los Andes, cerca de tres en la de Valparaíso y ocho en la de Tocopilla"[68]. Así se reduce y se margina al trabajador que busca liberarse de la opresión social: expulsándolo, recluyéndolo. Físicamente excluido, físicamente recluso, esta marginación no es la imaginaria que veremos que suelen practicar otras capas sociales. Sin escuela en su infancia, el trabajador se ve condenado al aprendizaje del vicio. ¿Porque qué son los presidios de Chile sino la manifestación del carácter criminal de la sociedad chilena? Ese reo distinto y multiplicado que encuentra Recabarren en las cárceles a que es conducido tiene siempre el mismo rostro, el del individuo falto de patria y huérfano de libertad que él denuncia. Y es curioso y hondamente significativo que este obrero se plantee en forma estrechamente relacionada su doble condición de oprimido y de apátrida. Ser libre es para él una y la misma cosa que la pertenencia a una sociedad efectiva. Lejos de ser concebida como independencia abstracta, la libertad

[67]Elías Lafertte: *Vida de un comunista*, cit., p. 71.
[68]Luis Emilio Recabarren: *Obras escogidas*, cit., p. 64.

es vivida por el trabajador como arraigo e integración en la comunidad.

En los últimos años de su vida Recabarren es elegido candidato a la Presidencia de la República (1920), funda el Partido Comunista de Chile (1922) y viaja a la Unión Soviética. En cuanto a lo primero, y aun teniendo en cuenta la necesaria destinación al fracaso de su precandidatura, se hace palpable que Recabarren y las fuerzas que lo apoyan son las únicas capaces de trazar una línea independiente de la euforia alessandrista. Ante el enceguecimiento nacional, la postulación de Recabarren suena como una voz de alerta para los trabajadores frente al futuro masacrador de San Gregorio y La Coruña. Su viaje a la URSS, por otro lado, es la coronación de su existencia como luchador, la demostración de que su vida ha coincidido plenamente con el curso de la historia. ¿No era acaso lo que allá se realizaba, en ese lejano país, por lo que él había combatido en el transcurso de todos sus años? Sus destierros de activista culminan en esta patria extranjera, la patria naciente de su clase.

En diciembre de 1924 Recabarren se suicida. Aparte de los factores fortuitos que intervienen en su muerte, ésta enlaza con las grandes tragedias histórico-políticas del siglo XIX. Después de Carrera, después de Balmaceda, después de Recabarren, la historia de Chile se bifurca: por un lado, el movimiento en alza y en expansión, cada vez más poderoso, de la clase obrera; por otro, una historia oficial que es sólo una triste fábula. Al "León de Tarapacá", al "caballo Ibáñez", sucede una rata indecente encaramada "en los hombros del pueblo". La metamorfosis de los héroes se ha convertido, en el Chile del siglo XX, en un inmundo descenso zoológico. De eso sólo podía resultar un miserable apólogo, una conseja asquerosa: una historia sucia que el pueblo ahora comienza a limpiar.

*

Las doctrinas anarquistas empiezan a introducirse en Chile hacia fines de siglo. El pensamiento de Bakunin, los libros de Kropotkin, los escritos de Jean Grave, de Enrico Malatesta y de tantos otros, penetran paulatinamente en algunos sectores de trabajadores, sobre todo entre los elementos artesanales. A diferencia de las ideas socialistas, que nacen y se difunden en medio de la actividad salitrera de la pampa, el anarquismo inicia principalmente su desarrollo en los centros urbanos (Santiago y Valparaíso), que todavía no se incorporan al proceso de industrialización y que no cuentan, por lo tanto, con un proletariado realmente significativo.

Los primeros anarquistas trabajan de preferencia en dos frentes: uno de agitación social, mediante la formación de Sociedades de Resistencia, que se constituyen en una de las formas más tempranas de organización que se dan los trabajadores; y otro cultural, a través de la difusión y propaganda de la literatura social en el seno de los obreros y artesanos. Carlos Vicuña describe: "Desde hacía varios años, los gremios obreros venían reuniéndose por oficios en sindicatos de resistencia: zapateros, ferroviarios, laboradores en madera, etc., hacían una desenfrenada labor cultural entre las masas, fundaban bibliotecas y escuelas nocturnas, organizaban veladas teatrales y de propaganda social y sostenían policlínicos para obreros. Al mismo tiempo trataban, infructuosamente, de coordinar los esfuerzos de los obreros para hacerlos trabajar con independencia de la tiranía patronal. En 1919 estos sindicatos se organizaron en una vasta asociación sin conexión real con la "Industrial Workers of the World" de Estados Unidos, pero tomaron su nombre porque sus fines sindicales eran análogos y copiaron de ellos sus principios de lucha social. La asociación era vasta, pero débil e ingenua, por falta de jefes respetados y fuertes y la muy deficiente cultura de las masas"[69].

[69]Carlos Vicuña: *La tiranía en Chile*. Santiago, 1938, pp. 80-81.

De esos centros de educación popular los más importantes son los ateneos obreros, en los cuales se dictan charlas y se realizan discusiones sobre los problemas del día y la "cuestión social". Los más activos de ellos son la Liga de Obreros de Valparaíso que despide a Rubén Darío cuando éste decide volver a Centroamérica en 1889, y el Ateneo Obrero de Santiago, fundado en 1898, del cual fue secretario, por breve tiempo, Carlos Pezoa Véliz[70].

La importancia de estas ideas y de la práctica anarquista en el desarrollo social chileno no debe ser disminuida. De hecho, representan las primeras manifestaciones de la conciencia de clase de los trabajadores. Al mismo tiempo, en el plano político propiamente tal, contribuyen en gran medida a provocar la escisión del Partido Demócrata de las filas radicales. Por otra parte, hay que tener en cuenta que grandes dirigentes del Partido Comunista pasarán por una etapa de influencia anarquista. El mismo Recabarren, que fuera, como ya vimos, un intransigente adversario del anarquismo, publica en 1904 su primer folleto, *Proceso oficial contra la Sociedad Mancomunal de Tocopilla*, en que combate al militarismo citando "a los defensores de la igualdad: Eliseo Reclus, Juan Grave, Pedro Kropotkin, Enrique Malatesta, Pekhanoff (sic) y otros"[71]. También Elías Lafertte recuerda que en el norte, cerca de 1910, "venía material de Buenos Aires y Montevideo, principalmente periódicos de los anarquistas, que habían constituido importantes núcleos políticos en esas capitales"[72]. Ricardo Fonseca igualmente, por largo tiempo Secretario General del Partido Comunista de Chile, se siente atraído por ese ideario durante sus años de estudiante en la Escuela

[70] Edelberto Torres: *La dramática vida de Rubén Darío*. México, Gandesa, 1956, p. 79.
[71] Julio César Jobet, cit., p. 11, nota.
[72] Elías Lafertte, cit., p. 85.

Normal de Victoria: "Por toda formación política, sólo tenía algunas ideas anarquistas, predominantes en aquellos años, que él había captado del periódico *Claridad* de la Federación de Estudiantes"[73]. Es la misma influencia que experimenta Galo González cuando trabaja como cargador en el puerto de Valparaíso. En fin, Juan Chacón, destacado dirigente campesino, reconoce: "Entre los obreros era grande entonces [en 1914] el prestigio de la IWW, la organización internacional del anarquismo. (...) Un libro leí de todas maneras, que me causó impresión. Fue *La conquista del pan,* de Kropotkin, la Biblia de los anarquistas. Me gustó la forma como enfocaba los hechos sociales. Como propaganda, es un libro bien hecho"[74].

Sin embargo, la concepción anarquista de la lucha social adolece de fuertes limitaciones, que explican la inflexibilidad ideológica de Luis Emilio Recabarren. Al acentuar excesivamente la importancia del oficio, impedían los anarquistas la organización general de la clase trabajadora. Esta primacía del grupo sobre la clase retardó considerablemente el desarrollo político de los trabajadores, al obstaculizar la formación de agrupaciones nacionales que incluyeran a obreros de diversas ramas de la producción. Hasta 1919 aproximadamente proliferan las asociaciones regionales circunscritas a determinadas labores. Esta situación sólo terminará, en una primera fase, con la creación de la FOCH, la Federación Obrera de Chile, obra en gran parte de la acción unitaria de Recabarren y del Partido Obrero Socialista. Con todo, las mismas condiciones objetivas llevan a los anarquistas a unirse en agrupaciones más amplias, hasta cul-

[73]*Ricardo Fonseca, combatiente ejemplar.* Comisión de Estudios Históricos anexa al Comité Central del Partido Comunista. Santiago, Edics. 21 de Julio, 1952, p. 28.

[74]José M. Varas: *Chacón.* Santiago, Imprenta Horizonte, 1968, pp. 22 y 27.

minar con la constitución arriba señalada de la "Industrial Workers of the World", de gran proyección en las luchas sociales del año 20. Por otro lado, los dirigentes anarquistas caen a menudo en cierto elitismo, al subrayar sus diferencias de cultura respecto de las masas trabajadoras. Hay en ellos una especie de idealización del saber, que los lleva a tomar actitudes teóricas francamente especulativas. La mezcla indiscriminada con elementos pequeñoburgueses, sus contactos cada vez más abundantes con sectores universitarios y la falta absoluta de una práctica política organizada, sólo podían extremar este rasgo negativo, llevándoles a discusiones estériles y a una verdadera escolástica de la lucha social. Junto a esto, una concepción utópica de la fraternidad obrera determinaba muchas veces que, lejos de inculcar valores positivos a las masas, se dejaran vencer por los vicios de éstas[75]. Pero lo más grave, sin duda, y lo que provoca tanto la actitud de Recabarren como la implacable condenación de Lenin[76], es su rechazo a la acción organizada, que los sume en el más infantil subjetivismo político. Cerca de 1900, el mundo se conmueve por dos estrepitosos atentados: el de León Czalgozc contra el Presidente de Estados Unidos, Mc Kinsley, y el del español Mateo Morral en la persona de Alfonso XIII. Esto crea, por las relaciones especiales que América Latina guarda con estos países, una fuerte condenación de este tipo de terrorismo, que da por resultado en Chile una caza indiscriminada de subversivos. A este clima se refiere Carlos Vicuña cuando escribe: "Con el nombre de 'actividades subversivas' venía sistemáticamente designando la prensa reacciona-

---

[75] Las críticas de Pezoa Véliz, si bien son producto de una particular perspectiva social, poseen muchos elementos en sí mismos válidos. Cf., "Los anarquistas de Chile". En: Raúl Silva Castro: *Carlos Pezoa Véliz (1879-1908)*. Santiago, Edit. Universitaria, 1964, pp. 296 ss.

[76] *La enfermedad infantil del izquierdismo en el comunismo*. Buenos Aires, Edit. Lautaro, 1946, p. 64.

ria las diversas manifestaciones de la propaganda social, que partiendo del postulado negativo de que 'el régimen social es injusto' proclamaba en mil formas distintas las reivindicaciones de la clase proletaria. Pronto fueron llamados subversivos todos los que simpatizaban ostensiblemente con la clase obrera, ya fuese que organizaran sindicatos de resistencia, ya se limitasen a dar conferencias a los obreros, a defenderlos de los atropellos policiales y judiciales, a colaborar con su prensa libre o a fundar para ellos escuelas nocturnas o universidades populares"[77].

El mismo autor describe en su libro tres episodios que podríamos considerar típicos de la actividad anarquista en Chile. El primero se refiere a Efraín Plaza Olmedo: "Hijo de un hombre acomodado, había demostrado desde niño una sensibilidad delicadísima (...). Hombre ya, Plaza Olmedo se hizo obrero panadero, por estimar esta industria la más noble, y abrazó el credo anarquista. En 1912, el invierno fue crudísimo. Una gran nevada cubrió los campos de Santiago al Sur, y en el mineral de El Teniente un rodado de nieve sepultó a cuarenta obreros. La miseria y el frío estaban en todas partes y ese cuadro horrible trastornó a Efraín Plaza. Fue en la mañana del 12 de julio al centro de la ciudad, deseoso de hallar a alguien con quien desahogar su corazón oprimido, y sólo vio alegría desbordante de la juventud, que paseaba confortablemente abrigada por la calle de Huérfanos. Un delirio lo trastornó y sacando un revólver empezó a disparar en medio de los presentes. Entre los gestos de horror y las fugas pávidas, dos jóvenes cayeron bañados en sangre: un joven Guzmán, de muy buena sociedad, y otro de apellido Casolín, empleado modesto, de la clase media, único sostén de su madre viuda y anciana. Ambos murieron en pocos

[77]*La tiranía en Chile,* cit., p. 65.

minutos"[78]. El segundo lo protagoniza Antonio Ramón Ramón, español del Sur, que emigra a América acompañado de su hermano. Muere éste asesinado en la masacre de la Escuela Santa María de Iquique, en diciembre de 1907. Desde ese momento, Antonio Ramón sólo piensa en vengarlo: "Tenía terribles alucinaciones y no pudiendo resistirlas, se fue a Santiago en busca de Silva Renard [el oficial que dirigió la masacre]. Arrendó una pieza en la Avenida Viel, que conduce a la Fábrica de Cartuchos, de la cual era director Silva Renard. En la mañana del 14 de diciembre de 1914, pasaba Silva Renard por la acera de enfrente vestido de general y con la espada al cinto. Era un hombre fuerte a pesar de sus años. Ramón se le fue encima y con mano débil y vacilante le infirió tres pequeñas puñaladas, una en un brazo, otra en el cuello y la tercera detrás de la oreja. La del cuello seccionó algunas ramas del hipogloso. Silva Renard, sin defenderse, se apoyó en los barrotes de una ventana próxima y pidió socorro. Ramón huyó, pero fue alcanzado a pocos metros de allí dentro del Parque Cousiño, y se entregó sin resistencia"[79]. El tercero se relaciona con Julio Rebosio, que ya mencionamos como destacado dirigente anarquista de la época. Nacido en Lima en 1896, hijo de italiano y de peruana, se establece en Iquique, donde contempla la masacre de Santa María. Se hace obrero tipógrafo y dirige el periódico *Verba Roja*. Se lo persigue implacablemente, pero las autoridades no consiguen condenarlo sino por evadir el servicio militar. Con lo cual, chovinistamente, se lo acusa de deserción al Ejército. Es detenido, encadenado, torturado, traído y llevado entre Iquique y Santiago. Liberado al fin, deshecho ya, se suicida.

Se ve las características que revisten estos casos, ver-

[78]Ibid., pp. 68-69.
[79]Ibid., p. 71.

daderos documentos humanos y sociales. El atentado de Plaza es casi un acto erostrático, si el desequilibrio no lo hiciera plenamente inconsciente. El de Ramón convierte una de las más grandes tragedias colectivas en venganza personal, en dolor familiar y privado. Pero ambos son idénticos en su contenido de fondo: pues lo mismo da atentar contra una masa indiferenciada o contra una persona singular. La clase o el grupo —esas formas necesarias de lo particular— se han esfumado en esta práctica instantaneísta del anarquismo. Tanto el de Ramón como el de Rebosio nos recuerdan, por otra parte, la conexión histórica que existe entre inmigración e ideas anarquistas. El hecho de que la agitación anarquista proceda, en muchos casos, de extranjeros recién llegados a Chile, explica el porqué de tantas inadaptaciones a la lucha social de nuestro país. Finalmente, es fácil comprobar hasta qué punto una masacre como la de la Escuela Santa María pudo llegar a ser un verdadero trauma para algunos trabajadores. Sólo una acción organizada, una práctica constante y colectiva podía hacer de esta terrible experiencia algo fecundo y no más perjudicial, tanto síquica como socialmente, para la clase trabajadora.

A medida que termina la segunda década del siglo, se intensifica la alianza entre los círculos anarquistas y algunos sectores de estudiantes universitarios. La Universidad sólo puede forjar esta alianza a espaldas de la sociedad: por eso los contactos se realizan en la noche, especialmente en las escuelas nocturnas y en la Universidad Popular José Victorino Lastarria. La Universidad de Chile comienza a teñirse de anarquismo. Hay que distinguir aquí la paja del grano. Evidentemente, existe en este anarquismo universitario una buena dosis de moda, de sugestión adolescente. Lo dijo uno de sus líderes juveniles más destacados, Juan Gandulfo: "Es esto lo que en realidad sucede: hay crisis de hombres; entre los estudiantes se ha producido el snobismo revolucionario; quisieran éstos actuar como ideólogos, como anarquistas y en el hecho son simples pancistas, vulgares conservadores que, incapaces de vivir el presente, se han vuelto a hurgar estérilmente en el pasado"[80]. La expresión de Gandulfo es buena. *Snobismo revolucionario* habla claramente del carácter bastardo de esas posiciones, que se transforman a la postre en práctica frívola, inofensiva. *Sine nobilitate:* las capas medias de un país subdesarrollado sólo pueden obtener el prestigio social de que carecen a través de un obrerismo difuso, que más que una actividad de avanzada revela un apetito de respaldo democrático. Pero estamos todavía en el plano de la inocencia, en la 'comedia revolucionaria de la juventud radical' (Carlos Vicuña). En otro plano, las clases dominantes, actuando ya con deliberación ideológica, fomentan una división artificial de sí mismas y de las capas intermedias a su servicio, con el fin de introducir confusión en las filas del movimiento obrero. La burguesía juega a dos bandas: he aquí a los padres, que pertenecen a las clases dirigentes; he allá a los hijos, que se ponen al lado de los explotados. Padres e hijos, sin embargo, viven juntos, comen juntos, ríen juntos: se aman, a pesar de todo. La lucha de clases no turba la felicidad del hogar. La familia, templo inexpugnable de la vida burguesa y pequeño-burguesa, sólo exporta la lucha de clases. De ahí que el asalto a la Federación de Estudiantes de la Universidad de Chile no deje ningún muerto; sí, en cambio, el ataque a la Federación Obrera de Magallanes da por resultado una masacre. "Los sucesos del día 20 de junio de 1920 no tienen nada que envidiar al peor acto de la Noche de San Bartolomé. La policía, de la mano de los guardias blancos, secundados por tropas de marinería y del Ejército, al mando del general José María Barceló y Aníbal Parada pren-

[80] *Claridad*, 28 de abril de 1923: "El movimiento estudiantil".

dieron fuego al local de la Federación Obrera de Magallanes en los precisos momentos en que en su interior se realizaba una fiesta de beneficio. Hombres, mujeres y niños huían despavoridos para escapar de la muerte, pero la policía y los soldados a tiros les obligaban a internarse en las llamas, muriendo muchos carbonizados. Las Compañías de Bomberos fueron obligadas a cortar el agua a fin de que el edificio ardiera totalmente. Los obreros que se encontraban encerrados subieron al techo del edificio y desde allí se defendieron a balazos, pereciendo más de 30 carbonizados y quedando heridos más de 14. ¡Apagada la orgía insensata, fueron detenidos 30 obreros mediante una verdadera cacería de casa en casa! El obrero Ulises Gallardo se salvó de morir ahogado, gracias a la baja marea y a la oportuna intervención del guardafaro del puerto, quien acudió a desatar sus pies y sus manos. Entre los heridos se encontraban: José Sobral, Francisco López, Francisco Triviños, Aurelio Minelli, Armando Rueda, Abraham Bustamante, Fortunato Guerú, Pedro Pacheco, José Latorre, Emilio Imacher, Rosendo Alvarez y Mauricio Moreno"[81]. En el primer caso, el del asalto a la Federación santiaguina, uno que otro estudiante golpeado; en el segundo, 30 obreros muertos. En el primer caso, algunos héroes de familia para los titulares de los periódicos; en el otro, una simple masa anónima, carne ensangrentada para la fosa común[82]. Juan Gandulfo también captó con lucidez el

[81] José Vega Díaz: *Años de lucha*. Santiago, Imprenta Horizonte, 1962, pp. 20-21.

[82] En un foro en que me referí a este hecho, un profesor de Historia creyó refutarme aduciendo que, en un caso, el local estaba vacío y, en el otro, lleno. Esto explicaría las diferentes actitudes de las fuerzas represivas. Pero justamente es eso lo que hay que explicar: por qué se invade un local de estudiantes que está casi vacío y por qué se ataca a obreros que repletan un centro de reunión; por qué, en el primer caso, son civiles los que invaden (por mucho que haya habido detectives infiltrados) y por qué en el segun-

alcance ambiguo de la represión antiuniversitaria de la época: " 'No hay que confiarse ni en sus propios dientes, porque también nos muerden', me decía en una ocasión un curita mundano, y en este caso tenía razón. La burguesía se había mordido la lengua y la lengua protestó. Los universitarios agitaron la opinión, la prensa, con cierto temor al principio..."[83]. La juventud sirve para todo, aun para adornar lo inadornable. Esa cosa dura, fría, gris que es la lucha de clases adquiere un carácter romántico en los hijos de las clases dominantes. En ellos, un atentado, por ejemplo, despierta la ternura. Angeles sin clase, grupo por encima de todos los grupos, la juventud resulta, para la burguesía, uno de sus mejores vaporizadores ideológicos; y es, al mismo tiempo, un síntoma de su definitiva senilidad como clase social. Escribe otro dirigente juvenil de ese tiempo, mucho menos crítico que Gandulfo: "A él (al heterogéneo conglomerado del año 20) pertenecían obreros, artesanos, estudiantes, filósofos, políticos, artistas; unos pocos dilettantes y algún usufructuador. (...) ¿Qué hicimos? Las Fiestas de la Primavera y la Asamblea Obrera de Alimentación Nacional; el Club de Estudiantes, instalado en un palacio, y las grandes huelgas del carbón; la revista *Juventud* y el incendio de la Escuela de Farmacia. En síntesis, despertar la conciencia de la masa y el alma de los universitarios"[84]. Labarca es ya viejo cuando redacta estos recuerdos; pero su estilo es el de un eterno estudiante. Obsérveselo funcionar. A un lado los estudiantes, al otro los obreros. Las conjunciones aquí no unen, sino que crean una falsa impresión de contigüidad;

---

do, se trata de fuerzas armadas. Es decir, por qué en un caso la represión se hace suave y vergonzante y en el otro descarada y brutal.

[83]*Claridad*, 27 de noviembre de 1920.

[84]Santiago Labarca: "La generación del año 20". *Babel*, **julio-agosto de 1945, p. 11.**

en el fondo, separan. A un lado, la primavera, el palacio, la juventud, en suma; al otro, todo lo feo y lo vulgar: la alimentación, unas sucias huelgas, un acto destructor. El obrero es masa, el estudiante es alma. De este modo, como un dios cualquiera, el estudiante sopla el espíritu en la inercia del proletariado, mientras saca su sabiduría de su propia alma. A diferencia del obrero, su despertar es una pura reminiscencia platónica.

Pero hay otros aspectos de distinto signo. El alud de la clase media golpea cada vez con más fuerza las puertas de la Universidad. Esta institución, por el lugar especial que ocupa en la sociedad, es sobremanera sensible a los adelantos científico-técnicos, a las ideas sociales y políticas más renovadoras, al par que recibe a una población juvenil procedente de estratos cada vez más modestos. El progreso internacional, en el orden del conocimiento, se impone por contraste ante el subdesarrollo real del país. De este modo, el estudiante universitario, sobre todo el proveniente de las formaciones inferiores de la pequeña burguesía, puede comparar el abismo existente entre las superestructuras que llegan desde el extranjero y la infraestructura de la propia comunidad. Vive en sí mismo esa contradicción, como estudiante pobre de una universidad abierta a la riqueza mundial del conocimiento. De ahí que lo que en buena medida es pose, sea también, en otros casos, radicalización efectiva de sectores pequeño-burgueses. Dos acontecimientos repercuten en la acción de los estudiantes chilenos: La Revolución Rusa y la Reforma universitaria argentina. Por encima de la crítica cada vez más declarada a que los anarquista someten a la Revolución de Octubre y pese a las dificultades que afrontan los dirigentes universitarios para llevar adelante ciertos vagos principios reformistas, es evidente que producen un clima que influye ampliamente en el panorama social de ese entonces. Juan Gandulfo, Presidente del Centro de Estudiantes de Medicina y luego Presidente de la Federación de Estudiantes de la Universidad de Chile, expresa mejor que nadie esta vinculación con los núcleos anarquistas. Prologa y edita libros de obreros, da charlas y escribe artículos sobre educación sexual en medios populares, lleva a cabo una gran obra de higienización y de salud en policlínicos marginales, realiza una constante agitación entre los obreros. Es encarcelado, pero en la misma prisión atiende enfermos y da cursos elementales a los reos. Dispersa, múltiple pero en el fondo coherente, la acción de Gandulfo quedará como un noble ejemplo de verdadera vinculación entre el estudiantado y los trabajadores. Junto a él, otro caso demasiado mixtificado es el de José Domingo Gómez Rojas. Sus creencias evangélicas, adquiridas en su familia, hablan ya de su modesta extracción de clase, por lo disidentes que son frente al catolicismo dominante. "Conocí a su padrastro, maestro carpintero, que tosía de modo profundo —murió tuberculoso—; a su madre, señora de suaves maneras y de dulces ojos, y a su hermano menor, Antuco, que actualmente, si no me equivoco, gana su vida como estucador"[85]. Estudia becado gracias a la ayuda de la Masonería, lo que comprueba de pasada la estrecha afinidad entre las sectas masónicas y las religiones extracatólicas en Chile. El exiguo diario de vida que de él se conserva muestra lo diferenciado de su vocación artística y los varios estímulos que lo solicitaban. "Pocos años después de la publicación de su primero y único libro, *Rebeldías líricas* (1913), el tono cambia de modo rotundo: su revolucionarismo se transformó en un fuerte aunque vago misticismo y el poeta de los conventillos escribió *Miserere* y otros poemas en que hablaba de asuntos y emociones que no habrían interesado a los auditores de los primeros versos, aquellos honrados y duros carpin-

[85]Manuel Rojas: "Recuerdos de José Domingo Gómez Rojas". *Babel,* julio-agosto de 1945, p. 26.

teros, pintores, zapateros, albañiles o talabarteros que no tenían tiempo ni ganas de pensar en otra cosa que no fuera la revolución social"[86]. Durante la represión de 1920, se lo encarcela. Muere víctima de la locura en un hospicio. De este hecho, la clase media ha querido labrar, y lo ha conseguido, el mito de Gómez Rojas. Pero no se le puede conferir a un poeta mediocre, como dádiva póstuma, el talento. Su vida —¿qué duda cabe?— tiene mucho de edificante. Pero no su muerte. Ante los obreros de Santa María o los quemados de Punta Arenas, su muerte no tiene peso. No significa nada. Pero lo más repugnante del mito de Gómez Rojas son sus apéndices anecdóticos. Como siempre, el mixtificado termina siendo víctima de sus mixtificadores. "En esos momentos llegaba a la plazuela del Cementerio el ex Presidente de la Federación de Estudiantes, don Santiago Labarca, quien iba a expresar el sentimiento de dolor que le habían causado el fallecimiento de su ex colega, José Domingo Gómez Rojas. Como es del dominio público, el señor Labarca era buscado desde hace mucho tiempo por la policía, para dar cumplimiento a una orden de prisión del Ministro don José Astorquiza. Exponiéndose a todos los peligros consiguientes, el señor Labarca abandonó ayer su retiro y concurrió a despedir los restos mortales del poeta y estudiante que acaba de sucumbir"[87]. En el mismo número de *La Nación* en que se publican estas líneas, se transcriben telegramas de felicitación a Arturo Alessandri, triunfante en las recientes elecciones a la Presidencia de la República. La coincidencia permite detectar el origen del mito de Gómez Rojas: es un mártir a la hechura del triunfo alessandrista. Era necesario forjar la aureola de esta víctima solitaria para poder, más tarde, contrapesar las matanzas de San Gregorio, del Zanjón de la Aguada y de La Coruña.

[86] Ibid., p. 27.
[87] *La Nación*, del 2 de octubre de 1920.

¡Un nombre individual, mínimo y endiosado, para tanta prepotencia de clase!

Neruda participa, ya lo hemos dicho, de este clima de ideas anarquistas. Escribe en *Claridad* varios carteles sobre algunos lugares comunes de la prédica anarquista: el patriotismo, el militarismo, los boy scouts, el 1º de mayo, etc. Tampoco deja de pronunciarse sobre el affaire anarquista por antonomasia, la condena de Sacco y Vanzetti. El seudónimo Sachka (Sachka Yengulev) certifica su adhesión. Las lecturas de Grave y de Stirner dan más tenacidad al influjo. *El único y su propiedad* (1845), obra del último autor, es tal vez la más decisiva, en cuanto aúna en sí las tendencias anarquistas con un subjetivismo que debió arraigar profundamente en el joven poeta. La "nada creadora" debía ser una idea íntimamente alentadora para este poeta sometido a las precariedades de la vida diaria. *Nada* socialmente hablando, *creador* por voluntad individual, he aquí el yo de Neruda en esos años, en toda su vacua plenitud stirneriana.

Estudiante perteneciente a las capas medias, lector de libros anarquistas, conociendo el brillo de los atentados individuales y el fuego mortal de las represiones antiobreras, Neruda escribe *Crepusculario* en medio de la euforia alessandrista. La fecha que lo precede es 1919, el umbral del triunfo. En 1923, cuando aparece, el libro no alcanza a recoger el declinar de las ilusiones colectivas. Es profundamente decidor que la segunda edición, dedicada a Juan Gandulfo, agregue a continuación: "este libro de otra época". Después de *Crepusculario*, otra época ha comenzado. Ya está lejano el tiempo del fervor, en que estudiantes, obreros, empleados y escritores formaban un magma social unitario. La *chusma querida* se disgrega en sus contradicciones internas: el odio ha comenzado a ser fecundo.

Aún vestido de gris
y
sonidos amargos

SEXO

"Es fuerte y joven. La llamarada ardiente del sexo corre por sus arterias en sacudimientos eléctricos. El goce ya ha sido descubierto y lo atrae como la cosa más simple y maravillosa que le hubieran mostrado. Antes le enseñaban a esconder la inmundicia del bajo vientre y su frente de niño se arrugó en una interrogación inconsciente. Después el primer amigo le reveló el secreto. Y el placer solitario fue corrompiendo la pureza del alma y abriéndole goces desconocidos hasta entonces. Pero ya pasó el tiempo aquel. Ahora, fuerte y joven, busca un objeto en quien vaciar su copa de salud. Es el animal que busca sencillamente una salida a su potencia natural. Es un animal macho y la vida debe darle la hembra en quien se complete, aumentándose.

"Por eso busca. La hermana ha crecido como él; como él es fuerte y poderosa; la juventud hízole ya las ánforas del pecho y los ojos que guardan el deseo. Pero es su hermana. Y aún hay castigo para el amor entre ambos.

"Pero hay más mujeres. Las calles llevan cientos de hembras inquietas y vigorosas y el hombre busca de nuevo. Pero descubre que la entrega de una de esas mujeres trae una cosa divertida y rara: la 'deshonra' de la que quiso, como él, gozando un placer para el que la naturaleza le dio un órgano.

"Entonces el hombre joven, que es honrado, aprende a conocer la maldad hipócrita que inventaron para impedir la eclosión plena de sus inclinaciones físicas. Pero siempre busca. Y hay la casa de placer. Pero el hombre que es puro, reduce su necesidad natural y desprecia, compadeciendo, la máquina que ha de darle el placer a tanto la hora.

"Y entonces el hombre joven y fuerte siente una oleada de rabia contra los estúpidos que hicieron el marco cuadrado y tieso en que debe meter su vida. Desprecia y odia la ley que le va dando en la cara un latigazo por cada tentativa de su ser hacia lo que todos hacen como larvas oscuras en los rincones ocultos y siente deseos de volver su rabia sobre los que le dieron el deseo ancestral que lo amarra como un gancho enorme a la vida. Y deja de ser puro y quiere comprar amor.

"Pero es pobre. Y piensa que el placer y todo lo que han hecho sobre la tierra, con la tierra misma, es para los que todo lo tienen y lo obligan a él, fardo de deseos naturales, a ser un mueble pegado al oro de los otros"[1].

Esta página, escrita por Neruda a los 17 años, es suficientemente demostrativa de que su poesía amorosa no es pura invención literaria. Surgidos de concretas condiciones de existencia, libros como *El hondero entusiasta* y los *Veinte poemas de amor* reflejan la situación social del poeta, su gris y oscura pobreza.

Poesía amorosa hay ya en *Crepusculario*. No es lo fundamental, sin embargo. Como antecedentes significativos, vale la pena recordar *Farewell*, que proyecta su historia sentimental sobre los *Veinte poemas*, *Nada me has dado...* y *Morena, la besadora*. Esta última composición presenta un pequeño y singular enigma. ¿Ha reparado el lector en que esa *morena* del título se contradice flagrantemente con el inicio del poema: *cabellera rubia...*? Se trata, con toda evidencia, de una paradoja poética sobre la figura femenina, en que las variedades rubia y morena pretenden ser identificadas, fusionadas casi, en un único ejemplar de mujer. Detrás de este intento, hay algunos modestos precedentes líricos, especialmente en Pedro Antonio González, Carlos Pezoa Véliz, José Domingo Gómez Rojas y Romeo Murga. Todos ellos han concebido los distintos retratos femeninos como entidades contrapuestas, que oscilan a menudo entre la mujer sensual y la mujer ideal. A Pezoa Véliz pertenecen dos

[1] *Claridad,* 2 de julio de 1921.

sonetos encabezados con el título genérico de *Cuerdas heridas*[2]. *A una rubia* es metamorfosis de la virgen cristiana, que representa el plano ideal de la belleza, el ensueño y la aspiración lejana; *A una morena*, en cambio, señala el costado ardiente del amor, el llamado sensual de la hembra. En cuanto a José D. Gómez R., tiene en su adolescente poemario *Rebeldías líricas* (1913) un pequeño ciclo denominado "El perfume de las musas", tal vez inspirado en "El año lírico" de Rubén Darío. En él incluye a las musas de las cuatro estaciones. La musa primaveral aparece vista en términos semejantes a la virgen rubia de Pezoa Véliz, mientras la estival es la musa morena, la Musa-Placer. Y sobre Romeo Murga escribe uno de los mejores conocedores de este olvidado poeta: "Dignos de nombrarse son dos poemas, 'La niña rubia' y 'Morena', ambos realizados con un sabio tratamiento técnico. 'La niña rubia' está escrita en octosílabos que acentúan la claridad cromática, la impresión de levedad que requiere el tema (...). Este poema, bañado de luz, contrasta con el tono grave y nocturno de 'Morena'..."[3]. En el caso de Neruda, esta 'morena rubia' de *Crepusculario* prepara el segundo de los *Veinte poemas* y luego, ampliado a escala cósmica, la gran arquitectura de *Residencia en la tierra*, en que el juego de complementarios se funde con el prodigioso despliegue del devenir natural. Por eso es profundamente verídica esta declaración posterior de Neruda: "Siempre me han preguntado cuál es la mujer de los *Veinte poemas*, pregunta difícil de contestar. Las dos o tres que se entrelazan en esta melancólica y ardiente poesía corresponden, digamos, a Marisol y Marisombra. Marisol es el idilio de la provincia encantada, con inmensas estrellas nocturnas y ojos oscuros

---

[2] Raúl Silva Castro: *Carlos Pezoa Véliz (1879-1908)*, cit., p. 202. Los poemas están fechados en 1900.

[3] Jorge Teillier: "Romeo Murga, poeta adolescente". *Atenea*, núm. 395, enero-marzo de 1962, pp. 166-7.

como el cielo mojado de Temuco. Ella figura con su alegría y su vivaz belleza en casi todas las páginas, rodeada por las aguas del puerto y por la media luna sobre las montañas. Marisombra es la estudiante de la capital. Boina gris, ojos suavísimos, el constante olor a madreselva del errante amor estudiantil. El sosiego físico de los apasionados encuentros en los escondrijos de la urbe"[4]. A decir verdad, si juntamos la anécdota de *Farewell*, esa complementariedad postulada en *Morena, la besadora* y la común inmersión de poeta y mujer dentro de la desbordante realidad en el poema *Nada me has dado...*, tendremos un haz de coordenadas que regirá la poesía de los *Veinte poemas de amor y una canción desesperada*.

La poesía de Neruda tiene tal persuasión emocional que es fácil olvidar sus motivaciones inmediatas. Los *Veinte poemas* fueron para la generación coetánea de Neruda, y siguen siendo para las nuevas juventudes, un breviario de amor, un manual de enamoramiento. Constituyó este libro, a su manera, una especie de "estilo nuevo" que se expandió con singular fortuna a través de los países hispanoamericanos. Hay un síntoma externo y material de esta proyección: es la obra de Neruda que más reediciones lleva y que con más traducciones a otras lenguas cuenta[5]. Como toda gran lírica de amor, la de Neruda ha logrado crear y expresar una sensibilidad desconocida en ese orden de las relaciones afectivas. En ninguna parte más que en esta clase de formaciones literarias son más palpables e invisibles a la vez las condiciones histórico-sociales que constituyen su base objetiva. En general, un intento metodológico de este tipo

[4] *Memorias: O Cruceiro Internacional*.

[5] En la bibliografía preparada por Hernán Loyola, el libro en cuestión figura con 37 ediciones (chilenas, argentinas y una mexicana). Lo cual representa, en promedio, apenas un poco menos de una edición anual desde 1924 hasta 1968. La aceptación tan sostenida de esta poesía es, entonces, un hecho sociológico y cultural que es necesario explicar.

se complica por el carácter de eternidad con que, según nuestra perspectiva temporalmente limitada, aparece revestido el sentimiento amoroso. La idea de una disposición humana inmutable, la capacidad de amar, entra aquí en pugna con las variaciones históricas y culturales que tratan de imponerse. De hecho, no sería imposible realizar el proyecto de Baudelaire de escribir una historia del erotismo que mostrara el carácter de producciones humanas específicas, culturalmente diferenciadas, de la emoción y del acto amatorios. Es también el anhelo, más recientemente formulado, del historiador francés Lucien Febvre[6]. Pues es una honda historicidad la que manifiestan las expresiones poéticas más egregias del sentimiento amoroso.

El bíblico *Cantar de los cantares* con su lujuria rústica y exquisita, acoplada a las alegorías misteriosas de la Thora; las *Anacreónticas* y su juego hedonista que reflejan el refinamiento del mundo alejandrino; las *Elegías* de Propercio, que despliegan ante nosotros, en sus detalles y en su picardía, la técnica de seducción y las modalidades del eros imperial; la poesía trovadoresca, con su alta culminación en la *Vita nuova,* donde se da vida al sentimiento filosófico medieval de la mujer; Petrarca y el *Canzoniere,* que comienzan a encarnar la imagen renacentista de la feminidad; el sentimiento enlutado del amor que trae el romanticismo desde las *Méditations poétiques* adelante, son sólo unos pocos hitos memorables en el desarrollo del género amoroso.

La omisión del marco social en que se inserta esa poesía de Neruda hace posible que se sostengan posiciones completamente antagónicas en cuanto a la naturaleza de su figura femenina. Para Mario Rodríguez, crítico chileno, la mujer de los *Veinte poemas* es una mujer ple-

[6]"No tenemos historia del *Amor,* ¡piénsese en esto!". Cf., *El problema de la incredualidad en el siglo* XVI, México, UTEHA, 1959, p. XII, nota 45.

namente carnal, objeto sensual ante todo, junto con ser encarnación privilegiada de la tierra y de la vida. Para otros críticos, en cambio, lo que en ella predomina es su aspecto ideal; lejos de ser una musa de carne y hueso, es más bien una imagen de ensueño, la proyección de su fantasía poética. ¿Será posible, entonces, hacer compatibles afirmaciones tan opuestas, que nos llevan a concebir la mujer nerudiana de modo tan fluyente y contradictorio como esa 'morena rubia' de *Crepusculario?*

Para situar el problema en su raíz, es necesario describir las formas concretas de relación amorosa que se poetizan en los *Veinte poemas.* Ellas pueden reducirse a tres clases, según que se trate de la mujer interior, la enamorada juvenil o la hembra objeto de goce sexual.

a) *La mujer interior.* Es pura imagen subjetiva, espejismo creado por las fuerzas del deseo y de la fantasía conjuntamente. La vemos diseñada con claridad en un hermoso y discutido poema que es paráfrasis de otro de Tagore:

En mi cielo al crepúsculo eres como una nube
y tu color y forma son como yo los quiero.
Eres mía, eres mía, mujer de labios dulces,
y viven en tu vida mis infinitos sueños.

Proyección de los sueños, esta mujer sólo existe en el escenario íntimo del poeta. Fantasma del crepúsculo, es otra transfiguración suya, en medio de una atmósfera en que la interioridad se impregna de atardeceres luminosos. He aquí, por lo tanto, la paradoja inquietante de este ser:

Oh segadora de mi canción de atardecer,
cómo te sienten mía mis sueños solitarios!

Eres mía, eres mía, voy gritando en la brisa
de la tarde, y el viento arrastra mi voz viuda.

"Mía" y ausente a la vez, esta mujer tiene la ausencia de la muerte; el poeta que la ama y la hace suya es solitario y viudo. Se hace patente, así, la intensa fugacidad de este ensueño interior.

Cazadora del fondo de los ojos, tu robo
estanca como el agua tu mirada nocturna.

Tocamos ahora el secreto material de esta mujer, el ámbito de su aparición. Lo dice el poeta claramente, Ella surge "en el fondo de los ojos". Dirigidos éstos constantemente hacia los cielos exteriores, se vuelven ahora hacia la profundidad del sujeto, donde cavan esta imagen hecha de puros efluvios.

En la red de mi música estás presa, amor mío,
y mis redes de música son anchas como el cielo.
Mi alma nace a la orilla de tus ojos de luto.
En tus ojos de luto comienza el país del sueño.

Aquí se consolida, es decir, se hace más ingrávida y sutil que nunca la visión de esta mujer, suma de emanaciones sin soporte material: la mirada sin los ojos, la dulzura de los labios sin su carne, música sin aire y sin instrumentos. De ahí que la música exprese sobre todo la fulguración de esta mujer, fuego fatuo nacido y desvanecido en la intimidad del sujeto. El abrazo sólo atrapa su muerte. Por eso hay en este poema un desenlace de duelo, que fija para siempre a esta mujer como la musa muerta por excelencia, la musa difunta del alma.

Detrás de esta configuración está la visión modernista de la mujer, que a su vez procede del sentimiento amoroso romántico. Aparte del caso más destacado de Darío, en Chile cultivan esta imagen Manuel Magallanes Moure y Angel Cruchaga. La experiencia que el primero poetizó está resumida con exactitud en este verso de *El hondero entusiasta:*

Eres lo que está dentro de mí y está lejano.

En el mismo sentimiento se detiene Angel Cruchaga en su hermoso libro *Las manos juntas* (1915), formulándolo conscientemente en una prosa poética contemporánea, *Mujeres lejanas*[7]. En otro texto escribe, dando cuenta igualmente de la situación que describimos: "**En el silencio hermético y prolongado, se contempla la imagen de nuestro yo, al principio indefinida como un presentimiento, después esbelta, fuerte y segura**"[8].

Lo que Manuel Magallanes y Angel Cruchaga actualizan en la lírica chilena, como jalones prenerudianos de esa experiencia, en realidad es un fenómeno más amplio y sostenido. Así como el *yo* ha sido el pronombre de la autoconsciencia filosófica, la autoconsciencia lírica encuentra su formulación en el posesivo *mía*. *Mía* es el cogito poético modernista, por lo menos desde las obras más decisivas de Rubén Darío. En el centro de *Prosas profanas* hallamos meditadas las relaciones entre el sexo y el ensueño en el par de poemas *Mía* y *Dice mía...*[9]. De ahí que estas fórmulas haya que valorarlas, también en el caso de Neruda, sobre el trasfondo de esa tradición.

En *El hondero entusiasta* hay un fragmento donde lo que exponemos se despliega con insuperable claridad. Es el fragmento 7, del cual copiamos algunos momentos relevantes:

Alma mía! Alma mía! Raíz de mi sed viajera,
gota de luz que espanta los asaltos del mundo.
Flor mía, Flor de mi alma, Terreno de mis besos.

---

[7]Cf., Jaime Concha: "Muerte y canto en Angel Cruchaga". *Estudios Filológicos*, 4, 1968, p. 139.

[8]Ibíd.

[9]En lo substancial, esta secuencia entre el sexo y el espíritu se recoge en *Morena, la besadora*: "Huella que dura en el lecho, / huella que dura en el alma, / palabras locas".

Canción, sueño, destino. Flor mía, flor de mi alma.
Aletazo de sueño, mariposa, crepúsculo.

Eres. Entonces, eres, y te buscaba entonces.
Eres labios de beso, fruta de sueños, todo.

Los dos brazos que surgen como juncos de asombro.
Todo su cuerpo ardido de blancura en el vientre.
Las piernas perezosas. Las rodillas. Los hombros.
La cabellera de alas negras que van volando.
Las arañas oscuras del pubis en reposo.

Se trata, como es evidente, de una verdadera deducción idealista de la mujer, que plasma su corporeidad a partir de puros datos interiores. Desde la extrema blancura del alma el poeta desprende, mediante flexibles modulaciones del deseo, la sombra en reposo, sexuada, de ella. De lo difuso a lo nítido, todo su esfuerzo se define por una búsqueda de contornos, en los que trata de apresar la imagen vagabunda así nacida:

Te parió mi nostalgia, mi sed, mi ansia, mi espanto.

Y ya lo vemos: esta ansia inaprehensible se prolonga en la caricia, única capaz de dar tangibilidad al cuerpo soñado:

La delgada caricia que te hace arder entera.

Es fácil advertir, entonces, que los tres tipos de mujer mencionados no serán formas irreductibles; hablará, como veremos con más detalle a continuación, cruces, superposiciones, tránsitos de una a otra. Con más precisión: esos tres modos de lo femenino serán sólo grados en un mismo camino de constitución de la objetividad.

b) *La enamorada juvenil.* Es el objeto de sus encuentros en la ciudad, dentro del marco de su vida estudiantil. El poeta reitera algunas pálidas señas de su existencia: los ojos, las manos, la voz, su boina gris. Desnudos decentes, en primer lugar, que forjan un esbozo inicial de corporeidad, sobrepasando ya la irrealidad de la figura anterior; voz en que encarna, en segundo lugar, esa música inaccesible de su interioridad; finalmente, un detalle vestimentario que remite a un uso social, a una moda juvenil de la época. Sin embargo, tampoco la tangibilidad de esta mujer es completa. Su relativización se produce especialmente por la atmósfera de recuerdos que la rodea:

Te recuerdo como eras en el último otoño.
Eras la boina gris y el corazón en calma.
En tus ojos peleaban las llamas del crepúsculo.
Y las hojas caían en el agua de tu alma.

Siempre evocada, la figura de la joven se adelgaza tras el velo del tiempo. Es otra forma de la ausencia, una ausencia que crea también un tembloroso vacío en torno a esta enamorada estudiantil. Distante, lejana, a esta amada se la anhela desde otro punto del espacio, lo que acerca su figura a la materialidad transparente de la primera forma de femineidad:

Cielo desde un navío. Campo desde los cerros.
Tu recuerdo es de luz, de humo, de estanque en calma!
Más allá de tus ojos ardían los crepúsculos.
Hojas secas de otoño giraban en tu alma.

Estamos ante una segunda forma de la ausencia, no la definitiva de la muerte, aunque sí la de una lejanía temporal y espacial a la vez, que parece resumirse en el clima cambiante de las estaciones estudiantiles: el otoño universitario y el verano en la provincia.

Otras veces la estudiante es presentada, esperada con ansia. El fracaso del anhelo intensifica esta sensación de ausencia, extremándola hasta tocar el grado de lo irrecuperable. Es el momento perdido, el momento del amor que no nació. Desde este lado, esta nueva ausencia se avecina, asemejándose, a su primera manifestación:

Hemos perdido aun este crepúsculo.
Nadie nos vio esta tarde con las manos unidas
mientras la noche azul caía sobre el mundo.

Entonces, dónde estabas?
Entre qué gentes?
Diciendo qué palabras?
Por qué se me vendrá todo el amor de golpe
cuando me siento triste y te siento lejana?

Esta amada estudiantil no llega nunca: es sólo el objeto de un recuerdo, la evidencia de su irremediable lejanía.

c) *La mujer poseída.* Todo lector de los *Veinte poemas* recuerda el inicio del libro, el notable primer poema en que la experiencia sexual alcanza una reproducción lírica exactísima, casi literal. El poema tiene la misma procesalidad del acto amoroso, desde la absorción contemplativa hasta el desenlace orgásmico. *Cuerpo de mujer...*, comienza el sujeto, recorriendo las palpitantes suavidades de la forma femenina, con caricias que constituyen la unión de lo visual y de lo activo, la operación aliada de los ojos y del tacto; *cuerpo de mujer mía...* finaliza, adquiriendo el posesivo toda su significación real. La cima de la actividad erótica está descrita, en primer lugar, en términos veristas:

Ah los vasos del pecho! Ah los ojos de ausencia!
Ah las rosas del pubis! Ah tu voz lenta y triste!

Pero esos "ojos de ausencia", esa "voz lenta y triste" se asocian también en su poesía con los rasgos de la mujer irreal. Detalles evidentes del orgasmo femenino, son también puentes poéticos para una irrealización de la mujer carnal, para despotenciar a esta forma femenina de su certidumbre sensible en beneficio de una inclaudicable certeza interior. Hay, por lo tanto, una tercera forma de ausencia, que no corresponde únicamente a esta nueva mujer, sino que se hace delgada capa entre la amada estudiantil y la hembra del primer poema. Es el silencio. En el poema por antonomasia de la mujer silenciosa, el *Poema 15,* se enumeran con gran fidelidad estas formas reconocibles de la ausencia:

Me gustas cuando callas *porque estás como ausente.*
Distante y dolorosa como si hubieras muerto.

Silencio, distancia, muerte: tres grados de una misma ausencia imperante en esta poesía.

En realidad, lo que unifica estas tres variedades de la amada es el vínculo concreto del Deseo. La subjetividad se define en esta poesía por su más primario conato de autoconsciencia, la búsqueda anhelosa de algo de lo cual se depende, pero cuya posesión es mortal para esa misma búsqueda. El objeto y su ausencia son correlativos con este movimiento de las fuerzas interiores. Energía sin satisfacción posible, el deseo es llamado, apelación sin término. "Ansia sin límites", "dolor infinito", así se nombra al deseo en esta poesía. "Sed", "ansia", "nostalgia" son expresiones que se reiteran en *El hondero entusiasta* y en los *Veinte poemas.* No hay, en consecuencia, ni mujer ideal ni mujer carnal en estos libros nerudianos: sólo formas distintas forjadas por la realidad básica del deseo, vicisitudes suyas.

Neruda describe antes que nada la repercusión interna de esa experiencia, los efectos sufridos por él mismo:

Ternura de dolor, y dolor de imposible,
ala de los terribles deseos,
que se mueve en la noche de mi carne y la suya
con una aguda fuerza de flechas en el cielo.

Algo de inmensa huida,
que no se va, que araña adentro,
algo que en las palabras cava tremendos pozos,
algo que contra todo se estrella, contra todo,
como los prisioneros contra los calabozos!

Luego, la ansiosa proyección a la exterioridad:

Ella, tallada en el corazón de la noche,
por la inquietud de mis ojos alucinados:
ella, grabada en los maderos del bosque
por los cuchillos de mis manos,
ella, su goce junto al mío,
ella, sus ojos enlutados,
ella, su corazón, mariposa sangrienta
que con sus dos antenas de instinto me ha tocado!

Hallamos, una vez más, la gradual progresión hacia la corporeidad. Primero, la irrealidad puramente imaginaria a través de los ojos; segundo, la irrealidad materializada que las manos modelan. Las transiciones son imperceptibles. Los ojos tallan, tienen ya una incipiente manualidad, producto del magnetismo que la exterioridad ejerce sobre ellos. Las manos comienzan a perder la blanca pasividad estudiantil, aunque todavía no alcanzan su posterior disposición guerrera. Incisivas, estas manos tratan de grabar una imagen; activas, ellas sólo prolongan el ensueño. El poeta *trabaja* su interioridad. Como esos versos que Neruda escribía en su infancia sobre tablas cualesquiera, esta mujer es una inscripción. He aquí, en esquema aristotélico, esta extraña operación: sobre las materias de su niñez, con una eficiencia entre real e impracticable, el poeta se complace en depositar las formas de su invención. Es, ciertamente, bien desconcertante esta metamorfosis del poeta: sus ojos quieren volverse dedos, quieren tocar, y aun modificar, las cosas exteriores; sus manos se ejercen hacia adentro, pretenden esculpir fugitivos personajes de su intimidad. "Con ojos que palpan y con manos videntes": el desiderátum goetheano de las *Elegías romanas* es, en Neruda, un conflicto, que determina que su noción de la manualidad progrese, sin duda. Aunque algo de ello conserva todavía, esta actividad que vemos en *El hondero entusiasta* no es ocio estético exclusivamente. Entre el instrumento musical —ese violín de *Crepusculario*— y los instrumentos guerreros de *Residencia en la tierra,* hay esta forma intermedia, punzante y doméstica a la vez, útil y lúdica. Ocio y arte que no se diluye en melodía, que enfrenta ya a una materia resistente, éste del grabado se aproxima insensiblemente al paradigma infantil del trabajo.

Es claro, además, en estos versos: mujer-hembra, mujer difunta, lo único básico es el dato primario del instinto, las fuerzas inconscientes del deseo, del cual ojos y manos son sólo tentáculos vehementes. De hecho, todo *El hondero entusiasta* se explica a través de esta dialéctica del deseo. Su itinerario es el de una subjetividad pugnaz, que busca romper los límites individuales, en pos de una comunicación con la mujer. Desde la mujer-alma del comienzo hasta la "canción del macho y de la hembra", su recorrido no es otro que el de la materialización del objeto amoroso. Una vez más lo decimos: la mujer nerudiana no puede pensarse como figura estática, dada para siempre a la visión del poeta, sino como imagen en curso de constitución. Se comprende, entonces, el papel fundamental que cumple la experiencia amorosa en la totalidad de la poesía nerudiana. En *La sagrada familia,* refutando las especulaciones de los neohegelianos, escriben Marx y Engels: "...en el amor, que más que ninguna otra cosa, enseña al hombre a creer en el mundo material *(gegenständliche Welt ausser ihm)* y que no sólo hace del hombre un objeto, sino también del objeto un ser humano"[10]. Y más adelante: "Lo que

---

[10] Marx-Engels: *Die heilige Familie,* cit., p. 21.

la crítica ataca aquí no es solamente el amor, es todo lo viviente, todo lo inmediato, toda experiencia sensible, en suma, toda experiencia real *(alle wirkliche Erfahrung überhaupt)*, de la que no se sabe de antemano el 'de dónde' ni el 'a dónde' "[11]. Al final de *El hondero entusiasta*, abolido ya el sujeto individual, emerge una sola substancia solidaria:

Y tú, en tu carne encierras
las pupilas sedientas con que miraré cuando
estos ojos que tengo se me llenen de tierra.

Es la primera extinción de los ojos estudiantiles. Pese al socorrido tópico, la imagen adquiere relieve dentro de la legalidad del poema. Se apagan esos ojos que extraían su luz de las bellezas del cielo, se oscurece su alto abolengo espiritual. Este poeta "solo, como el primer muerto" en su empecinada individualidad, se prolonga en la otra mitad necesaria del juego amoroso. El privilegio de los ojos ha dejado de ser un atributo singular: es una llama comunicable, un derecho compartido. Esta conclusión en la tierra de una experiencia en que "el hondero" manifestaba su vocación por las alturas no es un azar. Es el modo macabrista de un descubrimiento que en *Tentativa del hombre infinito* va a ser contacto físico (:"araño esta corteza destrozo los ramales de la hierba") y que en *Residencia en la tierra* será afanosa averiguación geológica. En otra parte, en el *Poema 17*, Neruda expresa maravillosamente bien lo que los textos filosóficos postulan conceptualmente:

Tú, mujer, que eras allí, qué raya, qué varilla
de ese abanico inmenso? Estabas lejos como ahora.
Incendio en el bosque! Arde en cruces azules.
Arde, arde, llamea, chispea en árboles de luz.

[11] Ibíd., p. 23.

> *Se derrumba, crepita. Incendio, incendio.*
> *Y mi alma baila herida de virutas de fuego.*
> *Quién llama? Qué silencio poblado de ecos?*

Es el llamado de la ausencia, la atracción de la realidad exterior que experimenta un sujeto que se ha complacido largamente en el seno de su hermetismo. Porque la ausencia permanente de la mujer en esta poesía es esto, en su contradictoria textura: "silencio poblado de ecos", "distancia" poblada de contactos, "muerte" poblada de vida. Sin existir, la mujer tiene una presencia poderosa en el cauce del deseo. Incompleto, el poeta sabe que sin su participación en ella queda huérfano de toda realidad. Justamente de esa realidad que en su primera manifestación es llama, fuego, incendio. Estamos aquí, de nuevo, frente al contacto original del poeta con las cosas exteriores. Ya recalcábamos este pasaje: "Tal vez el recuerdo más remoto de mi propia persona es verme sentado sobre unas mantas frente a nuestra casa que ardía por segunda o por tercera vez". El amor renueva, en la forma ardiente del deseo, esa imagen del fuego perpetuamente encendida en su poesía. Hay siempre, en estos libros amorosos de Neruda, configuraciones intermedias cuyos extremos inicial y final pueden descubrirse en *Crepusculario* y *Residencia en la tierra*. De igual modo como ocurre con la secuencia de instrumentos que describimos, tenemos ahora la siguiente serie: una casa quemada en la niñez, ardor crepitante del cuerpo, cenizas históricas de la Conquista. Desde el origen memorable de la subjetividad hasta la memoria colectiva que aportan las *Residencias*, el sonido del fuego con los armónicos (chispas, cenizas, virutas, humo, etc.) crece por una suerte de intususcepción, devorando la eternidad del alma en el tiempo quemante de la materia. En este cuerpo que se incendia a sí mismo de sed y de deseo ya no cabe la música del alma, esa oquedad independiente de toda experiencia:

He aquí mi sed que aúlla sobre mi voz ya muerta.
He aquí mi voz caída. He aquí mi alma caída.
Caen sobre mis ruinas las vigas de mi alma.

Ya no podría escribir Neruda, luego del deseo y del acto amatorios, estas palabras de *El licor singular:* "Nunca pude arrojar mi alma de mi lado, *confundirla, mezclarla.* Viajó y viaja aún, silenciosa, tal un barco pescador entre la bruma, por las almas extranjeras que se abrían o cerraban para recibirla o rechazarla. Pero siempre, liberada de la hospitalidad o del rechazo, te volvía a encontrar, alma mía, *incontaminada*, siempre mejor y siempre igual"[12]. El barco de la infancia, el paisaje irisado del alma no sobreviven, no pueden sobrevivir a la imperiosa apetencia material contenida en el sexo. Síntesis precursora de dos experiencias de distinta amplitud, esta visión del incendio amoroso condensa reminiscencias infantiles o impresiones concretas (incendios de bosques), extendiéndolas hasta abarcar las dimensiones de un territorio, de un suelo indispensable para el surgimiento de los contenidos históricos. Brota, entonces, la imagen del deseo como marea, como caricia del mar en el flanco de la costa:

He visto tendido frente a los mares del Sur,
arrollarse las aguas y extenderse
inconteniblemente,
fatalmente
en las mañanas y en el atardecer.
Agua de las resacas sobre las viejas huellas,
sobre los viejos rastros, sobre las viejas cosas,
agua de las resacas que desde las estrellas
se abre como una inmensa rosa,
agua que va avanzando sobre las playas como
una mano atrevida debajo de una ropa,

[12]*Claridad*, 22 de julio de 1922.

agua internándose en los acantilados,
agua estrellándose en las rocas,
agua implacable como los vengadores
y como los asesinos silenciosa,
agua de las noches siniestras
debajo de los muebles, como una vena rota,
como el corazón del mar
en una irradicación temblorosa y monstruosa.

Incendio de los bosques o aguas marinas, la energía del deseo va delimitando un campo que coincide con la geografía de la infancia. El amor no conduce, por lo tanto, en este poeta, a una objetividad abstracta, a una realidad a secas, sino a un ámbito particular, al objeto amable de su experiencia más entrañada. La Frontera y las costas de su región reaparecen una vez más perdiendo su primera inmediatez y determinando un balbuceante nivel de conciencia. Es realmente sobrecogedor el modo en que el poeta se introduce en intuiciones que para él han de ser definitivas. Esas "viejas huellas", esos "viejos rastros", esas "viejas cosas", pronunciadas con un énfasis obsesivo, ¿qué son sino oscuros presentimientos de algo cuyo sentido aún no se comprende? Conocimientos sin reconocimiento, como diría Hegel. Porque lo mismo que los "cascos enemigos" que Neruda sorprendía en una faena de trilla serán anticipación del advenimiento de los animales de la Conquista, señales premonitorias de la herradura, estas huellas de *El hondero entusiasta* las volveremos a encontrar, con idéntica ambientación, en *Al sur del océano,* donde ya exhibirán un semblante preciso: la pisada de los caballos, los rastros de la marcha conquistadora.

A esta altura es posible desprender algunas conclusiones generales. En primer término, el deseo de donde irradia la población femenina de esta poesía se nos presenta con una peculiar estructura. Es, digámoslo ya, una modalidad de acción, la acción ejercida contra sí mismo. En otras palabras, una acción inútil. El poeta lo dice con extrema claridad:

De mi pelea contra mí mismo, fuiste.

Es decir, el deseo es trabajo sobre la propia subjetividad, una labor que modela los contornos del sujeto, que va palpando sus vacíos y sus movimientos. Alianza de sufrimiento y de trabajo, el deseo es sufrimiento sin pasividad, sufrimiento activo y es trabajo sin materia física sobre la cual ejercerse, trabajo inmaterial. En todo caso, la forma cómplice y complaciente del sufrimiento tiende a desaparecer; ha dejado de ser indoloro, porque contiene pugnas y tensiones, reales carencias del individuo. Del sufrimiento *porque sí* estudiantil pasa a esta clase de sufrimiento *porque no* que lo define como sujeto desiderativo. En segundo lugar, esta forma de acción ficticia y efectiva al mismo tiempo determina en buena medida la composición de las figuras dominantes. Ese "hondero" que lanza piedras al vacío, que mueve sus brazos como aspas, ese guerrero que tira sus flechas sobre no se sabe qué blanco, expresan marcadamente una avidez sin objeto, sólo consciente de sí misma y de su raíz. En la poesía de *El hondero entusiasta* y de los *Veinte poemas*, existen dos sectores discernibles de elementos objetivos: el sector del hierro, de las cosas penetrantes y desgarradoras (arados, túneles que pertenecen al sistema del tren, espadas) y un sector más primitivo, en que las armas indígenas dan la tónica. Que se nos entienda bien: es obvio que en la fase de la poesía amorosa de Neruda estos elementos materiales representan un decorado primitivista, una especie de ropaje exotista muy en el gusto del Modernismo. Justamente porque se trata de eso: de un exotismo de lo propio, de las armas y de instrumentos que han pertenecido a una historia que se sublima líricamente, es porque poseen valor representativo. Son objetos de conciencia inmediata, sin ningún ingrediente reflexivo. Imaginemos una experiencia ideal, dentro del marco de lo probable. He aquí un arado. Para el niño que fue Neruda, fue quizás un gran juguete deleitoso, un insecto gigantesco que se movía sobre la tierra. En su poesía, en esta primera poesía, hay sólo un uso práctico de la palabra. Nada más, en principio. Pero ya en ese simple uso se va forjando un grado ulterior de conciencia, que permitirá situar la palabra-objeto en la interacción de sus relaciones concretas. He aquí el poeta, luego de escribir varios libros, incluso en el mismo momento en que los escribe, que se mira a sí mismo y se contempla a través de su poesía. Hay espadas, arcos, flechas, túneles, trenes. ¿Es esto un puro desván de cosas arrumbadas? ¿Dónde está el centro de su evidente coherencia? De este modo, la progresiva conciencia sobre la significación y el origen de la propia poesía surge con la práctica misma, no es preexistente. Neruda, poeta de la Frontera, va adquiriendo conciencia de su enlace con esta zona mediante signos tan delgados y al parecer tan evasivos como estas armas, estos elementos convencionales de sus poemas amorosos. Pues las palabras lujosas y exotistas que en ellos utiliza son también vehículos para la constitución de una memoria de lo colectivo. Cuando escribe:

Fui solo como un túnel. De mí huían los pájaros
y en mí la noche entraba su invasión poderosa.
Para sobrevivirme te forjé como un arma,
como una flecha en mi arco, como una piedra en mi
[honda.

Márcame mi camino en tu arco de esperanza
y soltaré en delirio mi bandada de flechas,

no sólo resultan versos sin repercusión, palabras que quedan allí, sino un secreto poder de ramificación que todavía no advierte sus verdaderas raíces. Son dos caras de lo mismo: esos rastros de no se sabe qué, esas huellas sin contenido definido se complementan, sin duda, con estos objetos que no se reconocen como rastros, que no se aprehenden como huellas. *Residencia en la tierra* fundirá esas dos caras. Aparecerá, entonces, el rostro íntegro de la tragedia. Es decir, el conjunto de sus máscaras. En tercer lugar, es indiscutible que existe una mediación social en el fenómeno de esa mujer perpetuamente ausente que nos muestra su poesía. Ya las líneas de *Sexo* lo advertían. Esta mujer no guarda ningún lazo con el sujeto, pero le está vedada: la ley se la prohíbe. Esta otra, más cercana, pertenece a su familia: la vieja condenación del incesto la aleja irremediablemente. Por razones morales, se reprueba incluso el contacto con su propio cuerpo. Queda apenas una sola salida: la mujer-mercancía; pero también se la impide la pobreza. Deseo prohibido, condenado o reprimido, deseo de lo inalcanzable: toda la sociedad contribuye a concebir la satisfacción del apetito sexual como antisocial. Su poesía es, entonces, desde este punto de vista, un modo determinado de asimilar la sociedad, de integrarse a ella. Su deseo amoroso es reacción en sentido propio, un duplicado de constricciones todopoderosas. En ese sujeto que lucha impulsivamente por dar corporeidad a sus imágenes, por dar consistencia a sus ensueños de la mujer, sería difícil no ver la angustia de un adolescente para quien las mujeres que llenan las calles son todas inaccesibles. ¿Pues qué son, a la postre, sus imágenes, sino pobres negativos, trasuntos exiguos de esos cuerpos innumerables que están allí, a la mano, y son, sin embargo, dolorosamente distantes? Inmediata e imposible, tal es la contradicción insuperable de la mujer, que el poeta experimenta y vive a cada instante. Y es en este momento donde el reflejo genera su rol ideológico, en cuanto tiende a apaciguar la menesterosa situación social del poeta.

Es la función compensatoria que cumple el amor en esta poesía. Lo mismo que la cultura para la pequeña burguesía es un vehículo que le permite igualarse con las clases superiores, el amor es también, aunque no se lo crea, un mecanismo de uniformación social que opera en el marco de muchas superestructuras. Ante el amor se evaporan las diferencias de clase: ¿no es inhumano pensar otra cosa? "Sólo el amor es fecundo", decía, con frase robada, Alessandri, el líder nacional de las capas medias. Se refería, por supuesto, a una inexplicable fecundidad social. La biología nada sabe de la organización que se dan los hombres. En la esfera del instinto, en la esfera de la carne, en la esfera del sentimiento, todos somos igualmente ricos, igualmente nobles. Estas bellas consolaciones ideológicas encuentran su confirmación en medio de un panorama natural, donde las fuerzas sociales han sido cuidadosamente borradas. Bosques, mar, vientos, estaciones del año: la sociedad es un mal extirpado en los *Veinte poemas*. ¿Pero qué hace, en el fondo, esta naturaleza sino tapar, cubrir, enterrar desesperadamente las evidencias implacables que la sociedad impone? En el *Poema 9*, escribe Neruda:

Pálido y amarrado a mi agua devorante,
cruzo en el agrio olor del clima descubierto,
aún vestido de gris y sonidos amargos
y una cimera triste de abandonada espuma.

Al parecer, en este poema el deseo y el acto eróticos han sido tratados oníricamente. De ahí, entonces, que la significación vacilante de ciertos elementos se haga compleja, más penetrante de comprensión. El poeta diseña su propia identidad. Esta "indumentaria estrafalaria"[13] con que se nos presenta es bien reveladora. Como algunos personajes de Picasso —como sus famosos Arlequines,

---

[13]Magdalena Petit: "Pablo Neruda (analizado en una de sus poesías)". *Atenea,* núm. 99, julio de 1933, p. 102.

por ejemplo— este sujeto transparenta su ánimo en su ropa. No hay discontinuidad entre sicología y vestimenta: el atuendo es simplemente ánimo exteriorizado y ¿por qué no?, ánimo socialmente producido. En efecto, es visible la sensibilidad, la atención casi sistemática que el poeta presta a las distintas formas de vestir y a sus correspondientes circunstancias sociales. En *Diurno doliente* escribirá más tarde, impregnando todo el traje de vehemencia interior:

> *Porque la ventana que el mediodía vacío atraviesa*
> *tiene un día cualquiera mayor aire en sus alas,*
> *el frenesí hincha el traje y el sueño al sombrero,*
> *una abeja extremada arde sin tregua.*

En *Residencia en la tierra* habrá un abanico que se extiende desde el vestido de novia hasta el "delirante luto". Este derrama, en su color sombrío, ceremonias de duelo, velorios, hechos funerales en esa poesía. En el centro de esos extremos, está el "traje nuevo" que viste Alberto Rojas Jiménez difunto y ese "traje sin luz" que se pone de preferencia el poeta. Habría que comparar esta sicología material de la ropa, vibrante de asociaciones y descubrimientos, con la poetización a que se entrega Vallejo, quien siente sobrevivir a su familia en las partes, en los miembros de su cuerpo y que toda la sociedad lo penetra en su camisa, en sus zapatos, en sus pantalones. ¡Increíble coincidencia de dos grandes hispanoamericanos!

Recordemos las tres necesidades básicas del ser humano determinadas ya en la *República* de Platón: la alimentación *(trophé)*, la vivenda *(oikésis)* y el vestido *(esthés)*[14]. Apenas provisto de la primera y huérfano de propiedad sobre la segunda, el pequeño burgués exacerba su atención a la tercera. Sociológicamente —se lo

[14] II, 369 d.

ha dicho tantas veces— las capas medias creen definir su *status* social en su modo de vestir, por la calidad o la apariencia de su ropa. La existencia juvenil está llena de la constante preocupación, de la humillante necesidad del vestuario. Tal es su poesía, la de un ser que habita en medio de la naturaleza y que hace de toda ella su gran vivienda imaginaria, la de un ser que omite en ella una alimentación que siempre ha sido considerada subpoética, y que de pronto nos deja una insignificante señal de su precariedad social: el testimonio de su traje. Gris es aquí el color de la pobreza, un color opaco y desvaído. Lo decimos sin ambages: si hay algo que representa la poesía de los *Veinte poemas*, si hay algo que determinó una lectura tan extendida en los países del Continente, no es otra cosa que el eros de la pobreza, un amor a la medida de la clase media. Pero malentendidos aparte: Daniel de la Vega y otros poetas menores han buscado expresar lo mismo. Fue a Neruda, sin embargo, a quien cupo alcanzar la plenitud del sentimiento que esas condiciones posibilitaban, una más alta jerarquía de belleza. Materialista en su sentido profundo, en cuanto es fiel a la esencia complementaria y totalizadora del amor, este sentimiento *idealiza* la situación de la clase media a que pertenece el sujeto. Sin disputa, la elaboración y la boga de estos poemas se producen en un momento de ascenso de esas capas en las sociedades del Continente. Culturalmente mimetizadas con las clases dominantes, participando del poder en distinto grado según sea el país, estas capas tratan de crear mitos alentadores sobre su situación de clase. La fuerza no apagada, duradera, de estos poemas verifica su validez, su significación histórica. Pues si el Modernismo fue un movimiento de la clase media que a fines de siglo todavía añoraba, con Darío, la situación del poeta en las cortes coloniales, su condición de artista palaciego, poco a poco fue afirmándose una actitud más positiva, más decidida, que corría a parejas con el avance incontenible de ese sector social. Neruda representa quizás, con esta juvenil poesía, la culminación de aquel proceso. Antes de él las formulaciones fueron débiles y marcadamente ideológicas y necesitaron recurrir a los valores vigentes en otras superestructuras, especialmente a los religiosos. Es lo que, para el caso de Neruda, veíamos ya en un poema contemporáneo a la génesis de *Crepusculario* y que puede observarse también en el desteñido misticismo de Amado Nervo, inspirado en fuentes católicas o, con mayor densidad lírica, en Angel Cruchaga. La poesía de Neruda, en cambio, saca sus fuerzas de sí misma y forja sus mitos con casi una completa autonomía imaginativa. Incluso cuando bordea peligrosamente la ambigüedad del *tener*, el conflicto de la posesión en su sentido amoroso y económico a la vez:

> *Aquí te amo y en vano te oculta el horizonte.*
> *Te estoy mirando aún entre estas frías cosas.*
> *A veces van mis besos en esos barcos graves,*
> *que corren por el mar hacia donde no llegan.*
> *Ya me veo olvidado como estas viejas anclas.*
> *Son más tristes los muelles cuando atraca la tarde.*
> *Se fatiga mi vida inútilmente hambrienta.*
> *Amo lo que no tengo. Estás tú tan distante.*
> *Mi hastío forcejea con los lentos crepúsculos.*
> *Pero la noche llega y comienza a cantarme.*
> *La luna hace girar su rodaje de sueño.*
>
> *Me miran con tus ojos las estrellas más grandes.*
> *Y como yo te amo, los pinos en el viento,*
> *quieren cantar tu nombre con sus hojas de alambre.*

La poesía exhibe tal capacidad de transfiguración, el espectáculo de la naturaleza tiene tal fuerza compensatoria que se impone a estas incrustaciones de conciencia dolorosa. Ocurre aquí, con más poder y eficacia, lo que en las novelas chilenas del 38 sucederá en menor medida y sólo de manera provisional. En Daniel Belmar, en Nicomedes Guzmán o en Rubén Azócar la contemplación de las noches estrelladas de la pampa, la frescura del mar o el ímpetu del viento serán a menudo valores sociales disfrazados en medio de la dominante miseria de sus personajes.

La naturaleza es, pues, la primera vertiente de la compensación. Hay una segunda, que se inserta en el campo mismo de la historia:

aún vestido de gris y sonidos amargos
y una cimera triste de abandonada espuma.

Es difícil resistir la identidad social. El poeta crea, por lo tanto, hurgando en una intimidad oníricamente estimulada, una imagen de otro tiempo, que desvía la atención del presente prosaico. Un penacho emerge, como resto de una antigua armadura. Este dato bizarro amortigua las evidencias actuales de su situación, la diluyen en un pasado débilmente presentido. Así, actual y anacrónico, cotidiano y armado, gris y pictórico, el sujeto revela y oculta simultáneamente su ser de clase. Sugiere y desvanece un reconocimiento insoportable. Súmense las constataciones: aquellos rastros indefinidos, esos objetos (instrumentos y armas) que eran reliquias estetizadas de una imponente gesta histórica, esta hibridez temporal que el personaje lírico ahora nos exhibe; sumadas, tenemos un terreno histórico que el poeta asedia, presionando suavemente, sin comprender todavía toda su proyección. La voz de la autoconsciencia colectiva es apenas una musitación:

Escuchas otras voces en mi voz dolorida.
Llanto de viejas bocas, sangre de viejas súplicas.

Delimitado el suelo de los hechos, estatuido un nivel primario de conciencia, construido su mundo amoroso con lo que fueron materiales de la guerra, esta poesía suprime el estado actual de la sociedad en beneficio de una experiencia, en curso de constitución, donde no asoma aún la estratigrafía social. Lo que el aprismo realizaba en el Perú por esos mismos años, levantar el espectro indígena como un ideal de las capas medias, se realiza acá también, no en el plano de la ideología política, sino de la imaginación artística. Y una observación más, que comprueba cómo los detalles se subordinan y se incorporan a las concepciones poéticas dominantes. La obsesión de los sastres en *Residencia en la tierra* (: "Converso con los sastres en sus nidos") halla aquí su primer germen, en este enlace, fácil de descubrir, con la visión de la ropa y de retazos materiales de la Conquista. Demonios del tiempo por las agujas maléficas con que cosen, los sastres son también dioses dispensadores del vestido y destructores de la desnudez indígena[15]. Todo está de tal modo compenetrado que es casi indiscernible al análisis. *Residencia en la tierra* erigirá en valor absoluto la desnudez de la piel, no sólo como repudio a la explotación del consumo vestimentario, sino, más profundamente, como reactualización de un paradigma de hombre natural inidentificable con las víctimas de la Conquista. De este modo, el poeta llega a una indiscutible experiencia histórica por una vía equívoca. Es éste el camino en la constitución de un valor líricamente fundado: acosado por las necesidades cotidianas de abrigo, recusando por impotencia el dispendioso lujo vestimentario, un sujeto elige y se construye un mito sustitutivo. Tal es su parábola de clase, el resultado elusivo a

---

[15]En otro ensayo he hecho notar la importancia que adquieren, en los primeros años de la Conquista, los oficios de sastre, bonetero y calcetero y la ramificación creciente de sus labores. La satisfacción de una necesidad se convierte, para los españoles, en símbolo social y cultural. (Cf., "El otro nuevo mundo". En: *Homenaje a Ercilla*. Concepción, Universidad de Concepción, 1970).

que accede. La desnudez aborigen es, entonces, *primero*, compensación de reales dificultades o carencias, y *luego* instauración de un contenido olvidado que se opone a un tiránico sistema de alienación. Mixtificada en su origen, la experiencia genera su verdad en contra de las falsedades y de las limitaciones de la organización social.

No es excepcional este caso en el funcionamiento de las ideologías artísticas. A menudo, en la novela o en la poesía, se encuentran valores humanos permanentes a contrapelo, por evasión de formas históricas actuales, como rescate de segmentos ideológicos correspondientes a formaciones socioeconómicas superadas o por el choque de intereses diferenciados de clase. Se conoce, en este contexto, la crítica romántica anticapitalista, en la cual ha insistido Georg Lukács en sus escritos. Es fácil advertir, en lo que respecta a Neruda, el mismo procedimiento oblicuo, en que virtualidades positivas se engendran a partir del distorsionamiento de su situación de clase.

Naturaleza y protohistoria, aunque direcciones de la compensación, no son zonas socialmente neutrales. Este poeta que se refugia en los bosques y que escucha el canto del viento se hace un conocedor extremado de esa vida. Advierte, entonces, en el juego de sus ciclos, en el movimiento y en la renovación de la naturaleza, su secreto poder germinativo. No sólo hay belleza en ese ámbito, decorado, escenario: hay también fuerzas que se adivinan, impulsos creadores que visualizan una especie de utopía. Deseada y buscada en cuanto no-sociedad, experimentada como anti-sociedad, esta naturaleza entrega al poeta signos, cifras que él interpreta como prometedoras perspectivas sociales. Tal es la ventaja de la poesía lírica, que puede ver en el esplendor de un árbol o en el brillo de una estrecha esperanzas a la medida del hombre. Era la actitud de Darío, cuando se extasiaba ante la comunidad armoniosa que vislumbraba en el vuelo colectivo de las aves.

Si la naturaleza opera por desplazamiento, por sustitución de valores sociales acaso, la protohistoria esbozada en esta poesía lo hace por totalización. El núcleo originario que se entrevé absorbe los desgarramientos y escisiones de la experiencia social. Sin embargo, la sociedad no se evapora. Surgido quizás por imperativo de olvido, este pasado al que comienza a orientarse la poesía busca regenerar la sociedad, ponerla en marcha de nuevo. Lejos de configurar una ciega utopía, origina más bien una fuente de nostalgia creadora, donde los minúsculos conatos de historia se impregnan de energía colectiva. En esto consiste el carácter positivo de esta clase de compensación: en coger la sociedad de raíz, en su raíz cronológica. La huida de clase contiene, por lo tanto, un sentido enriquecedor. Es la huida hacia el arraigo. La clase que busca escapar a su ser limitado y precario se experimenta en ese período de la historia participando en el movimiento general, en un todo social que se crea y se funda gracias a su propia actividad. Esos rastros, esas armas, esa vestimenta subyacente al traje de todos los días da profundidad a una clase, la vivifica, la expende. Es éste el gran fenómeno de trasmutación social que el sentimiento del amor ha posibilitado.

Recapitulo este camino simple y verificable. Un joven experimenta el amor como algo socialmente vedado, siente en sí el deseo insatisfecho, ve allí el origen de la insatisfacción de todos sus deseos: la autoconsciencia ha nacido, instintiva, individual, social, todo al mismo tiempo. "Amo lo que no tengo": identificado, retratado en su ser menesteroso, el deseo se revela como el estrato primario de esta conciencia que empieza a reconocer el mundo. Apetencia de realidad, esto es, de realización, el deseo amoroso lo es también en el orden social. De ahí el ambiguo pasatismo de esta poesía nerudiana, que busca englobar desde abajo la sociedad y su historia. Cogida en su posibilidad, en sus virtualidades, en su deseo, en fin, la sociedad es negada y afirmada en un mismo acto poético. El sujeto de este acto ya no es más el adolescente inmortal de *Pantheos,* con sus "manos blancas" y de "cabeza triste"; tampoco el "espíritu intocado" de *Oración:* aunque irreal, aunque fantasmagórica, la historia ha depositado una huella de tiempo en este personaje, en su emocionalidad, en la forma de su ropaje. No es niño ni estudiante. Miembro indefinible de una clase indefinida, es sólo un fugitivo de su situación, de su nada social: "Amigos vueltos a la zona de la sombra; mujeres que construyeron besos y sueños distantes; ahora, en esta hora de examen, siento que, a la vez, sólo fuisteis variaciones que creó mi sed, mi deseo infinito, que yo fui creado por vosotros en vuestra fuga hacia la noche"[16].

---

[16] *Claridad,* 21 de julio de 1923.

Pero no es esto,
sino
el viejo galope

RESIDENCIA EN LA TIERRA SE inicia con un nuevo gesto del poeta. Ha cerrado los ojos, no para entregarse a su música interior, sino para que sus dedos palpen la densidad material del mundo. Este tacto ciego será la única forma de sorprender el secreto solidario de las cosas. Ha desaparecido, por lo tanto, ese estudiante contemplativo que se embebía en los panoramas del cielo, que adoraba en sus manos el testimonio inmediato de su infancia. "Soy un carpintero ciego y sin manos", dirá más tarde en *Canto general*, de un modo que corresponde, en esencia, a la actitud que se origina en *Residencia en la tierra*.

La nueva relación que se establece entre sus manos y sus ojos traduce, en un plano particular, la situación social del poeta en los momentos en que comienza la elaboración de su libro. Desde 1925 hasta 1936, año en que se publica la edición completa de las dos *Residencias*, Neruda vive en extrema tensión biográfica, abandonando el capullo de su vida estudiantil hasta situarse en el umbral de una activa inserción en la historia. Liberado de su libertad de universitario, el poeta experimenta en los primeros años una extraña forma de esclavitud, que se disfraza bajo la ilusión de independencia. Sin poder integrarse al trabajo social, inventa medios directos de evasión: el viaje a Chiloé, la partida violenta para Asia. Esencialmente pasivo, el poeta se activa mediante estos desplazamientos. A su término, sin embargo, sobreviene la más angustiosa inmovilidad. Así, ese hotel de Ancud, donde escribe *El habitante y su esperanza*, ficción que delata en su mismo frenesí de movimiento la fantasía sedentaria que la concibió; así también, su vida cotidiana en los sitios de Oriente, que atestigua en forma implacable el fracaso de su nomadismo.

El exilio social que el poeta vive en Chile prefigura y adelanta el exilio físico sobre el Indico, el destierro voluntario que ha de emprender en 1927. Con esto se explican algunas latencias que no se ofrecen a simple vista en la imagen que el poeta nos ha entregado de su residencia asiática. Hay en ella connotaciones que sólo se comprenden teniendo en cuenta la marginalidad social del poeta y su oscura ansiedad de integración. Este ostracismo en su propio suelo es tan decisivo como el otro, el que ocurre en tierras extrañas. De ahí la significación de Chiloé en la línea vital del poeta: es su primera fuga del continente, la prehistoria chilena de Asia. Antes de Ceilán, antes de Java, se ha llevado a cabo esta residencia insular más inmediata. Es muy probable, por lo demás, que sea allí donde haya comenzado su descubrimiento, aún inconsciente, del mundo indígena. Indios ya no familiares como los de Temuco, ésos de Chiloé tienen una fuerza persuasiva que se adivina en la manera en que rondan su novela de 1926, obra en que la Frontera y la Isla se han unido en un solo ambiente imprevisible. En el año vivido en el puerto de Ancud se manifiesta con todo relieve la irrealidad de su ser objetivo. Ha dejado de ser estudiante, no ha llegado a ser profesor. Su actividad, la de escribir, es un penoso entusiasmo que no le aporta rentas periódicas ni lo somete, día tras día, a un horario fijo de obligaciones. No es un oficio ni es un trabajo; ni siquiera una clase de cesantía. Es, a lo sumo, un ocio inaceptable que estatuye el extrañamiento social del poeta. He aquí la primera antinomia de su experiencia: en cada momento vive su libertad, en cada momento respira su esclavitud. Libre, distribuye el tiempo a su capricho; esclavo, depende para todo del tiempo social de que está excluido. Sólo ahora comienzan a identificarse libertad y soledad. Esta no es una disposición milagrosa del sujeto, sino un estatuto objetivo que la sociedad impone a sus transgresores. No estamos ya ante la fase de la soledad estudiantil, siempre complaciente, recortándose sobre un fondo de virtuales promiscuidades. Ahora ella existe en la práctica, pese a que un compañero de universidad comparte con él la habitación. Función solitaria, la poesía interioriza hasta las heces las exigencias sociales transgredidas. Ninguna poesía, más que la de Neruda, resulta tan conmovida y marcada por deberes cotidianos, por necesidades de servicio que, aun en insólitos contextos, muestran la existencia de una libertad deudora, tributaria, básicamente dependiente. Ninguna poesía tampoco desenvuelve una experiencia del tiempo fraguada, como ésta, en condiciones concretas de existencia tan exactas y reconstituible en su sencilla contradicción. Ningún tiempo menos metafísico que el de *Residencia en la tierra,* por cuanto crece, justamente, en la fricción dialéctica donde se separan la experiencia natural del devenir y el ritmo laboral impuesto a los hombres con rigurosa uniformidad.

El paso de la tranquila libertad universitaria a esta forma onerosa de libertad surge ya en uno de los más tempranos poemas de *Residencia en la tierra:*

El joven sin recuerdos te saluda, te pregunta por su
  [olvidada voluntad,
las manos de él se mueven en tu atmósfera como
  [pájaros,
y la humedad es grande a su alrededor:
cruzando tus pensamientos incompletos,
queriendo alcanzar algo, oh, buscándote,
le palpitan los ojos pálidos en tu red
como instrumentos perdidos que brillan de súbito.

La estrofa pertenece a *Serenata,* poema cuyo tema es la noche y su fuerza envolvente e invasora. Es significativo que la delgada figura del poeta se perfile sobre este fondo grandioso de unidad. *Las manos... como pájaros; los ojos... como instrumentos:* se invierten aquí, bruscamente, las relaciones a que nos acostumbró *Crepusculario.* La instrumentalidad que todavía se niega a la mano se instala en los ojos, que pasan a tener un fuerte carácter prensor. Se concreta, de este modo, la primera paradoja de su libertad, ya descrita. El poeta afronta el imposible de convertir su tendencia contemplativa en poder instrumental. ¿Qué mejor retrato que éste, en que la conciencia de su improductividad social lo lleva a sobrepasar los límites de la vista, a deformar la esencia de una contemplación largamente cultivada? Veremos, sin embargo, que esta ocularidad activa que aquí se insinúa no ha de ser un ansia absurda del poeta. Ha de haber un trabajo con los ojos en que podrá encarnar su utopía sensorial. Abolida la visión crepuscular, nacerá una forma increíble de videncia nocturna, la ceguera misma que, desechando el brillo de los ojos, dará a luz la potencia efectiva de las manos: "de esa manera irreductible por la cual el ciego conoce el terciopelo y la bestia se somete a la noche"[1].

El intenso deseo de incorporación que alienta en *El habitante y su esperanza* (1926) se refleja en el modo como el poeta trata de mimetizarse con la muchedumbre de los oficios colectivos: "A vosotros los pescadores, poetas, panaderos, guardianes de faro..."[2]. El poeta estrecha sus hombros con los demás, busca pasar inadvertido entre los grupos laboriosos. Falso mimetismo, sin duda, que muy pronto lo deja aún más indefenso: nada amasan sus manos ni sus ojos pueden ser la pupila vigilante y eficaz de los faros. Después del subterfugio, se hace más patente el vacío de un pan que no existe, el lujo inútil de la mirada ya no puede salvar al poeta de su propio naufragio. "Así, pues, como un vigía tornado insensible y ciego", cantará en *Sistema sombrío*. Desde el punto de vista de esta interacción entre el sujeto y la objeti-

[1] *El habitante y su esperanza*, IX. OC, cit., p. 129.
[2] Ibid., xv. OC, p. 136. En *Cercanía de los párpados*, se lee: a la orilla de los ojos / como centinelas en la sombra de la aurora, callados, / oscuros... (OC, t. II, p. 1026).

vidad social, se esclarecen muchos aspectos del origen y significación de *El habitante y su esperanza*, la extraña y precursora novela nerudiana. Allí aparece, por primera vez, de un modo explícito y declarativo —extralírico— su oposición a la vida burguesa, categoría que pese a la falsa generalidad con que se la usa (o tal vez por ello mismo), muestra la estrecha y consciente vinculación que establece el poeta entre su arte y la sociedad. El tono irónico apunta adecuadamente a la completa subordinación de todo, incluido el mismo poeta y su ideal romántico de libertad, al dominio de lo institucional. "Como ciudadano soy hombre tranquilo, enemigo de leyes, gobiernos e instituciones establecidas. Tengo repulsión por el burgués, y me gusta la vida de la gente intranquila e insatisfecha, sean éstos artistas o criminales". *Artistas o criminales:* la coincidencia es inobjetable. El hecho de que podamos leer estas frases como convicciones sinceras o como sinceramente autoirónicas no destruye lo que decimos, sino expresa mejor que nada la contradicción que enfrenta el poeta en su ser y con su obra. La existencia separada del poeta (*mi casa es la última de Cantalao, ese recinto baldío que me separa del pueblo*); la inmóvil contemplación de las actividades de *comerciantes, indios, trabajadores y viajeros;* la incorporación directa de la biografía, tratada como material de los sueños amorosos: "Te contaré día a día mi infancia, te contaré cantando mis solitarios días de liceo, oh, no importa, hemos estado ausentes, pero te hablaré de lo que he hecho y de lo que he deseado hacer y de cómo viví sin tranquilidad en el hotel de Mauricio"; la reproducción también inmediata de su contorno humano, de sus amistades y sus repugnancias (*Tomás Lago, Rojas Carrasco,* etc.), todo ello hace de esta obra una trasposición fantástica, admirablemente ideada, de su conflictiva ubicación social. "Estoy tranquilo porque no tengo temor a la muerte, ni pasiones, pero me gusta ver la mañana que casi siempre surge limpia y reluciendo. No es raro que me siente entonces en un tronco mirando hasta lejos el agua inmensa, *oliendo la atmósfera libre,* mirando cada carreta que cruza hacia el pueblo con comerciantes, indios, trabajadores y viajeros. Una especie de fuerza de esperanza se pone en mi manera de vivir aquel día, *una manera superior a la indolencia, exactamente superior a mi indolencia".* Definido por la indolencia, sedentario y libre frente al desarrollo de la actividad social, el *habitante* de su ficción hace un melancólico balance de su vida: "Sólo me apena pensar que haya aprendido las cosas inútilmente; me apena recordar las alegrías de mi destreza, el ejercicio de mi vida conducida como un instrumento en busca de una esperanza, la desierta latitud explorada con buenos ojos y entusiasmo". De ahí que esta libertad pueda mutar justamente en su contrario y convertirse en prisión social del personaje: "He pasado un mes ocioso, con gran tedio. Es un cuartel campesino, de grandes paredes coloradas, en donde vienen a caer indios infelices y vagabundos de los campos". He aquí la segunda antinomia de su situación en la sociedad: es un excluido y un recluso a la vez. Sujeto absoluto, sólo mantiene con los que trabajan una relación contemplativa; reo, se hermana y se frota con el lumpen segregado por la sociedad, los indios y los vagabundos. Pero todas estas paradojas no hacen sino confirmar su completa insubstancialidad social; porque, en realidad, este individuo no es ni un prisionero ni un hombre marginal. Incluso su contradicción es un fantasma. Por eso hasta las fugas de este falso preso son irreales: *"Yo escogí la huida,* y a través de pueblos lluviosos incendiados, solitarios, caseríos madereros en que indefectiblemente espera con los inmensos castillos de leña, con el rostro de los ferroviarios desconocidos y preocupados, con los hoteleros y las hoteleras, y en el fondo del cuarto donde la vieja fotografía hamburguesa, la colcha azul, la ventana con vista a la lluvia, el espejo de luna nublada de donde salen corriendo los días jueves, el lavatorio, el cántaro, la bacinilla, *la desesperación de salir de ninguna parte y de llegar allí mismo*". Es el tiempo social el que ha perdido definitivamente su sentido, la destrucción del diagrama laboral de la semana: "Y luego existen esos días que se arrastran desgraciadamente, que pasan dando vueltas sin traerse algo, sin llevarse nada; sin llevarse ni traerse nada, el tiempo que corre a nuestro lado, ciclista sin apuro y vestido de gris, que tumba su bicicleta sobre el domingo, el jueves, el domingo de los pueblos, y entonces, cuando el aire más parece inmóvil, y nuestro anhelo se hace invisible pegándose a un vidrio...". Esta ambigüedad envolvente de esclavitud y libertad, de exclusión y reclusión llega a una meta que sólo es entrevista como aspiración futura por el personaje: "Y que ese gran cumplimiento vaya a ser el mío, que esa gran seguridad tenga que ser mi alimentación de pesares tragados con continuidad que sólo yo conozco y sea yo también, una vez llegado el término, el dueño de mi parte de libertades". Hay que retener esta esperanza: *el dueño de mi parte de libertades*. Con ella se resume en forma ejemplar, dialécticamente percibida, la única posibilidad de integración efectiva en la sociedad. Mientras tanto —mientras aquello no adviene— el desenlace de la experiencia no puede ser otro que el que nos sugiere *El habitante y su esperanza*. En este relato, el deseo vehemente de acción se sumerge finalmente en las densidades lentas del sueño. El acto se oscurece en su impulso, la acción se introyecta más atrás de sus párpados pegados, acto y acción fulguran allí súbitamente forjando el fantasma del *hacha leñera*, la más estupenda reminiscencia infantil del trabajo colectivo. Con ella imagina asesinar a Florencio, su rival. "Entonces tomé el hacha de mi compañera, pero algo extraño observé que pasaba, era mi hacha leñera la que mis árboles habían robado, y vi su luz de acero temblando fríamente sobre mi cabeza". La sociedad planta aquí, en la hondonada interior del mundo subjetivo, un símbolo delirante: un instrumento creador que se convierte, para el poeta, en arma mortal. De este modo, la ficción nerudiana reactualiza esa tensión que ya sorprendíamos en uno de los primeros poemas de *Residencia en la tierra*. Indirectamente, por medio de la imagen de una mujer muerta, el poeta la expresa así: "No mira, *sus ojos están fatigados;* sus manos también están fatigadas, *solamente querían crecer"*. Cansancio de los ojos, crecimiento de las manos: tal es la forma violenta y anhelante que adopta, en los años 25 y 26, la metamorfosis social de Neruda. Mientras la contradicción no se resuelve, todo se hunde en el sueño. Es el término de *El habitante y su esperanza*. El sueño dentro del dormir, y ya no más el ensueño contemplativo. Porque para este poeta que guarda tan increíbles vínculos con la sociedad el sueño es la única especie de praxis que le es posible asumir. Con esto, se prepara la intensa significación que el trabajo onírico adquirirá en *Residencia en la tierra*.

En *Tentativa del hombre infinito* (1926) trata el poeta de resolver en forma más homogénea y sostenida esa irreductibilidad social que lo desazona. Complejamente tematizada, la contradicción de su ser se convierte en factor fecundo de desarrollo poético. Es ésta la motivación profunda de su obra, y no el aprovechamiento más bien externo de influencias vanguardistas. El *hombre infinito* no es únicamente el individuo que convive con las fuerzas cósmicas: es también —y estamos ahora ante otra paradoja, de más alcance, en que cristaliza la antinomia de su vida— el hombre corriente, el hombre vulgar. El poeta intenta hundir, absorber, disfrazar su yo en la subjetividad cotidiana. El canto se desprende y se potencia desde las más banales posiciones del cuerpo, que aseguran al sujeto y al poema una continuidad subpoética, una primaria forma de totalización que repercute en su tentativa cósmica. *Tendido sobre el pasto, de pie sollozo, vuelto a la pared, sentado en tu habitación:* así surge la poesía, de bruces sobre la tierra, erecta en el mundo, de un cuerpo acostado o de la más prosaica posición sedentaria. Es visible que dominan en este momento las posiciones corporales más renuentes a la postura contemplativa. De hecho, la nueva poesía nerudiana de *Tentativa del hombre infinito* y de *Residencia en la tierra* es deudora de experiencias muy simples, casi de juego infantil, como la entrega horizontal y descuidada del cuerpo sobre la tierra o sobre un barco, que permite, por ejemplo, un descubrimiento sorprendente del cielo:

recuerdo los ojos caían en ese pozo inverso.

Todos los gestos de la vida común son reiterados por el poeta: *yo asustado comía; cuando aproximo el cielo con mis manos,* escribe al comienzo de un fragmento, aludiendo al hecho del desperezo matinal. Este rasgo constante del libro puede comprenderse suficientemente con sólo citar sus últimos versos:

espérame donde voy ah el atardecer
la comida las barcarolas del océano ah espérame
adelantándote como un grito atrasándote como una
[huella
oh espérate
sentado en esa última sombra o todavía después
todavía

Pese a su enigmática inconclusión, pese al audaz desorden que introduce en el lenguaje y en la expresión lírica (precursor, y no deudor, de algunas búsquedas contenidas en *Altazor:* compárense ciertos juegos vocálicos e interjectivos a que se entrega Neruda con el

Canto VII de la gran obra de Huidobro), lo que predomina es la contigüidad y la mezcla de las más heterogéneas esferas de la realidad. Este infinito y cotidiano a la vez, el poeta aúna en sí la exacerbación sentimental y la existencia doméstica, nace y se constituye en puente vivo entre la prosa y el cántico. Desde este respecto, puede situarse sin más este poema como un eslabón en la cadena de la antipoesía, cadena que recorre nuestra lírica desde Guillermo Blest Gana, pasando por Carlos Pezoa Véliz, Daniel de la Vega, Vicente Huidobro y Pablo Neruda, hasta rematar en la obra de Nicanor Parra. La ruptura de la tradicional autonomía de lo poético es correlativa, en este caso, a una sistemática incorporación de modismos y locuciones expresivas extraídas del habla práctica. Algunos son verdaderos estallidos antilíricos en el curso del poema: *se me durmió una pierna, espérate sentado, mi corazón está cantado,* etc. Sobre todo en la última, se llega a una desvirtuadora alusión a la poesía como defecación, basándose en un uso muy chileno del verbo *cantar*. Es la culminación de un clima emocional en que el proyecto poético rebaja sus pretensiones hasta coincidir con los niveles menos pretenciosos de las 'necesidades humanas'.

Anillos, conjunto de prosas poéticas publicado también en 1926, señala otra vía por la que discurre el mismo proceso que analizamos. Más que una descripción general de esta obra, es preferible insistir en el carácter de transición que exhiben algunos temas ya vislumbrados en *Crepusculario* y que en *Residencia en la tierra* tendrán especial gravitación. El tema de la tarde es uno de ellos. Ya conocemos su configuración en los años estudiantiles del poeta. "Atardecer", uno de los *anillos* de 1926, renueva la actitud juvenil de 1923. Sigue dominando en la visión del crepúsculo un entrañable espíritu contemplativo. El juego de colores, la euforia cromática cristalizan en un espectáculo infantil por antonomasia, el del circo. Toda una ensoñación fantaseadora se despliega en torno de este núcleo imaginativo. "Eres el gran circo de la tolda infinita, y en el metal del sol mujeres azules golpean hasta aparecer los trapecios ardiendo. (...) Entretanto en la pista los trapecios descuelgan enanos corredizos, y las vestiduras verdes de las amazonas toman otros colores y se pierden. Saltarines verticales se tiran de lado a lado, despaciosos payasos amarillos se cambian de metales desde lejos pelotas de púrpura, ovillos de alambres atraídos, banderas y señales de descanso, se apilan y destacan a la luz de los cohetes intranquilos". La fantasía circense es otra metamorfosis de la fiesta, el ideal del poeta universitario de años atrás. La alegría en común, la diversión y el entusiasmo de la niñez se conjugan aquí para retomar una vez más las sugestiones presentes en *Crepusculario*. Sin embargo, hay diferencia. Circunstancia concreta de su mundo adolescente de 1923, la fiesta era allí una emanación instantánea, el modo natural y ferviente de la compañía humana. Ahora, en 1926, abandonado ya ese ambiente, es una operación y un esfuerzo, un sueño privado por el que se cuelan los ácidos disolventes de la visión. Adviene entonces algo completamente desconocido, la concepción de la tarde como litoral. ¿Qué significa esto? Es la tarde constituida en frontera movediza para la llegada tumultuosa de la noche. No hay aquí espectáculo ni fiesta, sino movimiento, una energía invasora vivida y percibida desde su interior. La inundación de las aguas nocturnas va precedida de un preludio en que elementos fuertemente residenciarios están puestos en una sensibilidad de transición, todavía nostálgica: "Atardecer lleno de enamorados, puerto de embarque de los océanos nocturnos, a ti te anuncian las campanas de los pueblos y las flores vespertinas te abren paso". Más adelante, el tono es nuevo: "Coros de sordas olas sobrepujan en las extremidades de tu orilla, y amargo y ávido es su canto. Avido de la luna su ejercicio se levanta y se derrumba, y quiebra latientes estatuas de sal, y suenan sus lentos vientres de vidrio, y prolongan en el mundo sólo sus constantes barridas, y sus cataratas distantes se tumban en ríos lejanos. Entre timbal y timbal, al caer el viento pasa rompiéndose y atrae y aleja el rumor de la costa asaltada". Esta percepción de la costa como frontera temporal entre la tarde y la noche viene a superponerse a la vivencia que ya describimos para *El hondero entusiasta*. Allí se sopesaban, en el movimiento del cuerpo y su resaca erótica, las fuerzas materiales del territorio, su volumen, el flanco longitudinal de la patria. Las dos imágenes, la de tiempo y la de espacio, tendrán un encadenamiento subterráneo en *Residencia en la tierra* (: *Mi corazón, es tarde y sin orillas*), hasta explotar con violencia, después, en el *Canto general*, en versos como éstos, donde se encierra toda la condición vespertina de nuestra nacionalidad:

estoy, estoy rodeado
por la delgada espuma combatiente
del litoral poblado de campanas.

Es posible determinar cuatro grupos de poemas en *Residencia en la tierra*. Esta clasificación, completamente cronológica, sólo da cuenta de las distintas fases en que se elabora el libro. Su coincidencia con los desplazamientos geográficos del autor no es, pues un índice exclusivo ni absoluto. Más que nada, se recalca con ella que la incorporación de nuevas zonas de experiencia representa un factor decisivo de integración poética y un principio aceptable de ordenación. Son los siguientes: 1. Poemas escritos en Chile, antes de salir del país (1925-1927); 2. Poemas escritos en Oriente, durante su permanencia en distintos lugares de Birmania, Ceilán y Java (1927-1932); 3. Poemas escritos en Chile nuevamente, a su vuelta de Asia (1932-1933); 4. Poemas escritos en España (1934-1935).

Primer grupo. El puesto del joven Neruda en la sociedad chilena de ese tiempo se hace más comprensible si se tiene en cuenta el conjunto de acontecimientos históricos y de condiciones sociales que pesan en su individualidad y, por lo tanto, en su obra. En este punto, las fechas hablan por sí mismas. La elaboración de *Residencia en la tierra* se inicia inmediatamente después del golpe militar que cierra el gobierno de Alessandri y concluye en el umbral de la guerra civil española. Diez años cargados de historia, y de una historia que va ensanchándose cada vez más el horizonte del poeta, desde el aislamiento provinciano del país hasta las grandes encrucijadas de nuestra época, vividas ya a escala universal. Los meses que van desde septiembre de 1924 hasta enero de 1925 son un lapso de quiebra institucional, de golpismo y de pronunciamientos militares, que obligan a salir del país al Presidente de Chile y lo hacen volver luego, como títere manejable por su propia clase. Son meses en que ya se divisa la sombra dictatorial de Carlos Ibáñez, llamado más tarde a encabezar la represión en términos más amplios y brutales. Por el momento, se trata de una reacción casera, que corresponde en su tamaño a nuestra pequeña historia, a la estatura política de Alessandri, a las ilusiones miserables de la clase media. Sin embargo, por sus antecedentes y por su orientación, estos hechos deben ser entendidos en un contexto latinoamericano. El avance de las clases medias nacionales en todos los países del continente, de paso desigual pero no menos decisivo, va a ser bruscamente detenido, en Argentina y Uruguay, por la intervención violenta de los militares. El derrocamiento de Irigoyen en 1930 y el pronunciamiento de Terra en 1933 significan, en lo fundamental, una restauración oligárquica. En este sentido, no son equivalentes al golpismo chileno que tiene lugar intermitentemente en los años 24 y 27. Mayor afinidad presenta éste, por su composición social y por su obra, con el movimiento de los militares jóvenes que se conoce en el Ecuador con el nombre de la revolución juliana de 1925. En efecto, las leyes sociales y otras medidas tomadas por las juntas militares hablan, en ambos casos, de un carácter compartido de clase media. En lo que respecta a Chile, Hernán Ramírez Necochea señala: "Pero la fuente primordial de la dictadura, su base de masas más significativa, fueron las capas medias. Los miembros de estas capas, siendo incapaces de hacer nada independientemente, no pudiendo representarse por sí mismas, temiendo —por razones principalmente ideológicas— ser arrastradas hacia el campo proletario o anhelando no ser simple comparsa al servicio incondicional de los estratos sociales superiores, buscaban quién los representara con un poder gubernamental ilimitado, a fin de que las interpretara, encauzara y satisficiera"[3]. En realidad, el Ejército actúa en estos años como fracción armada de la clase media. Esto explica la apariencia contradictoria de su acción, cuyo punto de partida es una política favorable a las clases trabajadoras, pero que culmina en una persecución sistemática a las organizaciones y dirigentes de esas mismas clases. "Si se analiza esta ascensión hacia un mandato casi dictatorial se observará que Ibáñez, habiendo asumido, gracias al golpe de 1925, el cargo que ponía a las Fuerzas Armadas bajo su control, se preocupó de purgar rápidamente el comando de los elementos más allegados a la oligarquía, logrando así una fuerza militar favorable a su programa de reformas. Después, al pasar al Ministerio del Interior, se preocupó de organizar la represión de los movimientos populares que antes había alentado durante la candidatura del Dr. Salas, ganándose así los votos de la de-

[3] V. *Origen y formación del Partido Comunista de Chile*, p. 165, Santiago, Austral, 1965.

recha. Mientras tanto, una Constitución a su medida le permitía organizar, legalmente, un sistema autoritario"[4].

El golpe del 4 de septiembre produjo una inmediata polarización entre los poetas de la época. Pedro Prado: "El mismo día 11 de septiembre publican un documento suscrito anónimamente por la 'Junta Militar', que redactó para ellos el literato Pedro Prado, hombre ingenuo y vanidoso, fabricante prolijo de paradojas deplorables"[5]. Pablo Neruda, entre otros universitarios, entre los que se cuentan Juan Gandulfo y Eugenio González, firman una declaración que enjuicia el pronunciamiento militar partiendo de principios anarquistas: "Para nosotros, no está reducido el problema a determinar en qué gobierno existe mayor o menor tiranía, sino a establecer que todo gobierno, sea el que fuere, civil, obrero o militar, es tiránico y opresor por la esencia misma de su constitución y por el hecho sólo de ser gobierno(...). En el fondo del movimiento militar, que se ha desarrollado en esta tierra sin la oposición de ninguno de los grupos políticos que dicen reflejar la expresión de la voluntad popular, no vemos tanto un atentado contra los postulados republicanos, cuanto una campaña enderezada en bien del capitalismo y del robustecimiento del Estado"[6]. Finalmente, Vicente Huidobro, quien se halla por esa fecha en Chile, preside el grupo nacionalista que inspira y orienta Marmaduque Grove[7]. Lo exiguo de estas intervenciones no debe llevar a verlas como insignificantes. Las declaraciones, los manifiestos o las designaciones honorarias son el único camino que existe, en ese momento, para que los poetas se relacionen

[4]Alain Joxe: *Las fuerzas armadas en el sistema político de Chile*. Santiago, Editorial Universitaria, 1970, p. 63.

[5]Carlos Vicuña: *La tiranía en Chile*, cit., p. 160.

[6]*Claridad*, octubre de 1924: "Claridad frente al movimiento militar".

[7]Carlos Vicuña, cit., p. 54. El autor, civilista extremo, califica esa tendencia como "facistoide". Históricamente, eso no es exacto.

con los hechos sociales: Huidobro, rentista de la tierra, burgués multimillonario, se une a las posiciones más radicales dentro de la clase media, en ese entonces representadas por un líder militar salido de la rama más joven de las Fuerzas Armadas, la Aviación. La confrontación indirecta entre Prado y Neruda es aún más significativa. Neruda, siempre parco en referirse explícitamente a los condicionamientos de clase, ha escrito más tarde: "Naturalmente que no sólo había en mí, y en mi pésimo desarrollo verbal, culpa de clima o peso regional, de extensiones despobladas, sino que el peso demoledor de las diferencias de clase. Es posible que en Prado se mezclara el sortilegio de un activo y original meditador a la naturalidad social de la gran burguesía"[8]. Al burgués que es Prado da suficientes garantías una Junta que incluye a la persona del Almirante Nef, que encarna la tradicional alianza de la Marina chilena con la oligarquía. Neruda, en cambio, perteneciente a las capas medias pobres, penetrado de ideas anarquistas, niega a priori la posibilidad de que el régimen militar tenga un encauzamiento socialmente positivo. Su civilismo de universitario hace el resto, en esta condenación demasiado abstracta, cuyo supremo argumento es la impugnación anarquista del Estado. Lo ilustrativo de todas estas tomas de posición es que no se basan en un análisis político, en un cálculo racional, sino en una estimación inconsciente, ideológica en sentido estricto, del carácter y de las consecuencias del golpe.

Desde julio de 1925 hasta mediados de 1927, fecha en que Neruda parte a Rangún con su nombramiento de cónsul ad honorem, surge un conjunto muy característico de poemas, que representa la base más primitiva de *Residencia en la tierra. Galope muerto* y *Serenata* parecen ser los textos iniciales de esta serie, que bien pudiera entenderse como enmarcada, dentro del libro, por

---

[8] "Latorre, Prado y mi propia sombra". OC, t. II, p. 1092.

esos poemas. En todo caso, lo constatable es esto: *Galope muerto* se publica en julio en la revista *Claridad;* en sendos números de *Atenea* de 1926 aparecen *Madrigal escrito en invierno* y *Fantasma,* titulados primeramente *Dolencias* y *Tormentas;* otros poemas, la mayoría tal vez, fueron escritos en Santiago, entre su regreso de Chiloé —ocurrido a fines de 1926— y su partida al Oriente: "Por lo tanto, varios poemas de la primera *Residencia* fueron escritos en Chile entre 1925 y 1927, antes de abandonar el país, especialmente mientras vivió en García Reyes 25, compartiendo una habitación con Tomás Lago y Orlando Oyarzún"[9].

Dos son los hallazgos fundamentales de este bienio: una ingente visión de la naturaleza, de carácter dialéctico, en que la sociedad, la historia y las experiencias subjetivas se funden con los ciclos solares y anuales de la tierra; y una forma poética nueva, que supera definitivamente las estancias modernistas de *Crepusculario* y el conjunto romántico de los *Veinte poemas,* donde la mera yuxtaposición y los conatos cíclicos no se resolvían todavía en una composición adecuada. De hecho, hacia 1930, surgen en la lírica chilena algunas formas decisivas: las grandes secuencias rokhianas, que apuntan en *Los gemidos* (1922) y se consolidan en *Jesucristo* (1933); el poema extenso, tradicionalmente narrativo o legendario, al que Huidobro rescata, imponiéndole un fuerte carácter lírico en *Altazor* (1931); los "himnos" de la Mistral, tanto sus cánticos americanos como las "materias" de *Tala* (1938) y, en fin, estos poemas residenciarios, cuya definitiva estética no se hará consciente sino más tarde, a través de las cartas que Neruda dirige desde Asia al cuentista argentino Héctor Eandi. En cuanto a lo primero, es visible desde las primeras páginas de *Residencia en la tierra,* desde su umbral mismo, que el libro no admite una lectura como poesía subjetiva, cerradamente

[9] H. Loyola, cit., p. 81.

individual, sino que en él se manifiesta todo un trasfondo colectivo. Basten, por el momento, estos versos, donde el rostro multitudinario de la experiencia se asocia naturalmente con determinados contenidos históricos:

ay, lo que mi corazón pálido no puede abarcar,
en multitudes, en lágrimas saliendo apenas,
y esfuerzos humanos, tormentas,
acciones negras descubiertas de repente,
como hielos, desorden vasto,
oceánico, para mí que entro cantando
como con una espada entre indefensos.

Segundo grupo. Son los años de su residencia oriental, todavía enigmática después de tanto tiempo transcurrido y de tantas páginas escritas sobre ella. Permanece cerrada, no sólo en múltiples detalles biográficos, sino sobre todo en su sentido global, en la repercusión que tuvo para el poeta. Este —igual que los amigos que con él convivieron (Alvaro Hinojosa, más que nadie)— ha callado sobre esta etapa de su existencia, cuando no ha contribuido a forjar una leyenda sólo equiparable, en nuestro ámbito poético, a la del suicida mistraliano. No corresponde a la crítica seguir estas pistas, por muy fantásticas o deslumbrantes que sean. Conducen, casi siempre, a la ciega categoría del misterio. De ahí que, como faltan indicios para vislumbrar lo que fue el contenido real de esta experiencia (aparte de los poemas y de las cartas, ella se ha complicado con indudables deformaciones retrospectivas y con un anecdotario demasiado frágil), sólo es posible, por el momento, señalar el peligro que casi ninguno de los estudiosos nerudianos ha sorteado e indicar algunos puntos de verificación objetiva.

Oscuro representante de un oscuro país en otras oscuras regiones, Neruda se desplaza como cónsul entre Birmania, Ceilán y Java. Rangún, Colombo y Batavia son los hitos de este itinerario de cinco años, que va desde 1927 hasta 1932. Un largo prólogo lo ha precedido, el viaje mismo, a través de las aguas del Atlántico (de Buenos Aires a Marsella), del Mediterráneo, del Mar Rojo y del Océano Indico. Es un extenso y variado recorrido marino, con una detención de por medio: París. Es una ciudad triste, miserable, amarillenta. El espejismo modernista de la *belle époque* ha desaparecido. París es una ciudad como todas, con algo de mujer envejecida, con una guerra a sus espaldas y otra que se viene encima. Los mitos literarios comienzan a descubrir su opaca y mezquina realidad. En Djibouti, en las costas del Mar Rojo, se toca con el recuerdo de ese otro fugitivo, Rimbaud. Chatterton ha sido olvidado, porque el poeta ya no está en su habitación. Ahora, en medio del mar, este nuevo ancestro lo tutela y lo fortifica en su decisión de fuga, llevándolo quizás a concebir con los acentos de su obra la futura temporada en Asia.

No se ha señalado, que sepamos, un hecho de gran importancia: durante la estada de Neruda en Oriente se produce una de las mayores crisis del capitalismo mundial. Es la crisis de 1929. Es sumamente decidor que Neruda viva esa crisis en uno de los lugares clásicos de la dominación imperialista, en las colonias asiáticas de Gran Bretaña y Holanda. La explotación, la miseria, el hambre no configuran, sin duda, un cuadro retrospectivo, trazado únicamente por el poeta después de haber adherido al marxismo (*Canto general*, xv), sino que fraguan un testimonio que no deja inmune su poesía. Su condición de oscuro exiliado, su oscuridad de paria social encuentra en esos otros millones de parias que mueren cada día bajo sus ojos, a orillas del Irrawahdy o en el puerto de Colombo, un ensanchamiento colectivo, horrorosamente tangible, de su propia situación. Ya escribía durante su viaje, al acercarse a la meta: "La primera miseria indígena se hace presente al viajero, los primeros mendigos de la India avanzan con pasos majestuosos y miradas de reyes, pero sus dedos agarran como tenazas la pequeña moneda, el arma de níquel: los coolíes sufren por las calles arrastrando pesadas carretas de materiales: se reconoce al hombre reemplazando los duros destinos de la bestia, del caballo, del buey. Por lo demás, estos pequeños bueyes asiáticos, con su larga cornamenta horizontal, son de juguetería, van ciertamente rellenos de aserrín o son tal vez apariciones del bestiario adorativo"[10]. "Es tarde cuando regreso del movible Museo. Ya a la puerta de las casas, hindúes en cuclillas comen su carie, sobre hojas anchas, en el suelo, con lentitud: las mujeres mostrando sus tobilleras de plata y sus pies de pedrerías: los hombres melancólicos, más pequeños y oscuros, como aplastados por el inmenso crepúsculo de la India, por su palpitación religiosa"[11]. Con sus ojos distantes de cónsul, contempla, tal vez, en esa miseria ajena, una imagen del subdesarrollo de su país, ahora lejano sobre las costas del Pacífico. En *El habitante y su esperanza* había comenzado a meditar, desde la presencia en el mapa, la figura física de su territorio. "Los cuatro caballos son negros con la luz nocturna y descansaban echados a la orilla del agua, como los países en el mapa"[12]. Igualmente, en varios poemas escritos en 1924 y no incluidos en *Residencia en la tierra* germina este esbozo concreto de la patria[13]. Es en

---

[10]*Madrás, contemplaciones del acuario.* Escrito en noviembre de 1927. OC, t. II, p. 1027.

[11]Ibid., p. 1029.

[12]OC, t. I, p. 124.

[13]Primeramente, en tres poemas fechados en Selva Oscura en 1924, y firmados con el seudónimo Lorenzo Rivas. Sobre todo el que se titula *Soledad de Lorenzo* muestra la intensidad con que el poeta se impregna en el vaho germinante de su tierra. En segundo lugar, en otros tres poemas del mismo año (recogidos en OC, t. II, p. 1020 ss.), se inicia la orientación del poeta en su latitud natal. Surge, así, la conciencia de los puntos cardinales, de la situación concreta de su país: "Tulipán de papel, sujeto con humo,

este sentido que influye su exilio en otro continente, provocando uno de los resultados más verificables de ese período. La nostalgia intensa de la patria posee, para el poeta, un alcance incomparable: la totaliza, la hace sentir como un todo solidario. Escribe a Héctor Eandi, dándole cuenta de la recepción y de la lectura de un libro: "Ahora, con qué pagarle el *Segundo Sombra* que me mandó? Lo leí con sed y como si hubiera podido tenderme otra vez sobre los campos de trébol de mi país escuchando a mi abuelo y a mis tíos"[14]. A diferencia de la sensación real, que sólo le haría percibir un fragmento fresco y perfumado de su tierra, este rescate imaginario se extiende por doquier, es de tal modo ubicuo que viene a coincidir con toda la piel vegetal del país. Este se unifica en la añoranza, se convierte en algo familiar en su forma y en el subsuelo, en su geología y en sus fronteras. Lo que en el *Canto general* ha de ser una exploración consciente y programática, es aquí una percepción global, una identificación material con las profundidades y la atmósfera del territorio. Las aguas, el

---

te caes hacia el Este". *(Poesía del volantín);* "A media noche / de prisa, andando hacia el Norte". *(Viaducto).* El puente Malleco cumple ahora un nuevo papel en la evolución poética de Neruda: juguete impresionante de su infancia, signo más tarde de una industria no divorciada del arte, es ahora el esqueleto longitudinal de la patria, sus vértebras de acero. Es *República*, sin embargo, el poema que, como su nombre lo dice, hace más reconocible su propósito poético. Lo copiamos íntegro, porque nos habla con fuerza del carácter transindividual de muchas experiencias acumuladas en *Residencia en la tierra:* "De alguna manera haré tu elogio. / Andando por la costa / o comprando frutas recientes. / Cuando la sombra trepa al continente / gusanos de luz errante enervan tu cabeza. / Patria, palabra triste / como 'termómetro' o 'ascensor'. / Algún día, ahíta de pájaros, / fuiste el terreno de gracia, / cordillera de palabras muertas. / El mar golpeando por todas partes. / Toda una familia de visita". Enigmático, ciegamente sugestivo, el poema nos habla de la dilatación de las experiencias territoriales de Neruda en esta época.

[14] Margarita Aguirre, cit., p. 113.

viento, esos metales deslumbrantes que el poeta sorprende en sus excavaciones subterrestres constituyen una geografía cifrada. Son, en el fondo, substancias cargadas con un frenesí típico de desterrado, substancias natales en que se depositan ansias, congojas, un ánimo vehemente y desesperado por la lejanía.

Entre *Monzón de mayo* y *Sólo la muerte* se despliega aproximadamente esta segunda fase residenciaria. En las prosas contenidas en la primera *Residencia* (: *La noche del soldado, Comunicaciones desmentidas, El deshabitado, El joven monarca, Establecimientos nocturnos*) se acumulan notas de una existencia vivida en tierra extraña, carentes de todo exotismo, de toda poesía pintoresquista y turística. Paralelamente, el poeta desentraña su propio pensamiento estético. Escribe a Eandi: "Pero, verdaderamente, no se halla usted rodeado de destrucciones, de muertes, de cosas aniquiladas? En su trabajo, no se siente obstruido por dificultades e imposibilidades? Verdad que sí? Bueno, yo he decidido formar mi fuerza en este peligro, sacar provecho de esta lucha, utilizar estas debilidades. Sí, ese momento depresivo, funesto para muchos, es una noble materia para mí. (...). He completado casi un libro de versos: *Residencia en la tierra,* y ya verá usted como consigo aislar mi expresión, haciéndola vacilar constantemente entre peligros, y con qué substancia sólida y uniforme hago aparecer insistentemente una misma fuerza"[15]. "*Residencia en la tierra* es un montón de versos de gran monotonía, casi rituales, con misterio y dolores como lo hacían los viejos poetas. Es algo muy uniforme, como una sola cosa comenzada y recomenzada, como eternamente ensayada y sin éxito"[16]. Estas confesiones hacen evidente el fundamento amargo de donde se levanta esta poe-

[15] Carta a Eandi, fechada en Rangún, el 8 de septiembre de 1928. En M. Aguirre, cit., p. 112.
[16] Carta desde Colombo, del 24 de abril de 1929, Ibid., p. 117.

sía, al par que señalan la nueva forma con que ha dado el poeta. Porque si bien él enjuicia, en una de sus cartas, la preocupación por la forma cómo "un problema cutáneo que me parece sin sentido", se advierte, a través de esa misma afirmación, lo largo de su esfuerzo por encontrar un estilo, una expresión que corresponda a su experiencia. Ha creado un movimiento continuo, una especie de magno oleaje que intenta reproducir el despliegue de la realidad. Esta ha sido captada por una subjetividad puesta a su altura, la cual se refleja en estos versos que tienen algo de *poesía-hecho*, no sólo por la supresión de nexos conceptuales y cláusulas sintácticas (ya señalada por A. Alonso), sino sobre todo por ese carácter de cosas hacinadas, en que las palabras pretenden alcanzar el privilegio ontológico de lo que existe a ras del suelo. "*Residencia en la tierra* es un montón de versos...": no hay mejor definición que ésta de la concepción que preside y organiza el libro. Por lo demás, lejos de excluir otros medios de arquitecturación, esa monotonía, esa uniformidad fundamental con que el poeta dota a su obra se hace más imperiosa al dominar variaciones como las del poema en prosa y de las composiciones en verso corto (*Madrigal escrito en invierno, Fantasma, Lamento lento, Cantares, Trabajo frío*). Estas últimas, casi siempre con versos de tendencia eneasilábica, conviven con los poemas mayoritarios de *Residencia en la tierra,* de versos anchos y expandidos, "casi rituales". Entre ellos de pronto brota, como una joya resucitada del Siglo de Oro, *Angela Adónica,* poema que en su sentido más propio es un homenaje a la olvidada estrofa clásica.

Tercer grupo. Neruda vuelve a Chile en abril de 1932, por la ruta del Estrecho de Magallanes. Estará un año en el país, trabajando como empleado del Ministerio de Relaciones Exteriores. Aparte de algunos poemas marinos, que reflejan la huella de su reencuentro con las costas chilenas (*El sur del océano, Barcarola*), la mayoría de estos poemas expresa casi directamente la servidumbre burocrática que acosa al poeta. *Walking around* y *Desespediente* son, en este aspecto, los más ilustrativos. El papel y las palabras son realidades contradictorias para este poeta-funcionario. Funcionario, sólo los usa como instrumentos serviles; poeta, querría hacer de ellos materias puras y ennoblecidas. Antes, cuando cónsul en tierras extrañas, sacaba partido por lo menos del estilo de sus informes, del lenguaje oficial de su cargo. Muchos poemas de los escritos en Oriente conservan algo del tono y de las fórmulas de los documentos consulares. Es que allá, en esos países, las palabras eran también desterradas, tenían el prestigio de lo insólito. Acá, en Santiago, cuando el poeta deja su oficina, escucha el mismo uso funcionario de esas palabras en la calle. Es el mismo idioma encadenado a finalidades prácticas el de las calles y el del Ministerio. Por eso aumentarán en este período las expresiones coloquiales, las formas refranescas, los chilenismos que ya habíamos visto iniciarse en *Tentativa del hombre infinito* y que ofrecerá la cantera más importante para el surgimiento del antipoema[17]. En la misma forma, el diagrama laboral de la semana se pliega obedientemente a la experiencia burocrática:

Por eso el día lunes arde como el petróleo
cuando me ve llegar con mi cara de cárcel.

Así transcurre la vida del poeta, entre el lunes que inicia el ciclo nefasto de la rutina y el domingo en que,

[17] En su raíz, el antipoema se conecta con este sector de *Residencia en la tierra*, el de los poemas sobre la burocracia. Esto vale no sólo para *Cancionero sin nombre* (1937), sino también y sobre todo para *Poemas y antipoemas* (1954). **La afirmación requeriría**, desde luego, una larga comprobación.

por el contrario, nada sucede, sino que sólo concentra la congoja de los siete días. Es, como dirá Onetti años más tarde, "el día más triste de la semana", en cuanto día libre que permite la conciencia del trabajo forzado a que se está sometido. Por eso también los objetos adquieren a partir de este momento un carácter singular. Se lo sabe: la burocracia es la labor por esencia estéril, una forma evidente del trabajo improductivo. De ahí el modo cómo se ven los productos del trabajo ajeno:

> *El olor de las peluquerías me hace llorar a gritos.*
> *Sólo quiero un descanso de piedras o de lana,*
> *sólo no quiero ver establecimientos ni jardines,*
> *ni mercaderías, ni anteojos ni ascensores.*

Estos versos no revelan una oposición entre naturaleza y sociedad, entre sencillez natural y artificio urbano. Este es un velo con que el poeta encubre su conflicto real (como siempre ocurre, por lo demás en toda antítesis roussoniana). Esos objetos encarnan lo negativo, lo maléfico, lo feo, precisamente porque son contemplados por una subjetividad ajena a su origen y a su producción, y que sólo los recibe en el polo pasivo del consumo. La dualidad maniquea puede surgir en la medida en que se está fuera de la mediación sintética que supone el trabajo material. He aquí, una vez más, el exilio para el poeta. Exiliado social en Chile, exiliado físico en Asia, de nuevo en Chile este poeta resulta un exiliado de la producción: todos esos objetos hablan otra lengua, como antes lo hacían las gentes de Birmania o de Java. Separado de una actividad que le fue familiar en su infancia, huérfano en medio del Ministerio de ese contorno inmediato de esfuerzo y creación, este poeta es un extranjero en su propio mundo. El paisaje urbano no hace sino acrecentar esa distancia de los centros ejemplares del trabajo, los centros sureños. Tal el sentimiento que es posible captar en *La calle destruida*. Burócrata, el poeta no puede ver en las calles o en las casas de cemento la consolidación de un trabajo social que dura y permanece. Su visión acentúa los aspectos de extinción, de corrosión, de desgaste. Al mismo tiempo, esta lejanía de las fuerzas materiales tiende a constituir un arquetipo de trabajo humano, el trabajo industrial del campo o, más específicamente, la actividad de elaboración maderera. Hay un principio de platonización en este sobreacentuamiento de la producción forestal[18]. Por eso, el descubrimiento del norte chileno ha de ser para Neruda una revelación fulminante. Y no sólo por el carácter de antítesis ecológica que el norte exhibe frente al sur de Chile, sino por la nueva forma de praxis que le es posible contemplar en el desierto. La actividad forestal, con toda su aureola fisiocrática —por su ambientación semirústica de bosques, de terrenos abiertos— da paso a una forma de trabajo más ancha, extractiva y minera, propiamente industrial[19].

[18]Estas fuerzas están implícitas en el gran poema *Entrada a la madera*, que debe ser considerado una especie de naturalización del trabajo forestal. En él se adjudican a la naturaleza, por un desplazamiento poético y socialmente comprensible, las capacidades creadoras de la sociedad. La dialéctica del poema —descrita por mí en otro ensayo— es dialéctica cifrada de la actividad productiva. De ahí su coherencia, lo admirable de su pathos.

[19]La experiencia del desierto nortino es uno de los elementos que forja la intensidad de *Alturas de Macchu Picchu*. H. Loyola ha señalado cómo se origina esta introducción del desierto en el panorama selvático y serrano del poema. Ese desierto seco y soleado no es sólo un antisur: es también la contradicción y la superación de su propia infancia. Antes que nada, en efecto, expresa la unidad precolombina del Imperio incaico. Lo mismo que el mundo de la Frontera era, según vimos, Chile antes de Chile, Tarapacá, Atacama y el Norte Chico significan la unidad más vasta del pasado americano. En segundo término: por las formas del trabajo, por el ambiente geográfico y humano, ese mundo del norte representa, en su plena verdad, la socialización del hombre, es decir, la comprensión de la esencia creadora del trabajo y de la marcha histórica de la sociedad. Sur y norte: son el tránsito,

Este conjunto de hechos permite apreciar la nueva fase en que ingresa el tan señalado conflicto de su sensorialidad: mientras sus ojos tratan de convertirse en trabajadores nocturnos, a través de la actividad onírica, sus manos desenvuelven una energía que coincide con capacidades agresivas. Pero ya no se trata de ese aspecto letal de sus manos estudiantiles: lo destructivo es aquí la primera manifestación de la creatividad. "Manos de piedra, llenas de ira", "ciencia de uñas" —se dice en *Residencia en la tierra*. Con lo cual se insiste, más que en los atributos humanos de esos miembros, en sus detalles inorgánicos, en los residuos minerales incrustados en ellos. La mano, poco a poco, de acuerdo a nuevas experiencias y sobre la base de determinadas situaciones, se va humanizando, hasta adquirir su verdadero carácter de órgano creador en las *Odas elementales* y en *Las manos del día:* para ello se necesita primeramente, sin embargo, pasar por ese cántico del trabajo que es *Alturas de Macchu Picchu*.

Cuarto grupo. Nuevamente el poeta deja Chile en septiembre de 1933. Permanece en Buenos Aires hasta abril de 1934, estableciendo contactos con algunos escritores argentinos (Pablo Rojas Paz, Oliverio Girondo, Norah Lange, etc.). Se instala después en Barcelona y Madrid. Es conocido el hecho de su vinculación con la generación del 27, el grupo de García Lorca, de Cernuda y de Altolaguirre. Ya había mantenido, desde el Oriente, relaciones epistolares con Rafael Alberti. Su estancia en España es una mezcla de felicidad y de des-

---

en el plano de la productividad social, de la infancia a la adultez en la poesía nerudiana.

Confróntese, igualmente, *Viaje al norte de Chile* (OC, t. II, p. 52 ss.), testimonio que comienza con la imagen universal de la infancia ejercitada sobre la pampa (seducción de los colores, etc.) y finaliza con el lento recitado de la *Canción Nacional*.

gracia: pierde una mujer, encuentra otra; gana amigos, pero su hija única enferma irremediablemente.

Desde el punto de vista del desarrollo de su poesía, y más concretamente de *Residencia en la tierra*, este conocimiento de España parecía estar exigido por su poesía. En efecto, ya desde *Galope muerto* —como veremos inmediatamente— sus poemas se instalaban en los hechos memorables de la Conquista, a través de la reducción a conciencia poética de un inconsciente fuertemente historizado. En la invasión inicial, reactualizada por el habitat infantil de Neruda —que nunca hasta esta fecha y sólo a partir del *Canto general* dedicará algún poema a los indígenas chilenos— se constituyen las raíces del proceso histórico de la nación. Es aquí, en España, donde se cierra el círculo empezado en Temuco en su segunda infancia. *Residencia en la tierra*, desde *Galope muerto* hasta *Vuelve el otoño*, expresa toda la lucha entre un pasado que vuelve con su terror y la impulsiva vehemencia por parte del poeta para asumir sus orígenes étnicos. Pero así como no es casual que el movimiento de adhesión a España se produzca en el momento de la República española, tampoco lo es el hecho del nuevo status que adquiere Neruda en Madrid. Marginado social en Chile, expatriado en el Extremo Oriente, burócrata en su propia patria, por fin puede Neruda ser lo que siempre ha ansiado: poeta. Ser poeta, en España, significaba en esos días —como él lo ha recordado a menudo— un oficio, una actividad cotidiana, un trabajo permanente y lleno de sentido. De hecho, Neruda llegó a confundir prácticamente su cargo de cónsul con el de la producción y de la difusión poéticas. Lee, escribe, edita, antologa, traduce, publica. Ya no existe el vacío, el eco de su propio vacío que él encontraba en Chile o en cualquiera otra parte. De este modo, la situación individual del poeta y el momento histórico de España coinciden. Por eso tampoco es casual que el poema en que más resalta su simpatía por España sea uno dedicado a un poeta, el conde de Villamediana, resucitado en la práctica por una antología de Neruda y aquí, en el poema, por su imaginativa evocación:

*Está desnudo,
sus ropas no se encuentran en el polvo
y su armadura rota se ha deslizado al fondo del
[infierno,
y su barba ha crecido como el aire en otoño,
y hasta su corazón quiere morder manzanas.*

*Conde dulce, en la niebla,
oh recién despertado de las minas,
oh recién seco del agua sin río,
oh recién sin arañas.*

En este español del Siglo de Oro reencuentra Neruda al conquistador. En el levantamiento de la figura del Conde desde su condición de cadáver, se producen asociaciones que van más allá de su sentido anecdótico. Así, este cuerpo en trance de resurrección imita, dentro de un sistema de referencias imaginativas, la desnudez indígena. *Está desnudo:* y este deslumbramiento quiere insistir en la identificación del caballero español cubierto de hierro con la piel libre e inocente del aborigen[20]. Rota la armadura, lejos allá en el fondo del infierno, queda esta unidad viva entre conquistador y conquistado, la barba española y la desnudez del indio. Este ser que el poeta ha recuperado no es el caballero español del Siglo de Oro: es una síntesis inverosímil que simboliza todo nuestro proceso cultural. Tal es el sentido último

---

[20]La misma oposición significativa hallamos en estos versos de *Estatuto del vino:* "Y entonces corre el vino perseguido / y sus tenaces odres se destrozan / contra las herraduras...". Es el mismo combate entre el hierro del caballo español y esos "odres" que son transfiguración de la piel y de la sangre indígenas.

de *El desenterrado*. En este poema, una loa retrospectiva se ha ampliado a canto de una fundación. "Los cementerios frescos" de Temuco, aquellos "obreros muertos" de sus *Maestranzas de noche*, ese "primer muerto" de *El hondero entusiasta* fructifican aquí, en el interior de este paisaje geológico, donde este "desenterrado" resurge como la primera encarnación del mestizaje americano.

Es significativo, por otra parte, que el enlace se produzca en una importante sección del libro. En otra parte hemos puesto de relieve la unidad cíclica que envuelve a los poemas *Oda a Federico García Lorca, Alberto Rojas Jiménez viene volando* y *El desenterrado*. Es el ciclo natural de la vida humana, la sucesión de plenitud, muerte y nacimiento. La trinidad allí poetizada tiene también, sin embargo, un sentido nacional, étnico, dentro del esquema cognoscitivo del poeta. Al poeta español aún vivo, al poeta chileno muerto, se suma ahora esta síntesis de poeta y de amigo, de viviente y de muerto, de español y de americano que resulta ser, para el espíritu de Neruda, el Conde de Villamediana. Es la reconquista completa de su ancestro, la integración de su individualidad en la raza.

Galope muerto abre el universo de *Residencia en la tierra*:

> *Como cenizas, como mares poblándose,*
> *en la sumergida lentitud, en lo informe,*
> *o como se oyen desde el alto de los caminos*
> *cruzar las campanadas en cruz,*
> *teniendo ese sonido ya aparte del metal,*
> *confuso, pesando, haciéndose polvo*
> *en el mismo molino de las formas demasiado lejos,*
> *o recordadas o no vistas,*
> *y el perfume de las ciruelas que rodando a tierra*
> *se pudren en el tiempo, infinitamente verdes.*

*Aquello todo tan rápido, tan viviente,
inmóvil, sin embargo, como la polea loca en sí misma,
esas ruedas de los motores, en fin.
Existiendo como las puntadas secas en las costuras del
[árbol,
callado, por alrededor, de tal modo,
mezclando todos los limbos sus colas.
Es que de dónde, por dónde, en qué orilla?
El rodeo constante, incierto, tan mudo,
como las lilas alrededor del convento,
o la llegada de la muerte a la lengua del buey
que cae a tumbos, guardabajo, y cuyos cuernos quieren
[sonar.*

*Por eso, en lo inmóvil, deteniéndose, percibir,
entonces, como aleteo inmenso, encima,
como abejas muertas o números,
ay, lo que mi corazón pálido no puede abarcar,
en multitudes, en lágrimas saliendo apenas,
y esfuerzos humanos, tormentas,
acciones negras descubiertas de repente
como hielos, desorden vasto,
oceánico, para mí que entro cantando
como con una espada entre indefensos.*

*Ahora bien, de qué está hecho ese surgir de palomas
que hay entre la noche y el tiempo, como una barranca
[húmeda?
Ese sonido ya tan largo
que cae listando de piedras los caminos,
más bien, cuando sólo una hora
crece de improviso, extendiéndose sin tregua.*

*Adentro del anillo del verano
una vez los grandes zapallos escuchan,
estirando sus plantas conmovedoras,*

de eso, de lo que solicitándose mucho,
de lo lleno, oscuros de pesadas gotas.

Antes que un análisis literal, que llevaría a inevitables repeticiones, es preferible subrayar, en relación con este poema, algunos puntos de verificación directa y de validez general para la comprensión de *Residencia en la tierra*.

Visión totalizadora. Se afianza definitivamente la organización mediante contrarios, ya explícita en el título del poema. Lo sumergido y lo alto, lo lento y lo rápido, lo que se desintegra y lo que está en trance de poblarse son los ejes de este universo. El poema gira, avanza, violentado por estos polos magnéticos, insistiendo en recorrer todas las dimensiones de la realidad, sus ritmos contrastantes. Lo que aquí captamos es el Todo, el orbe entero de las cosas. Pero no hay, ya se lo sabe, aprehensión exhaustiva de la realidad que sea instantánea (Sólo el místico cree hacer coincidir a Dios con el instante de su éxtasis). De este modo, se requiere una sucesión de imágenes que funciona primeramente en sentido complementario. Por eso, *cenizas* y *mares*, para fijarnos sólo en el arranque del poema, representan la sístole y la diástole del mundo. Apocalipsis y Génesis vienen a coexistir en un par de versos. Y estos complementarios, al determinarse mutuamente, generan la contradicción fundamental que se expresa en el nombre del poema, *Galope muerto*.

El despliegue sensorial comprueba la ampliación inaudita del canto. Lo que ven los ojos, los sonidos que *se oyen*, en lo que pesa al tacto y se deshace, los olores vegetales que el otoño levanta de la tierra, todo lo recoge esta gran visión de la existencia. Cada una de estas vías sensoriales es, a su modo, un pequeño galope muerto. Las campanadas que el poeta escucha son casi una cabalgata: *cruzan* el espacio, una tras otra, desprendidas ya de su fuente metálica; el perfume de las ciruelas es también el producto de dos tiempos contrapuestos: la brusca caída de los frutos (*rodando a tierra*) y su callada putrefacción en el suelo (*se pudren en el tiempo*). En verdad, como Amado Alonso ha mostrado bien a través del comentario de su forma, el poema es enteramente un galope muerto. Corre, se desboca, avanza bruscamente, sólo se aquieta en el remanso del círculo final: "En el quinto [período estrófico] se contempla con todo sosiego esa misma vida llegando al reino de la naturaleza y acumulándose en los carnosos zapallos"[21].

Significación histórica de los objetos. Si se acentúa demasiado este aspecto totalizador del poema, puede olvidarse el fundamento de concreción en que reposa esta generalidad. Es un riesgo éste que la crítica nerudiana no siempre ha esquivado. Neruda trabaja aquí como siempre, pero aquí más que nunca, con cosas materiales, con objetos determinados que dan a su poesía una reconocible identidad. Naturales o artificiales, en el sentido de la distinción aristotélica; independientes del hombre o producidos por su actividad, estos objetos son el punto de encuentro de una biografía con el movimiento de la sociedad. La coyuntura de un sujeto con la historia. La naturaleza, cuando no es por sí misma naturaleza historizada (como ocurre con las plantas: aquí mismo en *Galope muerto* los zapallos, los eucaliptus en *Caballo de los sueños*), adquiere una forma indirecta de historización a través del sujeto. Este vive su vida como proceso. Lo que Sartre ha llamado el *azar* de la biografía no existe realmente en el caso de la subjetividad poética. Que Neruda tenga como primer recuerdo de su vida la casa quemada de la infancia es un azar sólo en la medida en que esa experiencia pudo ser otra, en que se trata en

---

[21] Amado Alonso: *Poesía y estilo de Pablo Neruda*. Buenos Aires, Edit. Sudamericana, 2ª ed., 1951, p. 183.

principio de un contenido intercambiable. Pero una vez dado, entra en un régimen riguroso de correlaciones poéticas, que afecta no sólo a la palabra *cenizas* sino a la interpretación global de la vida. Así, es casual que el primer recuerdo del poeta sea una casa quemada en el Sur, pero no es casual que *Residencia en la tierra* comience como comienza: *Como cenizas...* La integración retrospectiva fija un principio de historización al temporalizarse como pasado biográfico del sujeto, pasado a su vez inserto en un marco de desarrollo social (Ya veremos cuál es el valor colectivo de estas mismas *cenizas*). La subjetividad y sus accidentes operan aquí como medio, como terreno en que se prepara la recepción de los contenidos históricos.

Los objetos producidos por la mano del hombre tienen un coeficiente histórico más evidente. Son, se lo sabe desde Marx, relaciones sociales materializadas. El origen social de la praxis (campanas), la función histórica del objeto (la espada, por ejemplo) se depositan, como una película invisible, sobre las cualidades sensibles de la materia (bronce o hierro, forma curva o aguda), transfigurándolas, retemplándolas. Gran parte del papel intuitivo de la poesía consiste en situar la visión en ese delgado límite en que la presencia visible del objeto revela también su historia invisible. Un elemento, analizado con cierta extensión, permitirá mostrarlo.

Cruza intermitentemente el poema una línea de estímulos auditivos. Las campanadas iniciales; la presencia umbría del convento que refuerza esas voces con su mismo silencio; y finalmente, ese sonido que se prolonga sin término y que instala para siempre el dominio superabundante de lo audible. El poeta anuda sutilmente los extremos de su cadena auditiva. Así, compárese:

o como se oyen desde el alto de los caminos
cruzar las campanadas en cruz

Ese sonido ya tan largo
que cae *listando de piedras* los caminos

Es indudable que las campanas, el convento, este sonido último pertenecen a una misma organización asociativa. Como en tantas otras situaciones del mismo poema, es posible sorprender aquí recuerdos biográficos. Aunque obvio, es conveniente puntualizar esto, para comprender el modo como la experiencia subjetiva se ensancha hasta coincidir con la legalidad histórica que el poema recrea. Se ha visto ya un convento enclavado entre las reminiscencias del poeta. Las campanas que preludian el sistema auditivo de las *Residencias* tal vez se conecten con este dato que se consigna en *Anillos:* "En el pueblo, en provincia transparente, inauguran la campana de bronce que nunca alcanzaba a comprarse"[22].

Las campanas, de hierro o de bronce, suenan en la historia con un metal bien definido. Voces eclesiásticas, han quedado prendidas a un tiempo que ha sido dominante en los países hispanoamericanos. Voces coloniales, representan los ecos de un pasado muerto y vivo simultáneamente, que se impone con pesadumbre a toda la comunidad. ¿No es acaso un conjuro, un ensalmo violento ese inicio que ya hemos escuchado?:

o como se oyen desde el alto de los caminos
cruzar las campanadas en cruz
teniendo ese sonido ya aparte del metal

Una masa lenta de historia se levanta al sortilegio de esos metales, una historia empecinadamente detenida, casi inmóvil. Voces litúrgicas, expresan otro tiempo de existencia, un tiempo huérfano de toda velocidad, de toda proyección creadora. Es significativo, en este respecto, la constante contigüidad que exhiben en Neruda

[22] "Alabanzas del día mejor". oc, cit., p. 144.

las campanas y el reloj. En *Tentativa del hombre infinito* se insinúa una contraposición cargada de sentido, sobre todo en esa fase de su poesía:

aproxímate cuando las campanas te despierten (...)
en su reloj profundo la noche aísla horas

Si se tiene en cuenta el alcance que adquiere en esta época nerudiana la arquitecturación sensible de lo diurno y lo nocturno, puede sospecharse la proyección de estos versos. Todavía más tarde, en otro momento de su obra, continuará produciéndose esta asociación con toda naturalidad:

Yo vivía en un barrio de Madrid,
con campanas, con relojes,
con árboles.

La posibilidad selectiva que caracteriza a esta enumeración de *Explico algunas cosas* —tripartita, de acuerdo al esquema rítmico y organizativo del poema[23]—, la posibilidad de que Neruda elija precisamente esos objetos como indicios de su recuerdo, muestra bien su inevitable interdependencia. Por lo demás, aun en *Galope muerto* mismo, se insinúa este principio de estructuración, establecido aquí más bien como instancias sucesivas.

[23] Es fácil advertir que el extraordinario impacto que produce la lectura o la audición de este notable poema se debe a la simple y maravillosa utilización de un recurso: la organización tripartita, contradictoriamente orientada, de todos sus elementos. En este sentido, un análisis estilístico no haría sino redundar en lo evidente. Pero es claro también que el funcionamiento de este recurso sólo adquiere poder en virtud del marco emocional del poema, sobre su trasfondo de experiencia colectiva: la guerra de España. Porque ésta no es aquí, en *España en el corazón*, un tema literario, aunque funde literatura. Es un hecho histórico: y a él remite (también a los profesores y a los críticos) Neruda cuando escribe, al final de su poema: "Venid a ver la sangre por las calles".

Tenemos, en efecto, que ese "sonido ya tan largo" con que se cierra el poema:

*más bien, cuando sólo una hora
crece de improviso, extendiéndose sin tregua.*

Ese sonido, al final del poema, pasa a pertenecer al mundo del reloj, pues supone la división horaria del tiempo. Del tiempo de las campanas hemos transitado insensiblemente al tiempo del reloj. Ahora bien, detrás de esta oscilación hay factores que superan el marco exiguo del poema y que se refieren a todo un amplio fenómeno histórico que reseñaremos muy abreviadamente.

Algunos historiadores contemporáneos han puesto de relieve lo que se ha llamado la "revolución del tiempo" a fines de la Edad Media. Partiendo de las descripciones de la vida cotidiana medieval contenidas en los escritos de Marc Bloch[24], han logrado desentrañar lo que significó, como etapa de transición, el paso del tiempo marcado por la Iglesia al tiempo laico de los mercaderes. Las divisiones eclesiásticas del día: maitines, laudes, tercia, sexta, vísperas, completas, ceden lugar a una división más regular, matemática, exigidas por las necesidades del comercio y de la industria. Esta participación de la nueva concepción del tiempo en el origen del capitalismo moderno la exagera Lewis Mumford cuando afirma: "El reloj, y no por cierto la máquina de vapor, es la máquina clave de la época industrial moderna"[25]. Jacques Le Goff, en un ensayo publicado

---

[24] Marc Bloch: *La sociedad feudal.* Trad. española en Uteha, 2 ts.
[25] V. *Técnica y civilización*, t. I, p. 49. Buenos Aires, Emecé Editores, s. f. La exageración de Mumford, excusable en cuanto responde a un hecho efectivo, lo lleva a menudo a razonar por absurdo: "Se hubiera podido llegar al maquinismo industrial moderno sin carbón, sin hierro y sin vapor, pero resulta difícil imaginar que ello hubiera podido ocurrir sin la ayuda del reloj" (p. 55).

hace algunos años, escribe: "El conflicto del tiempo de la Iglesia y del tiempo de los mercaderes se afirma, entonces, en el corazón de la Edad Media como uno de los acontecimientos motores de la historia mental de estos siglos, en que se elabora la ideología del mundo moderno, bajo la presión del desplazamiento de las estructuras y de las prácticas económicas"[26]. "Este tiempo que comienza a racionalizarse se laiciza simultáneamente. Más por necesidades prácticas que por razones teológicas, que por lo demás están en la base del tiempo concreto de la Iglesia, se adaptó, desde la Antigüedad, el tiempo de los clérigos, ritmado por los oficios religiosos, por las campanas que los anuncian, indicado en rigor por los cuadrantes solares, imprecisos y cambiantes, medido a veces por groseras clepsidras. A este tiempo de la Iglesia, artesanos y mercaderes sustituyeron el tiempo más exactamente medido, utilizable para las necesidades profanas y laicas, el tiempo de los relojes. Es la gran revolución del movimiento comunal en el orden del tiempo, la de estos relojes colocados por doquiera frente a los campanarios de las iglesias. Tiempo urbano más complejo y refinado que el tiempo simple de las campañas medido por las campanas rústicas de las que Jean de Garlande nos da, al comienzo del siglo XIII, esta etimología fantasista pero reveladora: 'Campanas dicunt a rusticis qui habitant in campo, qui nesciunt judicare horas nisi per campanas' "[27]. Se ve entonces cla-

---

En todo caso, el valor simbólico de estas afirmaciones queda en pie.

[26] "Temps de l'Eglise et temps du marchand". *Annales. Economies. Sociétés. Civilisations.* Mai-Juin, 1960, pp. 417-433.

[27] Ibid., p. 426. En un estudio posterior inspirado en el de Le Goff, Philippe Wolff añade que la mutación del tiempo a fines de la Edad Media fue precedida por prolongadas tentativas de introducir una división más menudo del tiempo y por lograr una precisión más fina en su medida. (V. "Le temps et sa mesure au Moyen Age". *Annales. E. S. C.* Novembre-Décembre, 1962, pp. 1141-

ramente que, lejos de ser una abstracción metafísica, el tiempo nerudiano, en la medida que recoge estas formas concretas de mensuración del devenir natural, resulta ser un tiempo material, directamente aprehensible a través de sus instrumentos específicos. No hay metafísica del tiempo en *Residencia en la tierra*, ya lo habíamos dicho. Ahora agregamos que, por el contrario, hay en estos poemas una percatación vertiginosa de la historia misma del tiempo, de su gran mutación. Subyacente y apenas insinuada en *Galope muerto*, esta tensión histórica materializada en los dos objetos se desarrolla hasta alcanzar las grandes arquitecturas de *Residencia en la tierra*. Cerca del desenlace de este libro, hay dos intensos poemas que forman, desde este punto de vista, un par en que se expresa toda la cronología de nuestra evolución social. Son el *reloj caído en el mar* y *Vuelve el otoño*. En el primero, la fuerza submarina se identifica con la "eléctrica forma" del objeto. De este modo, mimetizado con la noche en *Tentativa del hombre infinito*, con el Mar en este poema, el reloj coincide siempre, en su diminuta fábrica, con las grandes magnitudes del mundo, con todo lo

que ondula palpitando de corrientes centrales[28].

1145). Por otra parte, el historiador Eugenio Pereira Salas ha podido precisar la introducción relativamente tardía en Chile de los relojes y su escasa repercusión en la sociedad colonial. "Esta dualidad de la noción temporal, con todo lo que ella tiene de significativa, alcanza a América en la época de la Conquista, época que corresponde en el orden intelectual y científico a la eclosión del Renacimiento" (p. 143). "El chileno no tenía todavía en esta época [1844] el sentimiento del tiempo anudado al cuerpo y tenía necesidad de una ayuda exterior para mantener un ritmo horario en el curso apacible de su existencia" (p. 157) (V. "L'évolution de la notion du temps et les horlogers a l'époque coloniale au Chili". *Annales. E. S. C.* Janvier-Février, 1966, pp. 141-158).

[28] El reloj, por su geometría laberíntica y por su construcción fina y sólida al mismo tiempo, pertenece de hecho al mismo sistema de preferencias que el puente Malleco. Son, en la poesía de

Así concluye *El reloj caído en el mar,* y *Vuelve el otoño,* que lo sigue inmediatamente, se inicia:

Un enlutado día cae de las campanas...

Esta articulación, este gozne significativo no admite una polarización sentimental esquemática. Objeto dulce por lo antigua y anacrónica, la campana es también el símbolo de todo nuestro subdesarrollo. Es un "fruto blando del cielo", pero también nuestra patria tiene "un litoral poblado de campanas". El reloj, por su lado, aúna en sí su dinamismo tecnológico con el hecho de ser instrumento de la servidumbre laboral. De modo que las efusiones emocionales divergentes sólo encuentran coherencia en el sentido histórico que la dualidad expresa y que el poeta vive conflictivamente. Hombre que escucha campanas y que usa reloj, el poeta alimenta en sí mismo las fuerzas de esa contradicción. Esas campanas no son datos ornamentales de su poesía, esas horas son, sin duda, el asedio inexorable de la organización laboral moderna. Toda una sangre de historia pulsa y late en esta articulación. Entre esas campanas cuyo sonido trae una vieja resonancia y ese reloj que palpita corrientes submarinas, el poeta vive como un sujeto históricamente escindido, a caballo entre dos épocas, híbrido de dos extensos períodos de desarrollo humano. El rostro de la historia de América, esta isla donde las marejadas de otros continentes se agolpan indiscerniblemente, comienza a vislumbrarse. Ahora bien, estas campanas nos comunican con el tema de la tarde, como ya lo indicaba el primer verso de *Vuelve el otoño.*

Hemos visto la poetización de la tarde en *Crepusculario* y en *Anillos.* Paradojalmente, son los cielos no crepusculares los más henchidos de proyección en la

---

Neruda, cristalizaciones eminentes del trabajo humano, testimonios de su poder y de su belleza.

obra de Neruda, aquéllos que más atrae su meditación. Las expresiones "vespertino", "vesperal", que Neruda utiliza reiteramente en *Residencia en la tierra*, son tan familiares a todo lector que difícilmente éste piensa en la unión de neologismo y de arcaísmo que uno de ellos contiene. Hay que leer estas palabras como arcaísmos profundos. Lo "vesperal", lo "vespertino" son el tiempo de las vísperas, el momento de esa oración a la caída de la tarde. En estos instantes del día casi siempre escuchamos, en *Residencia en la tierra*, el sonido de las campanas que los anuncian. El poeta queda así definido por este gusto a lo vespertino, transformación evidente de sus antiguos ocios crepusculares:

Yo busco desde antaño, yo examino sin arrogancia
conquistado, sin duda, por lo vespertino.

(Colección nocturna)

No sé si me entiende: cuando desde lo alto
se avecina la noche, cuando el solitario poeta
a la ventana oye correr el corcel del otoño...

(Vuelve el otoño)

La tarde constituye un decisivo núcleo emocional de *Residencia en la tierra*. En las tardes el mundo se ritualiza. Nace, alrededor de ella, una atmósfera indefinida. Una inmensa paz, una inmovilidad casi absoluta viene a depositarse en este lapso fronterizo entre el día y la noche. En la tarde se consagra una ingente simbiosis histórica: el ocaso del sol en el cielo y el perfil fantasmal de las iglesias:

Tú guardabas la estela de luz, de seres rotos
que el sol abandonado, atardeciendo, arroja a las
[iglesias.

(Alianza)

De este modo, en forma nítida y verificable, la subjetividad del poeta ha convertido determinadas experiencias de su vida cotidiana en instrumentos de conocimiento histórico-social. Esa ruralidad de las tardes ha dejado de ser un secreto personal, el de la égloga celeste sobre la ciudad: es ahora el signo del subdesarrollo americano.

Sin embargo, al conjuro de las campanas no surge sólo una tarde en que la inmovilidad es el valor fundamental. Un intenso trabajo se manifiesta otras veces. Es curioso ya constatar las distintas ópticas con que Neruda, en su poesía, valora el mismo fenómeno. En efecto, el término del día se lo siente unas veces como una muerte brusca, repentina. "El movimiento rápido del día igual al de las manos que detienen un vehículo" escribe en *Tentativa del hombre infinito,* donde el gesto común de hacer parar un taxi se potencia hasta convertirse en un golpe a cercén; "con la ausencia del día muerto de golpe", dice en *Residencia en la tierra.* Contra esta velocidad, brusca y súbita, el paso de la tarde se lo mira otras veces con lentitud, como un proceso morosamente creador. Sobreviviente de un día así fenecido, la tarde es el umbral de la noche, la epifanía de las fuerzas nocturnas del mundo. Desde *Crepusculario,* Neruda había tratado de captar la relación entre esos dos lapsos de la experiencia natural:

Sobre el cielo
del crepúsculo, para los dedos de la noche.

Pero esta metáfora plástica era todavía sobremanera imperfecta, pues suponía una diferenciación entre la materia y el agente conformador. No será, entonces, la actividad alfarera la más adecuada para dar cuenta de este fenómeno, sino el campo de lo textil. También en *Crepusculario* Neruda había ensayado esta aprehensión, partiendo de la idea, ya banalizada, de la subjetividad poética concebida como gusano de seda y del cielo como tela preciosa[20]. Esta visión se conserva en *Residencia en la tierra,* pero profundamente modificada en su tono y en sus elementos:

Acógeme en la tarde de hilo
mientras el anochecer trabaja
su vestuario y palpita en el cielo
una estrella llena de viento.

[20]No se me escapa que todos éstos son tópicos del Modernismo y de más remota procedencia en la cultura europea. Pero habría que estudiar y que saber lo que Curtius nunca advierte: que los tópicos se originan junto al surgimiento o a la renovada importancia de algunas formas de trabajo o de ramas determinadas de la producción. En el caso de nuestro tópico, el clásico libro de Henri Algoud, *La Soie. Art et Tistoire,* suministra una información muy instructiva para dilucidar su fortuna en la literatura europea. La utilización del símbolo del gusano de seda en los ritos iniciáticos antiguos coincide, en gran parte, con la admiración que experimentan los griegos por los tejidos procedentes de la lejana Asia, por la vía de Persia. Tampoco es casual que, luego de la introducción en Occidente del arte de la seda por Justiniano, uno de los momentos literariamente más felices del tópico (fines del siglo XVIII y comienzos del XIX) corresponda con las grandes plantaciones de moreras en el sur de Francia, con la creciente importancia de la industria francesa y la difusión de la tapicería francesa (gobelinos). Justamente, por situarse entre la recusación fisiocrática de las manufacturas (piénsese en Quesnay) y la extraordinaria eclosión de las industrias aristocráticas y de lujo, la imagen del gusano de seda, aparte de sus calidades naturales de metamorfosis y de muerte, será especialmente grata a los poetas románticos. Hasta Goethe se extiende esta influencia (*Torcuato Tasso,* Act. v, esc. X). Así, algunos puntos quedan claros. Mientras el griego en sus misterios insiste sobre todo en la capacidad de transfiguración de la larva, en sus metamorfosis; mientras el romanticismo recalca antes que nada la creación al borde de la muerte, el Modernismo, movimiento literario de las clases medias hispanoamericanas, insiste especialmente en un contraste que lo complace: la humildad de la criatura frente a la suntuosidad del don espiritual.

La tarde teje la noche, en su hilo el que la urde, formando una indestructible continuidad. La idea de la actividad preciosa de *Crepusculario* es substituida por una idea más directa del trabajo y de la experiencia general. No se trata ya de una labor artística, la que teje los colores del cielo, sino de una opaca y uniforme costura[30]. Esta poetización de la tarde se ubica en los límites, en ese conjunto de transiciones por los cuales un movimiento se resuelve en una nueva realidad. Otra vez encontramos aquí el profundo carácter dialéctico de esta poesía. Allí, en ese paso imperceptible en que el día se hace oscuro y en que las sombras absorben la luz, allí sitúa Neruda su conquista expresiva. Poeta de fronteras en sentido propio, este poeta trata de sorprender las mutaciones naturales en su misma operación, en el interior de sus enigmas. He aquí, definitivamente superada, la apreciación modernista de los momentos del día, puramente sentimental y corpuscular. Una sola corriente ondulatoria atraviesa ahora todo el ciclo del día, sin romper su continuidad, pero desarrollando a la vez la prueba de su riqueza y de su diferenciación interior: "En mi alcoba sin retratos, en mi traje sin luz, cuánta cabida eternamente permanece, y el lento rayo recto del día cómo se condensa hasta llegar a ser una sola gota oscura". Frontera movediza, pura transición entre el día y la noche, la tarde representa el nudo gordiano

---

[30] El Modernismo, en lo que respecta a Darío, debuta con el hermoso soneto *Venus*, el primero de entre los incluidos en *Azul...* Este astro de la tarde signa el azul dariano con un dejo vespertino. Posteriormente, en *La dulzura del Angelus*, escribirá: "El áureo ovillo vespertino / que la tarde devana tras opacos cristales / por tejer la inconsútil tela de nuestros males". Se ve la distancia que va desde este *ovillo* precioso de Darío a la tarde nerudiana, la existente entre esta "tela inconsútil" de *Cantos de vida y esperanza* y el "vestuario del anochecer" de *Residencia en la tierra*. El mismo tópico que en el Modernismo irrealiza y suprime las circunstancias del trabajo, en la poesía nerudiana las establece y las hace manifiestas.

del ciclo natural y la seguridad de su continua reproducción.

Figura del héroe. A través de *Galope muerto* se esboza ya una fisonomía del héroe que será la dominante en *Residencia en la tierra.* En la tercera estrofa del poema se enumeran los estímulos terribles para la mirada del poeta:

desorden vasto,
oceánico, para mí que entro cantando
como con una espada entre indefensos.

El canto es aquí mucho más que un trance, es acción. La presencia del poeta ha adquirido corporeidad, una corporeidad que se resume en el instrumento guerrero que lo identifica. Ser armado, el poeta de *Residencia en la tierra* empuña la vieja arma genocida que a veces coexiste con un individuo de sensibilidad plenamente contemporánea:

En la altura de los días inmóviles
el insensible joven diurno
en tu rayo de luz se dormía
apoyado como en una espada.

Es patente la superposición de estratos temporales de procedencia diversa. Se trata, en términos generales, de una virtualidad muy característica de *Residencia en la tierra,* que a veces se expresa en la tendencia a cierto hieratismo, a la insólita aparición de formas rígidas, con sabor a estampa o con perfil iconográfico. Los "ángeles alabastrinos" de que Neruda nos habla en *La noche del soldado* son formaciones de esa especie, al igual que ese "ángel invariable que vive en mi espada", de otro poema. Símbolos del anacronismo de nuestra vida social, estos elementos constituyen relictos del mundo colonial en pleno siglo xx. En estas posturas semirreales, lo que fue historia deviene fantasmagoría[31].

Este mismo juego de contenidos históricos diferentes crea un campo de presencias familiares en *Residencia en la tierra*. Soldado, vigía, centinela, expedicionario: la identidad poética se va integrando mediante aspectos complementarios, siempre homogéneos. La efigie histórica del conquistador se ensambla, de manera irreductible, con la subjetividad contemporánea del poeta, que aporta sobre todo su conciencia del trabajo creador durante la noche. Aquí, más que nunca, vale la famosa frase de Jean Cocteau: "Le poete est a l'ordre de sa nuit". Es el mismo personaje, de extraña vestimenta, que ya entrevimos en los *Veinte poemas*, ese individuo de traje gris y cotidiano que lleva en su frente un penacho guerrero. Con la espada en la mano y el don profético en los ojos, este poeta encarna, *en raccourci*, toda nuestra historia americana. Intimo y militar a la vez, este sujeto crea y destruye al mismo tiempo, actúa en su sueño y sueña su acción. De ahí que las palabras más corrientes, de uso actual, se orienten a ese determinado foco histórico. "Caballero", en *Residencia en la tierra*, no es sólo un señor cualquiera; es, antes que nada, el soldado español de la Conquista. Ciertas formas arcaicas, además, recuperan todo su valor indicativo de pasado, su función remota:

[31]En Juan Carlos Onetti pueden encontrarse caracterizaciones de este tipo, que dependen en su obra de una inspiración hipnagógica. En Gabriel García Márquez, muchos de esos personajes híbridos de sus novelas provienen también de este esquema básico, avivado en él por la lectura de las viejas crónicas de la Conquista y, sobre todo, del *Diario* de Pigafetta. En lo que toca a la lírica chilena, hallamos formaciones semejantes en Nicanor Parra, Enrique Lihn y Waldo Rojas. Especialmente *Cancionero sin nombre* es una verdadera colección de formas iconográficas, sorprendidas en el nivel del arte popular. Garcilorquiano y nerudiano, este libro se escribe —no por nada— entre el año de publicación de las *Residencias* y el año de la muerte de Federico García Lorca.

> *Después de mucho, después de vagas leguas,*
> *confuso de dominios, incierto de territorios,*
> *acompañado de pobres esperanzas*
> *y compañías infieles y desconfiados sueños,*
> *amo lo tenaz que aún sobrevive en mis ojos,*
> *oigo en mi corazón mis pasos de jinete,*
> *muerdo el fuego dormido y la sal arruinada,*
> *y de noche, de atmósfera oscura y luto prófugo,*
> *aquel que vela a la orilla de los campamentos,*
> *el viajero armado de estériles resistencias,*
> *detenido entre sombras que crecen y alas que tiemblan,*
> *me siento ser, y mi brazo de piedra me protege.*

Todo esto demuestra la atracción que experimentan los elementos poéticos centrales de esta poesía hacia una determinada zona histórica, la época de la Conquista, en que se enfrentaron justamente, en palabras de *Galope muerto*, "la espada" y "los indefensos". El poema reactualiza la antigua destrucción, es decir, la construcción de la nueva nacionalidad. Las reitera, las renueva: es una celebración. De este fondo terrible extrae esta poesía su grandeza, como testimonio ardiente que es de un pasado definidor de nuestra comunidad. Vemos, entonces, cómo del sortilegio de esas campanas conventuales que concentran en su sonido los ecos del pasado, llegamos a vislumbrar lo que fue esa epopeya inaugural de dos pueblos. De este modo, las imágenes de caos, de violencia y de pululación que penetran todo *Galope muerto* no son un caos abstracto, una vulgar experiencia metafísica, sino evidencia concreta, singularísima, de la fase más primordial en nuestro desarrollo histórico.

Retomando un cabo suelto, esto tal vez nos permita entender un dato aparentemente sin explicación en la lógica del poema. Habíamos enumerado una serie de hechos auditivos de clara convergencia. ¿Pero qué decir de ese conato ronco de sonido que intentan establecer los cuernos del buey moribundo? Por un lado, se resistiría a entrar en la serie, si no se tuviera en cuenta la construcción del poema en ritmos contradictorios:

El rodeo constante, incierto, tan mudo,
como las lilas alrededor del convento,
o la llegada de la muerte a la lengua del buey
que cae a tumbos, guardabajo, y cuyos cuernos quieren
　　　　　　　　　　　　　　　　　　　　　　　　　[*sonar.*

Es decir, mientras las lilas conventuales instauran una secuencia pacífica, los cuernos del animal sacrificado irrumpen bruscamente; pertenecen al grito truncado, a la violencia sorda. Aunque conceptualmente heterogéneos, se pegan uno a otro como el silencio al estertor. Los cuernos son el comienzo bruto, cercenado, de algo que no pudo llegar a ser campana. "Anhelo de cuernos musicales" escribe Alonso[32]. Pero por otro lado, esa imagen, vivificada sin duda en experiencias infantiles de Neruda, remite al instrumento de la defensa araucana, a su primitiva trompeta de combate. Ercilla se refiere a Lautaro:

Baja Lautaro al campo, y prestamente
el rico cuerno a retirar tocaba
　　　　　　　　　　　　　　(Canto VIII)

Viendo el poco sostén del mal regido
campo, tan recio el rico cuerno suena
　　　　　　　　　　　　　　(Canto XI)

En Góngora y Marmolejo leemos: "Llegada y extendida la nueva por la provincia, vinieron muchos principales e indios a ver gentes que tan grandes vitorias habían tenido de cristianos. Estando todas juntas, el

[32]Cit., p. 180.

Lautaro tocó la trompeta que traía de las que en la guerra había ganado; después de haberla tocado subió en su caballo..."[33]. De este modo, y en general, todos los datos acústicos, todos los elementos objetivos tienen un coeficiente histórico y son poetizados como tales en *Galope muerto*. Esa "espada" que amenaza a los "indefensos", ese convento y esas campanas que oprimen con su sombra y su sonido otro soplo vulnerado en sus orígenes, son manifestaciones de una experiencia única, unitaria, que está en la base del poema y de toda *Residencia en la tierra*.

El área de las estaciones. Es instructivo apreciar más de cerca el contenido representado en el título del poema. En toda la crítica nerudiana —especialmente en A. Alonso que se ha referido con más detalle a esta composición— "galope muerto" parece sugerir ante todo connotaciones de forma[34].

De hecho, es posible captar el contenido abarcado por la imagen en términos más exactos. Hay, a la cabeza de *Residencia en la tierra*, una imagen y un ritmo que desencadenan una extensa zona de significación. Este "galope muerto" expresa, más acá de toda interpretación abusiva, un terror primario, el terror a lo destructivo como tal. Es decir, todo el movimiento de la realidad viene a adquirir, por la extraordinaria virtud perceptiva de esta poesía, una fuerza de manifestación histórica que la hace coincidir también con la primera conmoción colectiva en nuestra tierra. Se recordará, tal vez, esos "cascos enemigos" que ya el joven estudiante contemplaba asombrado en la faena campesina de la trilla. En el poema juvenil, la naturaleza era hollada por la actividad humana que, al dirigir las bestias, se convertía en temprana

---

[33] Alonso de Góngora y Marmolejo: *Historia de Chile*, p. 62. CHCH, t. II, Santiago, Imprenta del Ferrocarril, 1862.

[34] Cit., pp. 177 ss. A. Alonso analiza el poema en el capítulo "La forma".

señal de ese otro choque, más originario, que significó la llegada a estas regiones de los centauros de la Conquista. Ahora, para Neruda, en la forma intensa que su poesía alcanza desde 1925, ese "galope muerto" se ha transformado en el signo de una experiencia fundamental, que no es la abstracta sensación de un tiempo subjetivo, sino la captación concreta del único tiempo real, el del episodio que pone en marcha nuestra historia.

Efectivamente, en este primer poema se diseña ya un campo poético en que la intuición recibe un despliegue inicial. La primera estrofa del poema se detiene, se arremansa en lo que podría llamarse el área del otoño:

*y el perfume de las ciruelas que rodando a tierra
se pudren en el tiempo, infinitamente verdes.*

Otoño, el olor de la putrefacción, el color de una gran muerte vegetal[35]: la experiencia retorna insistente en los más lejanos contextos. En *El habitante y su esperanza* había escrito: "y existe por toda la tierra un grave olor de espadas polvorientas, un perfume sin descanso que hecho una masa por completo se está flotando echado entre los largos directos árboles como un animal gris, pelado, de alas lentas. Oh animal del otoño..."[36]. En el tiempo cíclico de la naturaleza, el poeta reactualiza, cada año, en la venida callada o violenta pero siempre

---

[35]Es la misma experiencia cantada en *Sólo la muerte*. Este poema finaliza con una extraña asociación: "en donde está esperando, vestida de almirante". Alfredo Lefebvre comenta: "allí se nos va el poema no sin antes dejarnos una de las bellas personificaciones de la muerte, la que finaliza el texto, dándole a Ella la más encumbrada graduación marina, cuyo sentido, cuya secreta impulsión no se nos revela..." (*Poesía española y chilena*, Santiago, Edit. del Pacífico, 1958, p. 162). ¿Complejo de Caronte, a lo Bachelard? No, sino un audaz símbolo histórico: la muerte, para Neruda, comienza con el Descubrimiento, con la navegación de los españoles hacia América.

[36]oc. cit., p. 129.

temible del otoño, el encuentro primitivo de dos razas. En *El reloj caído en el mar*, tratando de apresar una indecisa realidad, el poeta balbucea:

*pero no es eso, es algo que toca y gasta apenas,
una confusa huella sin sonido ni pájaros,
un desvanecimiento de perfumes y razas.*

El olfato es aquí el sentido de la memoria, el que convierte en revelación fulgurante la opaca ceremonia del otoño. Sin embargo, dónde mayor desarrollo y claridad adquiere esta experiencia (y es lógico que así sea, dado el tema americano del poema), es en *Alturas de Macchu Picchu*:

*No pude asir sino un racimo de rostros y de máscaras
precipitadas, como anillos de oro vacío,
como ropas dispersas, hijas de un otoño rabioso
que hiciera temblar el miserable árbol de las razas
[asustadas.*

A través de la figura expansiva del árbol; mediante los sentimientos elementales del odio y del miedo (: la *rabia* y el *susto*); en medio del ancho campo colectivo de la raza, el otoño alza su ciego cataclismo, que no es otro que la violencia extranjera sobre los pueblos americanos.

Estos antecedentes permiten inteligir en mejor forma una de las estrofas más enigmáticas de *Vuelve el otoño*, ese notable poema del período español de Neruda. Es ésta, más el final de la estrofa precedente:

*pero no es esto, sino el viejo galope,
el caballo del viejo otoño que tiembla y dura.*

*El caballo del viejo otoño tiene la barba roja
y la espuma del miedo le cubre las mejillas*

y el aire que le sigue tiene forma de océano
y perfume de vaga podredumbre enterrada[37].

Lo vemos: el cuerpo fantasmal de la bestia alcanza dimensiones monstruosas, se estira como una mancha de los sueños hasta abarcar los grandes círculos materiales: el aire, el océano, la tierra. El orbe entero se congrega y se integra en el espectro del animal. Unidad tensamente contradictoria, en el caballo coexisten los atributos del conquistador y del indígena: la barba que es señal distintiva del extranjero, su diferencial étnico, y el miedo ansioso de los autóctonos. En cuanto al primer atributo, ya Ercilla cantó, describiendo a los araucanos: "Son de gestos robustos, desbarbados"; y Don Pedro Mariño de Lovera cuenta en su memorable *Crónica del reino de Chile*: "perdonando el adelantado [Don Diego de Almagro] a solo uno por intercesión de Paulo Inga, que dijo ser indio muy noble, y estraordinariamente afecto a los españoles a los cuales servía y regalaba con todo su caudal y diligencia estando muy aficionado a ellos, así por la traza de sus personas y traje, *como por las barbas que traían tan largas y bien dispuestas, cosa de que los indios carecen totalmente*"[38]. En cuanto a la reacción indígena, es indudable que el espectáculo de la saliva de los caballos, tan repetido en *Residencia en la tierra*, corresponde a impresiones personales del poeta, a más de algún recuerdo biográfico; pero una vez más la contingencia individual se subordina, integrándose, a la visión histórica que todo lo domina.

Formaciones poéticas como éstas, en que un solo objeto se hace representativo de la contradicción racial de

---

[37]Jorge Edwards coloca esta estrofa como epígrafe a uno de los capítulos de su importante novela *El peso de la noche* (Seix-Barral 1964). Hay, por lo tanto, en razón del tema y del carácter de este relato, una comprensión de esos versos nerudianos completamente coincidentes con la nuestra.

[38]CHCH, t. VI, p. 32. Santiago, Imprenta del Ferrocarril, 1865.

la Conquista, explotarán más tarde con renovada eficacia en "La lámpara en la tierra". Sólo dos ejemplos, bien ilustrativos:

> *Como una lanza terminada en fuego*
> *apareció el maíz*

> *La araucaria de lanzas erizadas*
> *era la magnitud contra la nieve*

En ambos vegetales prehispánicos está ya contenida el arma de la hostilidad: el arcabuz y la lanza de los españoles. De modo que aún los elementos naturales aparecen historizados en función de esa experiencia matriz y del papel que allí cumplieron. Y así, sobre la base de estos datos subyacentes, ¿no comprendemos mejor esas "cenizas" inaugurales de *Residencia en la tierra?* ¿Son éstas, como ya lo insinuamos, un residuo del primer contacto infantil con la realidad? ¿O son también, más allá de toda lectura puramente individualista de esta lírica, una emanación de los primeros estallidos y de las primeras destrucciones? *Como cenizas...:* la visión apocalíptica con que se abre *Residencia en la tierra* es producto, a la vez, del recuerdo primigenio del poeta y de un dato genocida: el fuego como agente extranjero de la muerte.

Las imágenes anteriores de *Vuelve el otoño* se repiten con mayor nitidez, como siempre ocurre en el *Canto general*, en el significativo pasaje de la travesía de Magallanes, el gran descubridor:

> *Por el canal navega nuevamente*
> *el cereal helado, la barba del combate,*
> *el Otoño glacial, el transitorio herido.*

Todo es aquí minúsculo, pese a la magnitud del viaje intentado: sólo el otoño tiene una estatura imponente, es el héroe siniestro de la navegación.

Lugar especial corresponde aquí a poemas como *Al sur del océano* y *Barcarola*. Escritos, como ya indicamos, inmediatamente a su retorno desde Asia, guardan con fuerza el impacto que provocó en Neruda el reencuentro con su patria, con su historia, con una costa poblada de acciones y de recuerdos. *Barcarola*, intensa y misteriosa llamada que brota de lo hondo de su corazón, está estructurada con elementos análogos a los que hemos venido describiendo. Allí se lee:

Alguien vendría, sopla con furia,
que suene como sirena de barco roto,
como lamento, como relincho en medio de la espuma
y la sangre,
como un agua feroz mordiéndose y sonando.

De hecho, esta imagen es coextensiva con el ámbito de un poema construido casi íntegramente en blanco y rojo. La espuma y la sangre, el miedo y la muerte cubren aquí, en una aparición prodigiosa, el clima concreto de donde surge esta poesía, enlazada explícitamente con *Al sur del océano*.

Porque ese "fondo rojo del mar" profetizado en *Barcarola* guarda el secreto de la sangre derramada. Y ese secreto es el que intenta entregarnos, en un majestuoso proceso de conocimiento, en el poema siguiente. En realidad, puede considerarse *Al sur del océano* como la antítesis de *El desenterrado*. La recuperación, en éste, de ese mestizo de desnudo aborigen y de español del Siglo de Oro ha tenido antes, en aquél, su negación, su movimiento contrario de repudio y de odio. En *Al sur del océano* los conquistadores, los navegantes de Ultramar están definitivamente enterrados en el fondo marino:

Ya sus ojos han muerto de agua muerta y palomas,
y son dos agujeros de latitud amarga
por donde entran los peces de ensangrentados dientes

*y las ballenas buscando esmeraldas,
y esqueletos de pálidos caballeros deshechos
por las lentas medusas, y además
varias asociaciones de arrayán venenoso,
manos aisladas, flechas,
revólveres de escamas,
interminablemente corren por sus mejillas
y devoran sus ojos de sal destituida.*

*Cuando la luna entrega sus naufragios,
sus cajones, sus muertos
cubiertos de amapolas masculinas,
cuando en el saco de la luna caen
los trajes sepultados en el mar,
con sus largos tormentos, sus barbas derribadas,
sus cabezas que el agua y el orgullo pidieron para*
                                            [*siempre,*
*en la extensión se oyen caer rodillas
hacia el fondo del mar traídas por la luna
en su saco de piedra gastado por las lágrimas
y por las mordeduras de pescados siniestros.*

Idéntico paisaje desolado, paisaje abandonado y litoral, sin nadie, como en el día apocalíptico de *El desenterrado* (Curiosa contigüidad, entre paréntesis: en el día de los muertos resucita el Conde de Villamediana. ¿Y no es acaso en el día de Todos los Santos cuando ocurre, al parecer, nuestro primer Descubrimiento, la llegada y la navegación de los primeros "caballeros" en el extremo sur del Continente?). Es, antes del *Canto general*, la "América sin nombre" todavía, sin nada humano, sola con las fuerzas de la naturaleza: el mar, la tierra, el viento, la lluvia. Pero hay un signo, el signo por antonomasia:

*En el silencio crece el viento
con su hoja única y su flor golpeada,*

y la arena que tiene sólo tacto y silencio,
no es nada, es una sombra,
una pisada de caballo vago...

Es una región sola, ya he hablado
de esta región tan sola,
donde la tierra está llena de océano,
y no hay nadie sino unas huellas de caballo,
no hay nadie sino el viento, no hay nadie
sino la lluvia que cae sobre las aguas del mar,
nadie sino la lluvia que crece sobre el mar.

Es la "pisada", la "huella" del animal invasor; su figura es perdurable en la memoria de este poeta, para quien la herradura es una de las obsesiones más constantes de su poesía, el imán de todo maleficio. En las arenas de la costa, en el lugar flagrante de la invasión, el poeta busca los indicios del encuentro, del abrazo mortal, los busca en forma casi mágica, como los cazadores prehistóricos perseguían quizás las huellas de su presa. Es la actitud ritual, la misma idolatría que revelan los petroglifos nortinos de los primeros tiempos de la Conquista y el caballo negro o sangriento pintado en el tambor de las ceremonias mapuches.

Más arriba describíamos las ramificaciones que experimenta el área del otoño. Ahora bien, en el mismo *Galope muerto* se articula una tensión entre esa área y el círculo final del verano. Tono y actitud cambian totalmente:

Adentro del anillo del verano
una vez los grandes zapallos escuchan,
estirando sus plantas conmovedoras,
de eso, de lo que solicitándose mucho,
de lo oscuro, llenos de pesadas gotas.

El movimiento del poema ha sido regresar desde el otoño, desde el tiempo de la destrucción, a este verano donde irradia una inesperada sensación de plenitud. Mundo íntegro, en él se extasía la reminiscencia del poeta. Estamos en el círculo perfecto del verano, fuera de las convulsiones del otoño, junto a la sustancia perdurable de esas plantas. Así como, más tarde, los indígenas representarán una indestructible alianza con la tierra, estas plantas rastreras son ya el emblema de un patrimonio territorial. A. Alonso dice en su análisis, de pasada, sin calibrar sus consecuencias: "esas cucurbitáceas americanas". Justamente, es de cabal coherencia con la lógica histórica que preside el poema el que su paisaje natural repose en los zapallos, esos viejos alimentos precolombinos de toda América[39].

Hay otro poema, mucho más tardío, que muestra gran continuidad con el que comentamos. Es *El gran verano*, composición que pertenece a los *Cantos ceremoniales*. Contiene, como episodio central, la irrupción violenta del otoño en la plenitud del verano. La sucesión de las estaciones, intuida como pugna y como guerra, está descrita con acentos característicos, que guardan estrecha relación incluso con los términos literales de *Galope muerto* (piénsese, desde luego, en este simple desplazamiento: "los grandes zapallos del verano" — "el gran verano") :

El verano es ahora más ancho que mi patria.
Hace mil años ya, cuando en Carahue
abrí las manos, extendí la frente,
y el mar, el mar abría su caballo,
entonces el verano era una espiga,

[39]"Pues la calabaza de Indias es otra monstruosidad de su grandeza y vicios con que crían, especialmente las que son propias de la tierra, que allá llaman *zapales*, cuya carne sirve para comer, especialmente en cuaresma, cocida o guisada". Así los describe Acosta, en cita de J. I. Molina: *Compendio...* CHCH, t. XI, p. 378. Santiago, Imprenta del Ferrocarril, 1878.

duraba apenas un amor terrible,
duraba sólo el temblor de una uva. (...)

Es un tapiz
eléctrico
dormido
por un año de noches,
por un siglo de relojes oscuros,
y cae cada día el día
del verano
en la noche abierta
y mana sangre clara de sandía,
resucita cantando
en lengua loca
hasta que se adelgaza
y gota a gota
se llena de agujeros,
de lentas nieblas con patas de musgo,
de tardes vaporosas como vacas mojadas,
de cilindros que llenan la tierra de amarillo,
de una congoja como si alguien fuera a nacer.
Es el antiguo otoño cargado con un saco
que antes de entrar golpea la puerta y entra el humo[40].

Nuevamente: siempre el otoño llega envuelto en su atmósfera de humareda. El espectáculo actual de las neblinas segrega la vieja experiencia del humo, ese resto del fuego destructor. Envuelto en cenizas o en humo, este otoño rompe el círculo dorado del verano, la plenitud de una América hasta esa fecha no visitada.

Comprendemos mejor, recapitulando, el mecanismo del poeta al reflejar las etapas históricas. El sonido de las campanas levanta una masa de historia; aparece el rostro de la epopeya en que se forja la nacionalidad; el desenlace es una intensa rememoración del estado ante-

[40] OC, t. II, pp. 402 ss.

rior al choque histórico. El metal de las campanas, como en el hermoso poema de Carrera Andrade, ha despertado el recuerdo doloroso de las armas:

*En su herrería aérea las campanas
martillaban espadas rotas de la Edad Media*[41].

El término no puede ser otro que esa región de sosiego donde las cenizas y el oleaje de la historia todavía no han penetrado. Desde este punto de vista, entendemos también el sistema de composición de Neruda: se trata de una historia hacinada. Este reflejo nos entrega eso. Unicamente el reino precolombino posee una prestancia armoniosa: lo demás son retazos, fragmentos, materias despedazadas de la historia. Esta es aquí un montón de cosas informes, deshechas, cuyos vestigios sólo el poeta puede juntar, no armando ni recomponiéndolos, sino provocando la aglutinación del poema.

Pablo Rojas Paz, en uno de los ensayos más penetrantes que se han escrito sobre la poesía de Neruda, caracteriza a *Residencia en la tierra* del siguiente modo: "La poesía de Pablo Neruda es una inundación (...). Y esa inundación se ha apoderado de la ciudad humana y corre hacia el mar, arrastra estatuas, árboles viejos, caballos de todos colores, pianos, vestidos de novia, espadas, mesas, sillas, puertas arrancadas por el viento"[42]. Retengamos esta constatación: "caballos de todos colores". Hay, en efecto, por lo menos el "pardo corcel de sombras" en pugna constante con el "rojo caballo" del día:

*He oído relinchar su rojo caballo,
desnudo, sin herraduras y radiante.
Atravieso con él sobre las iglesias,
galopo los cuarteles desiertos de soldados*

[41]*Familia de la noche.* En: Cu A, México, mayo-junio de 1952, p. 219.
[42]"Neruda". En: *Cada cual y su mundo.* Buenos Aires, Edit. Poseidón, 1944, p. 104.

> *y un ejército impuro me persigue.*
> *Sus ojos de eucaliptus roban sombra,*
> *su cuerpo de campana galopa y golpea.*

Se acumulan en estos versos un conjunto de asociaciones que es necesario discernir. En primer lugar, estamos ante una formación análoga a otras que hemos encontrado más arriba. Lo mismo que ese maíz con cabellera de fuego, lo mismo que esa araucaria-lanza, lo mismo que ese caballo con barba de conquistador y con miedo indígena, lo mismo que el Conde de Villamediana desenterrado en pleno siglo xx, este animal extranjero se asimila al indígena, pierde sus atributos amenazantes: *desnudo, sin herraduras...* En segundo lugar, la figura viene constelada del aparato guerrero y de las presencias conventuales que ya había introducido *Galope muerto*. Lo militar y lo eclesiástico, las iglesias y el ejército, promueven la sobrepresencia implacable de la Colonia, son las sombras prolongadas de la primera opresión. *Su cuerpo de campana galopa y golpea* es la síntesis rítmica de esta experiencia. En tercer lugar, interesa poner de relieve otra extraña imagen que trae este mismo "caballo de los sueños": *sus ojos de eucaliptus roban sombra*. En último término, por supuesto, la imagen se basa en quizás qué remota vivencia, que lleva al poeta a superponer en la mirada del animal el color indeciso de esos árboles. Sin embargo, hay un gran rigor en la mantención de esta experiencia, una ostensible fidelidad a la visión. En *Tentativa del hombre infinito* dice:

> *pongo el oído y el tiempo como un eucaliptus*
> *frenéticamente canta de lado a lado*
> *en el que estuviera silbando un ladrón*[43].

---

[43]Hay, en estos versos, un curioso trastrocamiento. Es un juego que no desdeña Neruda en estos años y al que aún se entrega en la primera estrofa de *Significa sombras*.

La misma experiencia se transparenta. De hecho, es posible seguir en la obra de Neruda su progresiva impregnación del espectáculo de los eucaliptus, este árbol tan común en nuestro país y en casi todas las tierras del Continente. En un fragmento de 1923 escribe: "O al pie de los sombríos eucaliptus, albergues en que cuelgan a medianoche los ahogados y los ladrones"[44]. Más tarde, en *Anillos*: "Hay una avenida de eucaliptus, hay charcas debajo de ellos, llenos de su fuerte fragancia de invierno. El gran dolor, la pesadumbre de las cosas gravita conforme voy andando. La soledad es grande en torno a mí, las luces comienzan a trepar a las ventanas y los trenes lloran, lejos, antes de entrar a los campos. Existe una palabra que explica la pesadumbre de esta hora, buscándola camino bajo los eucaliptus taciturnos, y pequeñas estrellas comienzan a asomarse a los charcos oscurecidos"[45]. Paseante de los caminos del sur, el poema se ha teñido de una substancia crepuscular, en que los árboles parecen absorber, y segregar al mismo tiempo, la sombra de la noche.

El eucaliptus es un árbol forastero. Esto, pese a que ya define la fisonomía vegetal de gran parte de nuestro territorio. Como en la mayoría de los demás países americanos, ingresó en Chile en los años cercanos a la Exposición nacional de 1869. Es decir, en el mismo período en que se desarrolla la "pacificación" de la Auracanía. Apta su madera para durmientes, para postes telegráficos, para maderamen de las minas, para armazón de muelles, es él también, como los trenes, un nuevo invasor. Neruda, sumamente receptivo al carácter autóctono o importado de las especies vegetales que crecen en el país, dijo recién, en una concentración de la Unidad Popular: "¿Qué queda ya de nuestros maitenes, de nuestros coigües, de nuestros mañíos, de nuestros laureles?

[44]*Claridad*, 22 de septiembre de 1923.
[45]"Soledad de los pueblos". OC, cit., p. 147.

Nada sino pinos, pinos, pinos, pinos..., eucaliptus, eucaliptus, eucaliptus..."[46]. Exógeno, llegado a América por el imprescindible camino de Francia, el eucaliptus pertenece, lo mismo que el caballo español, al sistema siniestro de lo que vuelve extranjero a la tierra, a la patria[47]. Tal es la historicidad profunda de esta poesía, que se impone sin más a las variedades del reino vegetal. Entre ese verano de *Galope muerto*, con sus grandes plantas apacibles, y estos árboles otoñales de *Caballos de los sueños*, hay una verdad en movimiento que *Residencia en la tierra* descifra y revela.

Ingresamos ahora en otro círculo, tal vez el más profundo, del misterio de *Residencia en la tierra*. Pues en medio de ese cúmulo de experiencia colectiva que intentábamos desentrañar, se alza también un núcleo irreductible de subjetividad, el íntimo centro del corazón:

oigo en mi corazón mis pasos de jinete...

La figura del héroe, en que encarnaba el recuerdo de los viejos caballeros peninsulares, se diseña ahora en el pecho del poeta. En efecto, el "galope muerto" que rememora esta poesía no sólo posee el sentido histórico-social que hemos descrito; apunta, a la vez, a la atención increíblemente obsesiva que el poeta presta a los latidos de su propio corazón. Este, para él, ha dejado de ser un músculo romántico y sentimental, convirtiéndose en car-

[46] Intervención de Neruda en Concepción, a mediados de 1970.
[47] Para la historia del eucaliptus en Chile, cf., casi todos los números del *Boletín de la Sociedad Nacional de Agricultura* (desde 1869). Aparte de esto, y para evitar malentendidos sobre otro punto: la imagen terrible del caballo no es incompatible, por ejemplo, con este verso de *Apogeo del apio*: "y los dulces caballos se arrodillan". La imagen tiene aquí origen perceptivo y pertenece a un poema escrito en España. El terror se deposita sobre todo en las formas delirantes que adquiere el caballo en la poesía de Neruda, en su captación onírica o visionaria.

ne real, dolorosamente amenazada, cuyas pulsaciones escucha con angustia y con temor.

Neruda escribió, en unas palabras de homenaje a Shakespeare: "El sonido más viejo del mundo, el sonido del corazón humano, va formando las palabras inolvidables". Antiguo, remoto, primigenio, el corazón propaga la historia del hombre; sus latidos, como esas otras campanadas coloniales, son también órganos del conocimiento.

Fue este un descubrimiento lento que debió hacer el poeta contra la idea de una intimidad concebida a imagen y semejanza del alma, idea que lo inducía toda una tradición espiritual y poética. La exploración del corazón, de que hay extenso testimonio en *El hondero entusiasta* y en *Tentativa del hombre infinito*, supuso una desespiritualización de sí mismo, la destrucción completa del mito personal. La meta de su reconocimiento es un centro material:

Aquí, la zona de mi corazón,
llena de llanto helado, mojada en sangres tibias...

allí tricé mi corazón como el espejo para andar
[a través de mí mismo

Directa y materialmente, poetiza Neruda la sensación de su propio corazón. Pequeño, minúsculo, este órgano suyo se vincula, sin embargo, con el gran plasma marino. La sangre continúa, en sus embates persistentes, en su curso restallante, el denso oleaje de las costas. En *Imperial del Sur* escribe: "Oh mar océano, vacilación de aguas sombrías, ida y regreso de los movimientos incalculables, el viajero se para en tu orilla de piedra destruyéndose, y levanta tu sangre hasta tu sensación infinita". Una inmensa continuidad se forja así en el mundo, continuidad que subyace en casi todos los poemas de *Residencia en la tierra*. La sangre es un mar a la medida del hombre. Todo el libro, entonces, está lleno de imágenes de circulación, de latidos, de corazones ahogados en su propia sangre, que, a su vez, expresan el terror a los materiales cortantes, al vidrio, a los clavos, a los alfileres, a las uñas, a las púas del alambre, en suma, a todo aquello que amenaza con derramar la sangre:

*Qué espeso latido se cimbra en mi corazón
como una ola hecha de todas las olas*

(Tiranía)

*Allí la rosa de alambre maldito
golpea con arañas las paredes
y el vidrio roto hostiliza la sangre
y las uñas del cielo se acumulan*

(Enfermedades en mi casa) [48]

un golpe del corazón en los vidrios

(Estatuto del vino)

Campana, por más de una asociación formal y rítmica; caballo, por su galope incesante y temible, todo eso lo es el corazón del hombre, que es también, por lo mismo, el sitio privilegiado del cántico. En España escribe Neruda: "El sitio del corazón nos pertenece. Sólo desde

[48] En *Alturas de Macchu Picchu* hallamos la siguiente serie destructiva del alma humana: "pero aún / mátala y agonízala con papel y con odio, / sumérgela en la alfombra cotidiana, desgárrala / entre las vestiduras hostiles del alambre". Este alambre *hostil* y *maldito* pertenece a la misma esfera del *tren maldito* de que nos habla *Residencia en la tierra*. Caballo, eucaliptus, tren, alambre: son todos elementos de una misma red que penetra en la Frontera. El alambre de púas, recuérdese, es un tardío personaje de nuestros campos. Llega a Chile sólo a fines del siglo pasado: es también un "pacificador" (Cf., "Las cercas de alambre con púas", BSNA, vol. XI, 1879, p. 52, y Noel Sbarra: *Historia del alambrado en Argentina*, Eudeba, 1964). Espectro fantasmal de armas, animales, árboles y máquinas, la invasión española y la 'pacificación' moderna conviven en increíble simbiosis.

allí, con auxilio de la negra noche, del otoño desierto, salen, al golpe de la mano, los cantos del corazón. Como lava o tinieblas, como *temblor bestial*, como *campanada sin rumbo*, la poesía mete las manos en el miedo, en las angustias, en las enfermedades del corazón. Siempre existen afuera las grandes decoraciones que imponen la soledad y el olvido: árboles, estrellas. El poeta vestido de luto escribe temblorosamente muy solitario"[49]. Esto explica títulos desechados por Neruda, como ese de *Dolencias* ya indicado, o la entonación profunda con que la palabra aparece en algunos de sus escritos: *España en el corazón, Viaje al corazón de Quevedo*. En ese mismo libro sobre la guerra española la visión de la sangre derramada no resulta sólo del horror de la masacre colectiva, sino también de una honda obsesión personal. "Venid a ver la sangre por las calles" es tanto un llamado como un grito de espanto[50].

La conclusión se impone, por lo tanto: el terror personal a la muerte y el terror colectivo a la muerte son, en esta poesía, una y la misma cosa. Cada hombre escucha, en su propio corazón, un galope amenazante que lo hace sobreviviente de sí mismo y sobreviviente del pasado mortal de la Conquista. La historia de un pueblo viene a habitar, en este sangriento rincón, la subjetividad del poeta, su más secreta profundidad.

---

[49] *Los temas*. OC, t. II, p. 1041.

[50] Habría que estudiar el influjo de los sonetos de Quevedo en la conformación sensible de esta experiencia e intentar explicar lo inexplicable: la extraordinaria afinidad que guarda este *pathos* de la sangre con la poesía de García Lorca. "Me moriría por los lagos rojos / en donde en medio del otoño vives / con un corcel caído y un dios ensangrentado". (*Oda a Federico García Lorca*). ¿A cuál de las dos poesías, la de Neruda o la de Lorca, retratan estos versos?

ERRATA

Esta reedición del libro *Neruda de 1904 a 1936*, publicado en Chile con la Editorial Universitaria en 1972, incluye la reproducción del texto original. El autor ha agregado a esta edición un prólogo. El autor ofrece las siguientes correcciones halladas en la edición original y reproducidas en esta reedición (erratas que no se pudieron corregir):

Página	Es	Debe ser
17, nota 3	La bella contradicción	La contradicción
18	en una irrealidad materializada	en irrealidad materializada
19	afectivo	efectivo
21	Eduardo	Ernesto
32		después de: "el niño había desaparecido", tres asteriscos para empezar otra sección
38	devenida	convertida
39, nota 23		eliminar las dos últimas líneas que empiezan con "Pareciera increíble."
40	importante	conocido
40	tardía	tardío
48	haya	ha
59	Estado	estado
60	anterior en	anterior a
60, nota 41	nombreeux	nombreux

65		eliminar "por su voluntad."
68	ha incluido	ha influido
70, nota 1	Eduardo	Ernesto
73	Eduardo	Ernesto
86		Eliminar la nota la pie número 5 (tendencia[5])
114	mixtificaciones	mistificaciones
116	defiende la	defiende de la
117, nota 23	contemplo	contempla
120	posteriores	posterior
126		guión después de "...la tarde"
126, nota 31	xieux	vieux
129		coma después de "...hermético"
130	demixtificada	demistificada
154	su ropaje	un ropaje
181	mixtificado	mistificado
182	mixtificado	mistificado
182	mixtificadores	mistificadores
190	Thora	Torah
190		eliminar el nombre Mario Rodríguez y poner "un" en su lugar
190, nota 6	incredualidad	incredulidad
194	hablará	habrá
209		coma después de "Pero, malentendidos..."
212	inidentificable	identificable
213	mixtificada	mistificada
218	1936	1935
220	reconstituible	reconstituibles
227	Este infinito	Ente infinito
227		agregar paréntesis después de "necesidades humanas": (Aunque en la primera edición, figura un gerundio y no el participio de "cantar")

229		insertar tres asteriscos después de "...campana"
230	ensanchándose	ensanchando
244, nota 52	infancia ejercitada	infancia proyectada
249	en lo que pesa	lo que pesa
255	a lo vespertino	de lo vespertino
260	Tistoire	Histoire
260		coma después de "corresponda"
261	en un hilo	es un hilo
263	extranjero	extranjera
282		eliminar "su más secreta profundidad" y agregar "—centro vive donde se ausculta el galope mortal de la tierra"

www.ingramcontent.com/pod-product-compliance
Lightning Source LLC
Chambersburg PA
CBHW021835220426
43663CB00005B/257